KB270713

초등학생을 위한 거의 모든

과학 개념어

저자 권정아, 전예름, 김예람, 최선미

서울교대 교육전문대학원에서 만난 교사들로 서울시 초등학교에 재직 중이다. 초등 교사 경력이 12~25년에 이르는 만큼 다양한 이력을 가지고 있다. 2015 개정 교육과정 과학 교과서 및 교수·학습 보조자료를 집필했고, 2022 개정 교육과정 과학 교과서와 EBS 과학 교재를 집필했다. 또한 올해의 과학교사상 수상, 서울특별시 수학·과학 우수교사 선정, 한국교육과정개발원 초등 과학 영재 프로그램 개발, 서울교대 영재 선발고사 출제 및 채점 위원, EBS 프로그램 <두근두근 방방>과 <핫도그랑 만들어볼까요> 과학 자문, 국립과천과학관과 국립어린이과학관의 프로그램 개발 및 강연, 국립민속박물관 교육프로그램 개발 공모전 최우수 수상 등 여러 분야에서 전문성을 인정받았다. 세상을 바라보는 기초가 되는 과학과 수학 분야에 어린이들이 관심을 가지고 원리를 쉽고 재미있게 이해할 수 있게 돕는 저서 집필과 강연을 이어가고 있다.

저서로는 『과알못도 문제없는 엄마표 과학놀이』, 『코딩&과학 동시에 잡는 CSI 코딩수사대』, 『유튜브보다 재밌고 학습지보다 알찬 엄마표 수학놀이』, 『첫아이가 초등학교에 갑니다』, 『공부 습관을 잡아주는 초등 방학 탐구생활』 등이 있다.

초등학생을 위한 거의 모든

과학 개념어

초판 1쇄 인쇄 2025년 4월 25일
초판 1쇄 발행 2025년 5월 7일

지은이 권정아, 전예름, 김예람, 최선미
발행인 박효상　**편집장** 김현　**기획·편집** 장경희, 오혜순, 이한경, 박지행
교정·교열 진행 류종순　**디자인** 임정현　**마케팅** 이태호, 이전희　**관리** 김태옥
표지·내지 디자인 Moon-C design　**삽화** 이희연

종이 월드페이퍼　**인쇄·제본** 예림인쇄·바인딩　**출판등록** 제10-1835호
펴낸 곳 사람in　**주소** 04034 서울시 마포구 양화로11길 14-10(서교동) 3F
전화 02) 338-3555(代)　**팩스** 02) 338-3545
E-mail saramin@netsgo.com　**Website** www.saramin.com

책값은 뒤표지에 있습니다. 파본은 바꾸어 드립니다.

© 권정아, 전예름, 김예람, 최선미 2025

ISBN 979-11-7101-154-4 64370
　　　 979-11-7101-153-7 (set)

우아한 지적만보, 기민한 실사구시 **사람in**

	어린이제품안전특별법에 의한 제품표시	
KC	**제조자명** 사람in	**전화번호** 02-338-3555
	제조국명 대한민국	**주　소** 서울시 마포구 양화로
	사용연령 5세 이상 어린이 제품	11길 14-10 3층

초등학생을 위한 거의 모든

과 학 개 념 어

권정아, 전예름, 김예람, 최선미 지음

사람in
saram
in.com

　우리가 사는 세상을 제대로 이해하려면 과학이 꼭 필요해요. 비가 오면 무지개가 왜 생기는지, 전구가 어떻게 빛을 내는지, 스마트폰을 통해 멀리 있는 친구와 어떻게 통화할 수 있는지 모두 과학을 통해 이해할 수 있죠. 우리가 매일 경험하는 일상 속 작은 사건 속에도 과학의 원리가 숨어 있어요. 그래서 과학을 알면 세상이 더욱 흥미롭게 보이고, 평소에 당연하게 느꼈던 일들도 새롭게 보이게 되죠. 우리 주변의 일들이 하나의 커다란 과학으로 연결된다는 것을 깨닫는 순간, 여러분은 더 큰 세상을 탐험할 준비가 된 것이랍니다.

　과학은 '왜 그럴까?'라는 질문에서 시작해요. 호기심은 과학의 가장 중요한 출발점이죠. 수많은 생명을 구한 페니실린의 발견도 작은 호기심에서 시작되었어요. 1928년, 알렉산더 플레밍은 실험실에서 박테리아를 연구하다가 실수로 며칠간 방치했던 접시를 발견했어요. 그 접시 속에 곰팡이가 자라면서 박테리아가 자라지 않은 부분이 생긴 것을 본 플레밍은 '왜 곰팡이가 자라면 박테리아가 자라지 못할까?'라는 궁금증을 가지고 실험을 이어갔어요. 그리고 결국 인류 최초의 항생제인 페니실린을 발견했죠. 이처럼 우연한 발견도 호기심을 가지고 끝까지 탐구하면 위대한 발견으로 이어질 수 있어요. 여러분도 일상에서 일어나는 작은 일들을 유심히 관찰하며 '왜 그럴까?'라고 질문해 보세요.

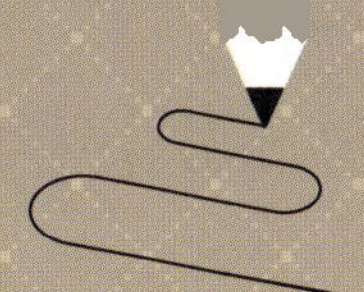

이 책은 여러분들의 호기심 해결을 돕기 위해 초등학생들이 꼭 알아야 할 과학 개념어들을 물리, 화학, 생명과학, 지구과학, 탐구로 나누어서 설명하고 있어요. 물리에서는 물체가 움직이는 원리와 힘을 설명하고, 화학에서는 우리가 일상에서 사용하는 물질이 어떤 성분으로 이루어져 있는지를 다루고 있어요. 생명과학에서는 사람과 동물, 식물의 생명 현상을 탐구하고, 지구과학에서는 지구와 우주의 이야기를 담고 있죠. 여러분이 학교에서 배우는 교과서 속 개념뿐 아니라 일상에서 흔히 마주치는 현상들과도 연결 지어 이해할 수 있도록 구성했답니다.

또한 여러분이 스스로 궁금한 것을 찾아보고 개념을 정리할 수 있게 했어요. 개념 설명을 보며 이해하고, 그것들을 자기 언어로 설명하는 과정을 통해 여러분이 스스로 이해 수준을 점검하며 학습할 수 있어요. 이 과정을 통해 여러분이 과학 원리를 파악하고 활용하는 힘을 키워 가길 기대할게요.

작은 호기심이 커다란 발견으로 이어지고, 여러분이 내린 결론이 과학적 사고의 밑거름이 될 거예요. 이 책이 여러분의 과학 첫걸음이 되어 세상의 비밀을 풀어내고 스스로 답을 찾아가는 멋진 탐험의 시작이 되길 바라요.

미래의 과학자이자 주인공인 여러분! 이제 이 책과 함께 신나는 과학 탐험을 시작해 볼까요?

권정아, 전예름, 김예람, 최선미

이 책의 구성

♠ 물리, 화학, 생명과학, 지구과학, 탐구 - 영역별 개념어 알기

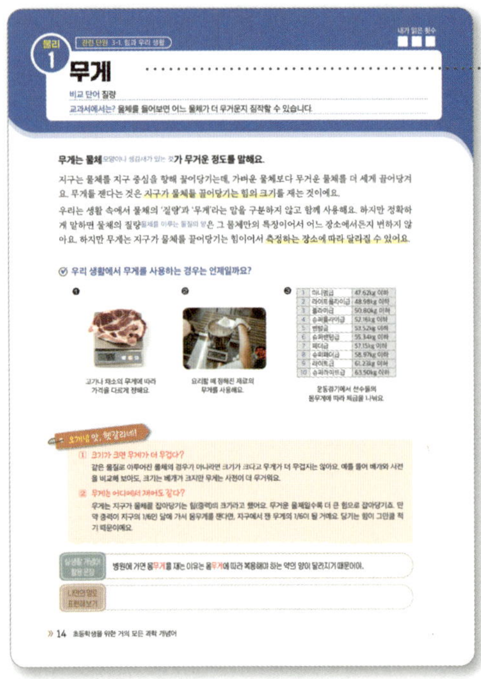

개념어 제시

각 영역에서 꼭 알아야 할 핵심 개념 단어를 제시합니다.

- 한자어 풀이가 필요한 경우 한자 뜻풀이를 해 줍니다.
- 비교 단어나 뒤에서 구체적으로 설명할 하위어, 또는 비슷한 말을 제시합니다.
- 교과서에서는 해당 개념어가 어떻게 나오는지 간단히 소개합니다.

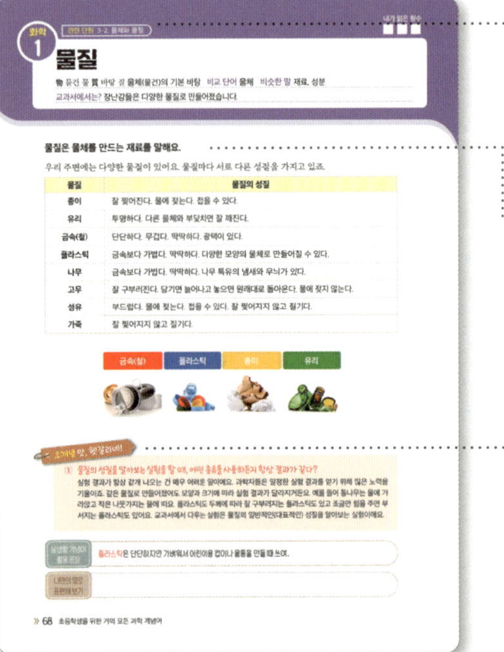

관련 단원 소개

해당 개념어가 초등 과학 교과서의 어느 단원과 관련되었는지 알려 줍니다. 교과서를 보며 모르는 개념이 나올 때 쉽게 찾을 수 있습니다. 첫 번째 숫자는 학년, 두 번째 숫자는 학기를 대략적으로 표시한 것입니다.

개념어 설명

- 개념어를 한 문장으로 정의한 후, 보다 자세히 설명해 쉽게 이해하도록 해 줍니다.
- 개념어와 관련해 초등 교육과정에서 꼭 알아야 할 내용들을 정리합니다.

오개념 파악

해당 개념어에 관해서 학생들이 자주 헷갈려 하는 문제들을 짚어 줍니다.

『초등학생을 위한 거의 모든 과학 개념어』를 통해 과학 교과서에 나오는 여러 개념어를 잘 이해해 수업에서 재미를 찾고 학업 성취도도 올려 보세요. 재미있는 수업은 과학에 관한 호기심을 키우는 큰 힘이 됩니다.

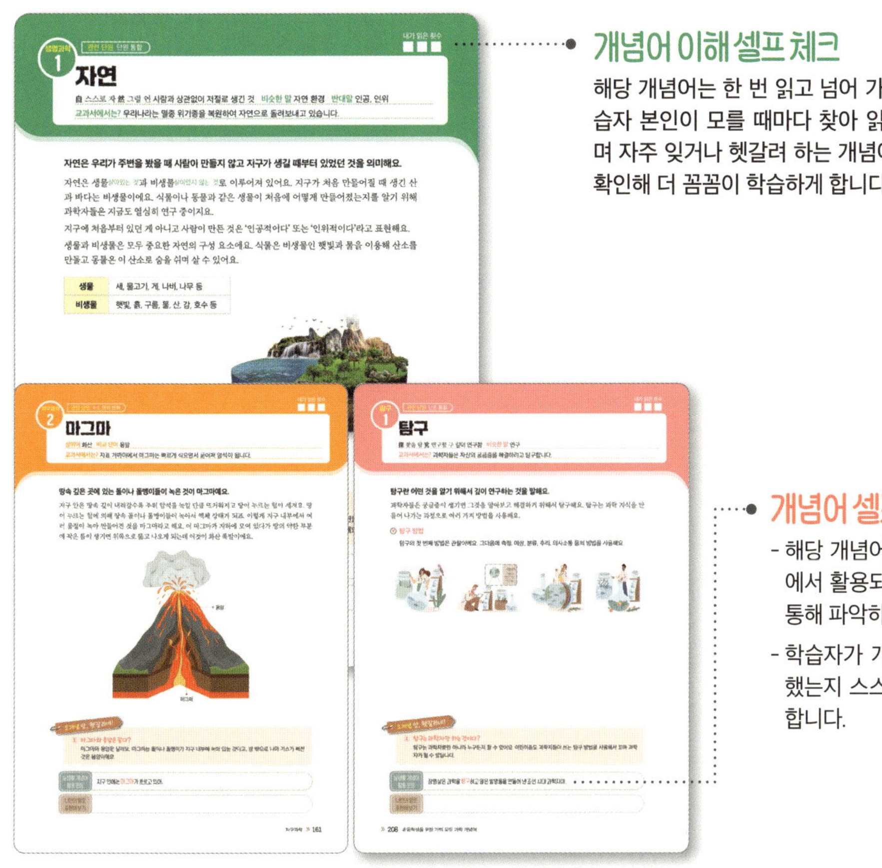

개념어 이해 셀프 체크

해당 개념어는 한 번 읽고 넘어 가는 것이 아닙니다. 학습자 본인이 모를 때마다 찾아 읽어 본 횟수를 표시하며 자주 잊거나 헷갈려 하는 개념어가 무엇인지 스스로 확인해 더 꼼꼼이 학습하게 합니다.

개념어 셀프 정리

- 해당 개념어가 교과서 외 실생활에서 활용되는 경우를 한 문장을 통해 파악하게 합니다.
- 학습자가 개념어를 제대로 이해했는지 스스로 말로 설명해 보게 합니다.

♠ 부록 - 실험도구 알기

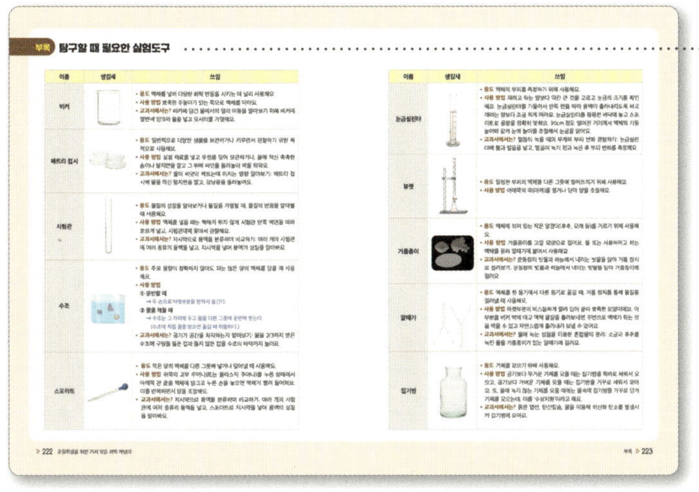

초등학교 과학 수업에서 실험할 때 사용하는 도구들을 정리해 이름과 생김새, 쓰임을 알려 줍니다.

차 례

화학

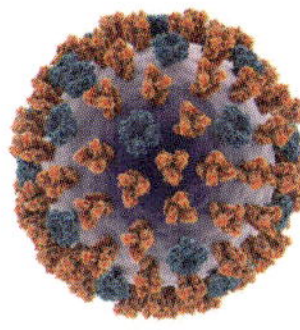

생명과학

지구과학

탐구

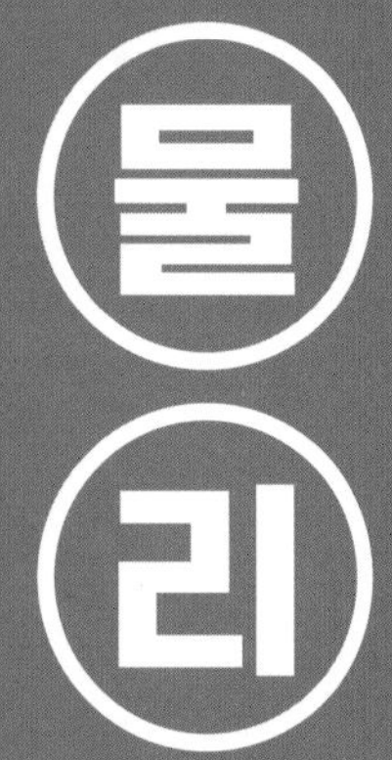
물
리

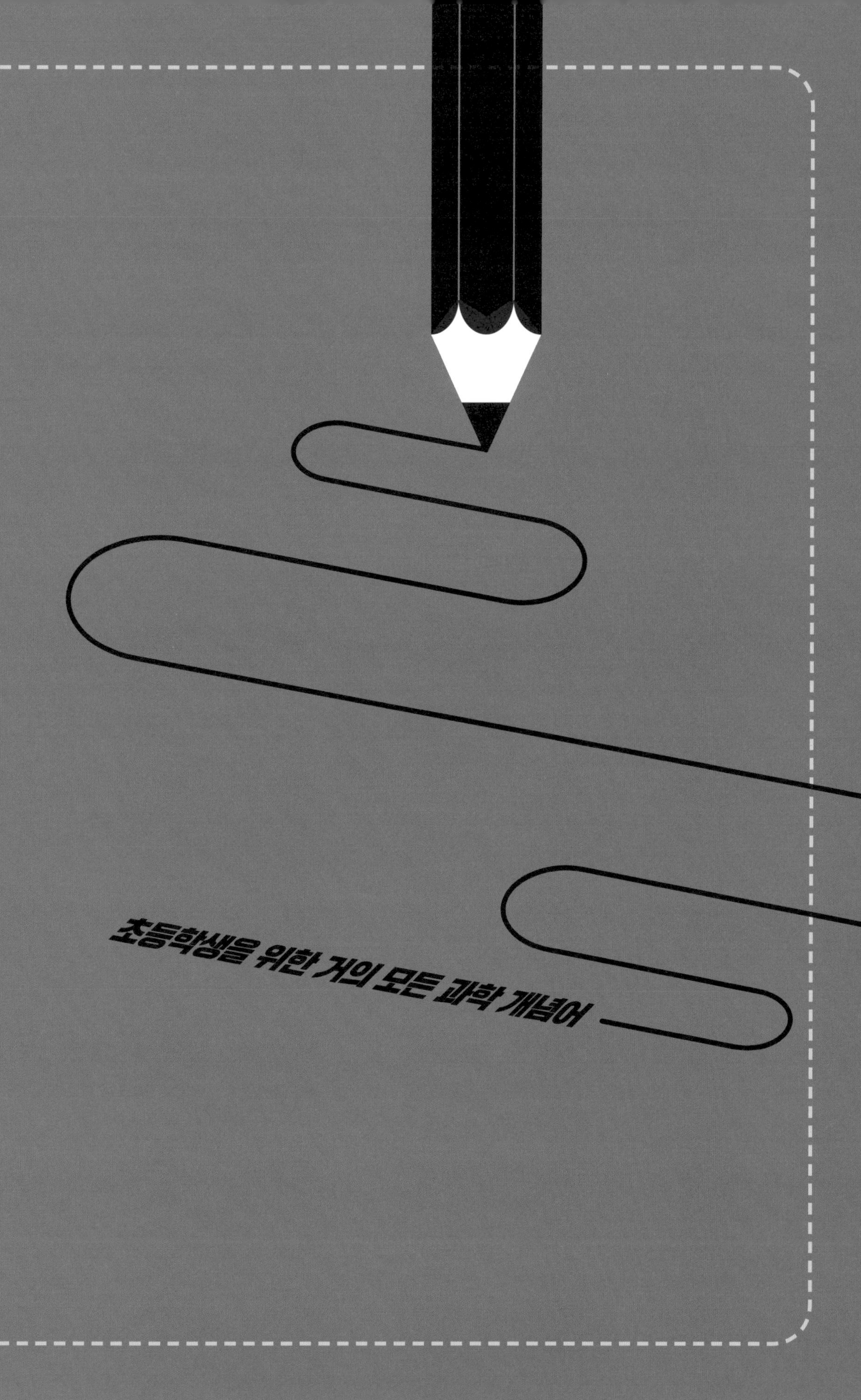

초등학생을 위한 거의 모든 과학 개념어

물리 1

무게

비교 단어 질량

교과서에서는? 물체를 들어보면 어느 물체가 더 무거운지 짐작할 수 있습니다.

무게는 물체 모양이나 생김새가 있는 것**가 무거운 정도를 말해요.**

지구는 물체를 지구 중심을 향해 끌어당기는데, 가벼운 물체보다 무거운 물체를 더 세게 끌어당겨요. 무게를 잰다는 것은 지구가 물체를 끌어당기는 힘의 크기를 재는 것이에요.

우리는 생활 속에서 물체의 '질량'과 '무게'라는 말을 구분하지 않고 함께 사용해요. 하지만 정확하게 말하면 물체의 질량 물체를 이루는 물질의 양은 그 물체만의 특징이어서 어느 장소에서든지 변하지 않아요. 하지만 무게는 지구가 물체를 끌어당기는 힘이어서 측정하는 장소에 따라 달라질 수 있어요.

☑ 우리 생활에서 무게를 사용하는 경우는 언제일까요?

❶

고기나 채소의 무게에 따라
가격을 다르게 정해요.

❷

요리할 때 정해진 재료의
무게를 사용해요.

❸

1	미니멈급	47.62kg 이하
2	라이트플라이급	48.98kg 이하
3	플라이급	50.80kg 이하
4	슈퍼플라이급	52.16kg 이하
5	밴텀급	53.52kg 이하
6	슈퍼밴텀급	55.34kg 이하
7	페더급	57.15kg 이하
8	슈퍼페더급	58.97kg 이하
9	라이트급	61.23kg 이하
10	슈퍼라이트급	63.50kg 이하

운동경기에서 선수들의
몸무게에 따라 체급을 나눠요.

오개념 앗, 헷갈리네!

① 크기가 크면 무게가 더 무겁다?

같은 물질로 이루어진 물체의 경우가 아니라면 크기가 크다고 무게가 더 무겁지는 않아요. 예를 들어 베개와 사전을 비교해 보아도, 크기는 베개가 크지만 무게는 사전이 더 무거워요.

② 무게는 어디에서 재어도 같다?

무게는 지구가 물체를 잡아당기는 힘(중력)의 크기라고 했어요. 무거운 물체일수록 더 큰 힘으로 잡아당기죠. 만약 중력이 지구의 1/6인 달에 가서 몸무게를 잰다면, 지구에서 잰 무게의 1/6이 될 거예요. 당기는 힘이 그만큼 적기 때문이에요.

실생활 개념어 활용 문장

병원에 가면 몸무게를 재는 이유는 몸무게에 따라 복용해야 하는 약의 양이 달라지기 때문이야.

나만의 말로 표현해보기

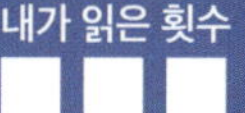

물리 2

저울

하위어 양팔저울, 용수철저울

교과서에서는? 사람들은 저울을 사용해 물체의 무게를 잽니다.

물체의 무게를 재기 위해 사용하는 도구가 저울이에요.

물체를 들어보면 어떤 물체가 더 무거운지 짐작할 수 있어요. 하지만 그 물체의 무게를 정확하게는 알 수 없죠. 그래서 사람들은 저울을 사용해 물체의 무게를 측정해요. 저울에는 어떠한 종류가 있을까요?

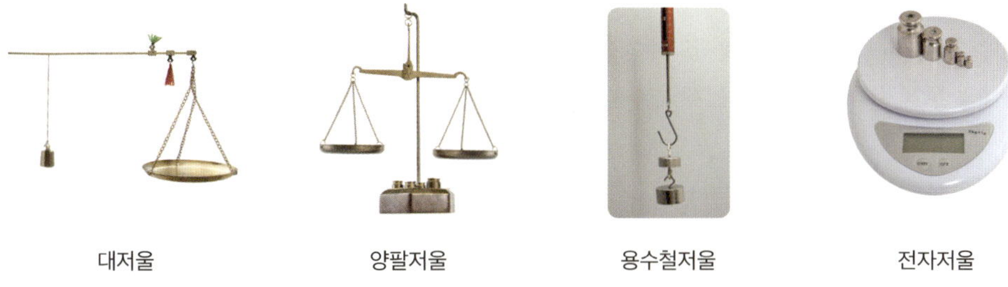

대저울 양팔저울 용수철저울 전자저울

수평기울지 않고 평평한 상태 잡기를 이용한 저울에는 천칭, 윗접시저울, 양팔저울, 대저울 등이 있어요. 한쪽에는 무게를 잴 물건을 올려놓고, 다른 쪽에는 추를 올려놓아 두 힘이 같을 때 수평이 되는 원리를 응용한 저울이지요.

또, 용수철을 이용한 저울에는 용수철저울, 앉은뱅이저울, (눈금으로 표시되는) 체중계 등이 있어요. 용수철의 길이가 이를 잡아당기는 힘의 크기에 비례해서 늘어나는 원리를 응용한 것이에요. 무거우면 용수철이 더 늘어나고 가벼우면 용수철이 덜 늘어나요. 그 밖에 화면에 숫자로 물체의 무게가 표시되는 전자저울은 전기를 이용한 거예요.

오개념 앗, 헷갈리네!

1 양팔저울과 윗접시저울은 같은 저울이다?

양팔저울은 팔 모양의 긴 막대 끝에 접시가 아래로 매달려 있고 막대의 가운데에 받침대가 붙어있는 저울이에요. 윗접시저울은 저울의 가운데에 수평을 이루는지 확인할 수 있는 바늘이 있고, 중심을 축으로 양쪽에 두 개의 접시가 올려져 있는 저울을 말해요.

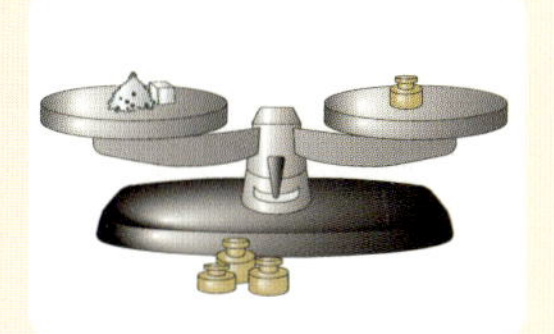

실생활 개념어 활용 문장 저울을 이용해서 고기의 무게를 재면 그 무게에 따라 값이 정해져.

나만의 말로 표현해보기

관련 단원 3-1. 힘과 우리 생활

물리 3

수평 잡기의 원리

水 물 수 平 평평할 평 기울지 않은 평평한 상태

교과서에서는? 수평 잡기의 원리는 시소를 탈 때도 확인할 수 있습니다.

하나의 물체가 수평이 되도록 하는 무게 중심을 찾거나, 서로 다른 두 물체의 수평을 잡기 위해 사용하는 원리를 '수평 잡기의 원리'라고 해요.

수평은 어느 한쪽으로 기울어지지 않고 평평한 상태를 말해요.

✔ 두 물체의 수평을 잡는 방법

❶ **물체의 무게가 같은 경우** 두 물체의 수평을 잡기 위해서는 두 물체를 받침점으로부터 같은 거리에 놓아요.

❷ **물체의 무게가 다른 경우** 두 물체의 수평을 잡기 위해서는 무거운 물체를 가벼운 물체보다 받침점에 더 가까이 놓아요.

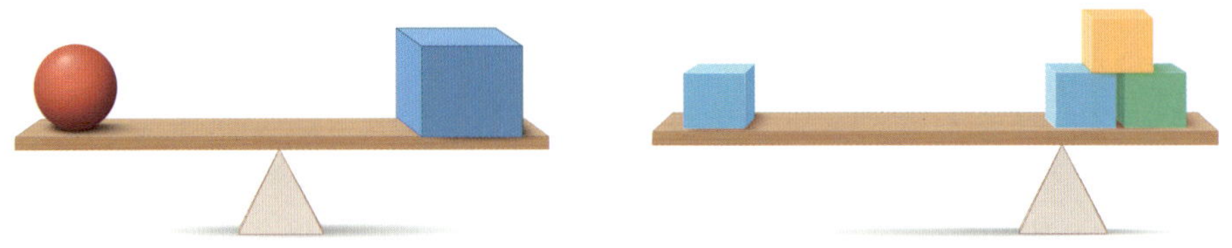

✔ 한 물체의 수평을 잡는 방법

물체의 어떤 한 점을 매달거나 받쳤을 때 수평을 이루는 지점을 무게중심이라고 하는데요, 무게중심을 찾을 때도 수평 잡기의 원리를 이용해요. 손가락 위에 숟가락을 얹고, 숟가락이 수평이 되도록 손가락의 위치를 옮겨 보세요. 숟가락의 앞쪽이 더 무거워서 손가락은 숟가락의 중심에서 앞쪽으로 더 가까운 지점을 받치게 될 거예요.

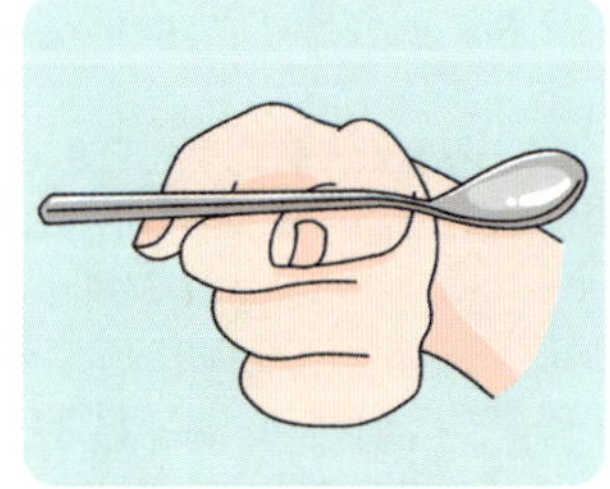

실생활 개념어 활용 문장	수평 잡기의 원리를 이용하여 시소를 타지.
나만의 말로 표현해보기	

물리
4

양팔저울

상위어 저울　　**비교 단어** 천칭, 윗접시저울

교과서에서는? 양팔저울은 수평 잡기의 원리를 이용해 만든 저울입니다.

양팔저울은 양쪽에 두 개의 접시가 달린 저울을 말해요.

양팔저울은 긴 막대의 가운데 받침점을 중심으로 양쪽 팔에 접시가 매달려 있어요. 이를 이용해 물체의 무게를 비교하거나 물체의 무게를 재요.

✅ 물체의 무게 비교하기

한쪽 접시에는 어떤 물체를 놓고, 다른 쪽 접시에는 또 다른 물체를 올려놓아 두 물체의 무게를 재요. 이때 기울어진 쪽이 더 무거운 물체예요.

✅ 물체의 무게 재기

양팔저울의 한쪽에 물체를 올리고 반대쪽에 분동(추)을 올리면, 물체의 무게를 잴 수 있어요. 무게를 비교하는 원리는 수평 잡기의 원리예요. 한쪽에 물체를 올리고 저울이 수평이 될 때까지 반대쪽에 분동을 올려요. 분동을 올릴 때는 핀셋을 사용하여 무거운 분동부터 올리며 수평을 맞춰요. 저울이 수평이 되었다면 사용된 분동의 무게를 모두 더해요. 이것이 물체의 무게가 돼요.

양팔저울

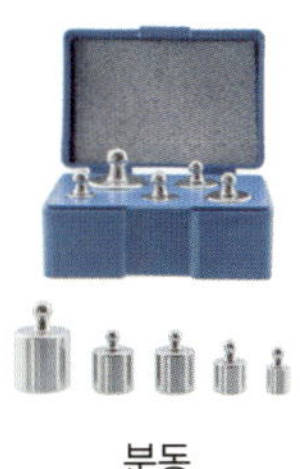

분동

오개념 앗, 헷갈리네!

① 물체의 모양이 달라지면 무게도 달라진다?

동그라미 형태로 뭉쳐있던 100g(그램) 찰흙을 별 모양으로 만든 뒤에 무게를 재더라도 100g이었던 무게는 변하지 않아요. 또, 그 찰흙 덩어리를 잘게 쪼개어도 찰흙을 다 합친 무게는 변하지 않아요.

실생활 개념어 활용 문장　　양팔저울을 이용하면 두 물체의 무게를 비교할 수 있어.

나만의 말로 표현해보기

물리 5

용수철저울

상위어 저울　**비교 단어** 앉은뱅이저울

교과서에서는? 용수철에 무거운 추를 걸면 가벼운 추를 걸 때보다 용수철이 더 많이 늘어납니다.

용수철저울은 물체의 무게가 커질수록 용수철이 늘어난 길이가 길어지는 성질을 이용하여 물체의 무게를 재는 저울을 말해요.

물체를 지구의 중심 방향으로 끌어당기는 힘^{중력}에 의해서 용수철이 늘어나는 원리를 이용하는 것이에요.

용수철의 윗부분을 고정하고 아랫부분의 고리에 물체를 매달아서 사용해요. 물체의 무게가 무거울수록 물체에 작용하는 중력이 커지기 때문에 용수철의 길이가 늘어나요. 또, 용수철에 매단 물체를 내려놓으면 용수철은 늘어나기 전의 원래의 길이로 돌아가요.

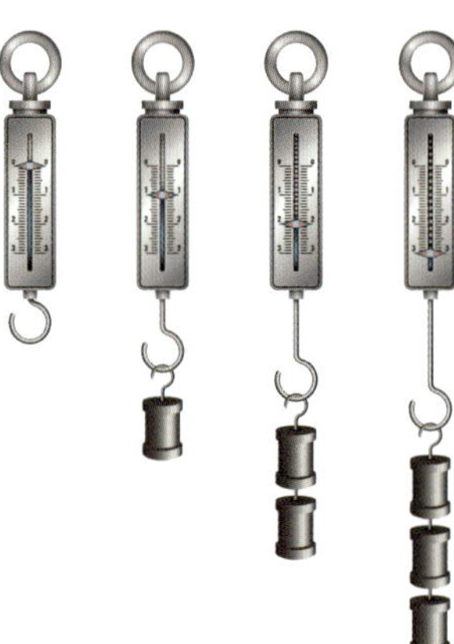

용수철저울 사용법
❶ 위쪽의 고리를 고정시켜 영점 조절 나사를 돌려 표시자가 'O'에 오도록 조절해요.
❷ 아래 고리에 물체를 걸어요.
❸ 위아래로 이동하던 용수철이 멈출 때까지 기다려요.
❹ 용수철 끝 표시자가 가리키는 눈금을 읽어요.

오개념 앗, 헷갈리네!

① **용수철은 힘을 주면 늘어났다가 원래의 길이로 돌아오는 성질만 있다?**

볼펜에 들어있는 용수철처럼 줄어들었다가 원래의 길이로 돌아오는 성질도 있어요.(누름용수철)

② **용수철저울에 물건을 많이 달았다가 물체를 빼면 언제나 다시 원래 길이로 돌아온다?**

용수철이 늘어났다가 돌아오는 데에는 한계가 있어요. 일정한 길이보다 더 많이 늘어난 용수철은 원래 길이로 돌아오지 않지요. 이것을 잘 생각하면서 물체의 무게를 재야 해요.

실생활 개념어 활용 문장　용수철저울로 필통의 무게를 쟀어.

나만의 말로 표현해보기

관련 단원 3-1. 힘과 우리 생활

힘

교과서에서는? 용수철에 걸어 놓는 추의 무게가 무거울수록 용수철은 많이 늘어납니다. 이것은 지구가 추를 끌어당기는 힘이 다르기 때문입니다.

물체의 모양이나 운동 상태를 변하게 하는 원인을 '힘'이라고 해요.

물체에 힘을 주면 물체의 모양이 변하거나 운동 상태가 변해요. 공을 던지거나 굴리면 공의 운동 상태가 변하고, 공을 누르면 공의 모양이 변하죠. 또, 고무줄에 힘을 가하면 고무줄의 모양이 변하기도 해요.

우리 주변에서 느낄 수 있는 힘의 종류에는 어떤 것들이 있을까요? 지구가 물체를 끌어당기는 힘인 중력, 전기를 띤 두 물체 사이에 작용하는 힘인 전기력, 용수철이나 고무줄 같은 물체가 원래 모양으로 되돌아가려고 하는 힘인 탄성력 등이 있어요. 자석에 작용하는 힘인 자기력, 어떤 물체의 운동을 방해하는 힘인 마찰력 등도 힘의 종류예요.

중력
지구가 모든
물체를 잡아당겨요.

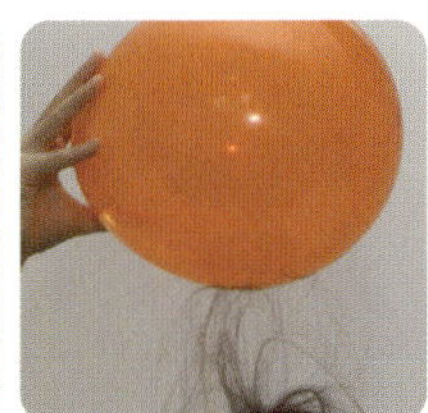

전기력
정전기로 머리카락이
풍선에 붙어요.

탄성력
용수철이 원래의 모양으로
돌아가려고 해요.

자기력
냉장고에 자석을
붙일 수 있어요.

마찰력
신발의 마찰력으로
미끄러지지 않아요.

오개념 앗, 헷갈리네!

① **무거운 물체에 큰 힘을 주었지만 물체가 움직이지 않는다면, 힘을 주었다고 할 수 없다?**

내가 물체에 힘을 주었지만 그만큼 물체도 나에게 힘을 주었기 때문에 물체가 이동하지 않은 거예요. 물체가 가지고 있는 힘보다 내가 물체에 주는 힘이 적다면 물체는 움직이지 않아요.

실생활 개념어 활용 문장
여행용 가방을 힘을 주어 밀었더니 앞으로 움직였어.

나만의 말로 표현해 보기

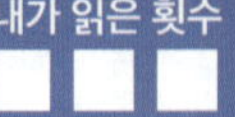

관련 단원 3-1. 힘과 우리 생활

빗면

비교 단어 지레

빗면은 비스듬히 기울어진 면을 말해요. 빗면의 원리는 비스듬한 면을 이용해서 물건이나 사람을 쉽게 이동시키는 것을 의미해요.

바닥에 있는 물건을 직접 들어서 트럭에 실을 때보다 바닥에서부터 트럭까지 빗면을 만들어서 물건을 밀어 올리면 힘이 더 적게 들어요. 즉, 빗면을 이용하여 물건을 이동시킬 때 더 적은 힘이 들어요.

고대 이집트의 건축물인 피라미드를 만들 때도 빗면의 원리가 사용됐어요. 거대한 돌을 직접 들어서 쌓아 올리려면 어마어마한 힘이 들지만, 흙을 쌓아 빗면을 만들고 그 위에서 돌을 끌어 올리면 훨씬 쉽게 돌을 쌓을 수 있어요. 우리나라의 고인돌 역시 같은 방법으로 만들었을 것이라고 추측하고 있어요.

오개념 앗, 헷갈리네!

① 빗면을 이용하면 시간이 짧게 걸린다?

빗면을 이용해서 일하면 힘이 적게 들 뿐, 걸리는 시간이 줄어드는 것은 아니에요.

실생활 개념어 활용 문장
설악산 고갯길이 구불구불한 것은 기울기가 완만한 빗면을 걸을 때 힘이 더 적게 드는 원리를 이용해 만들었기 때문이야.

나만의 말로 표현해보기

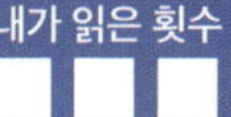

물리 8

관련 단원 3-1. 힘과 우리 생활

지레

비교 단어 빗면

지레는 막대의 한 점을 받치는 받침점을 중심으로 물체를 움직이는 장치예요.

지레에는 사람이 힘을 주는 힘점, 지레의 막대를 받치는 받침점, 힘이 작용하는 작용점이 있어요. 받침점과 힘점 사이의 거리(A)가 받침점과 작용점 사이의 거리(B)보다 멀면 적은 힘으로도 무거운 물체를 들어 올릴 수 있어요.

✔ 지레의 법칙

'힘점에서 주는 힘×힘점에서 받침점까지의 거리(A)'의 값이 '작용점에 있는 물체의 무게×작용점과 받침점 사이의 거리(B)'의 값과 같을 때 수평을 이루는데, 이것을 '지레의 법칙'이라고 해요. 우리 주변에서 볼 수 있는 시소, 가위, 병따개, 핀셋, 젓가락 등도 지레의 원리를 이용한 것이에요.

앗, 헷갈리네!

① 모든 지레는 받침점이 가운데에 있고 힘점과 작용점이 양 끝에 있다?

모든 지레가 시소처럼 생긴 것은 아니에요. 핀셋도 지레의 원리를 이용한 것인데, 실제로 물건을 집는 작용점이 한쪽 끝에 있고, 힘을 주는 힘점이 가운데에, 이를 받치는 받침점이 반대쪽 끝에 있어요. 또, 병뚜껑을 딸 때 사용하는 병따개는 받침점이 한쪽 끝에 있고 작용점이 가운데에, 힘점이 반대쪽 끝에 있어요.

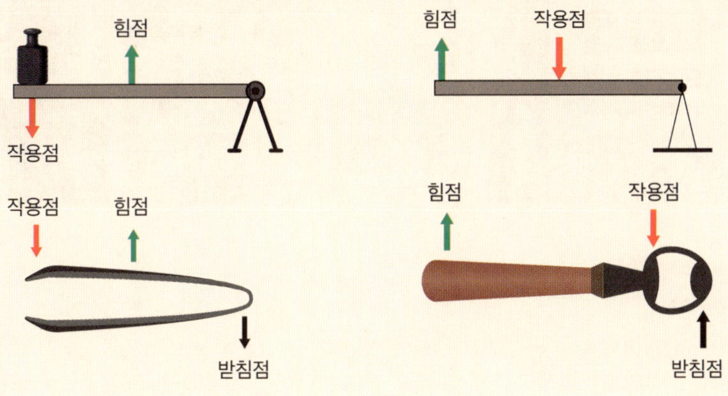

실생활개념어 활용 문장 아르키메데스가 시라쿠사의 왕 앞에서 "우주에서 나에게 발을 디딜 공간과 무한히 긴 지레를 주십시오. 그러면 지구를 들어 올려 보이겠습니다."라는 말을 했다고 전해져.

나만의 말로 표현해보기

물리 9

물체의 운동

비슷한 말 물체의 이동

교과서에서는? 우리 주변에 있는 여러 가지 물체의 운동은 어떻게 다른지 알아봅시다.

시간이 지남에 따라 물체의 위치일정한 곳에 자리를 차지함**가 변할 때 물체가 운동한다고 해요.**

달리는 자동차와 같이 시간이 지남에 따라 위치가 변하는 물체는 운동하는 물체이고, 전봇대와 같이 시간이 지나도 위치가 변하지 않는 물체는 운동하지 않는 물체예요.

물체의 운동은 물체가 이동하는 데 걸린 시간과 이동 거리로 나타내요.

다음 그림에서 자동차의 운동을 말해 볼까요? 자동차의 운동을 나타내기 위해서는 '자동차가 1분 동안 도서관으로부터 300m 운동하였다.'라고 말해야 해요. 즉, 물체의 처음 위치를 나타내기 위해서는 기준점을 정하고, 기준점으로부터 이동하는 데 걸린 시간과 이동 거리를 나타내요.

오개념 앗, 헷갈리네!

① **물체의 운동은 직선으로 움직인 것만 말하는 것이다?**

실에 달린 물체를 뱅글뱅글 돌리면 회전하지요. 이렇게 회전하는 물체도 운동했다고 할 수 있어요.

실생활 개념어 활용 문장　사랑이가 탄 자전거는 학교에서부터 1시간 동안 남쪽으로 10km 운동했어.

나만의 말로 표현해보기

물리 10

속력

비슷한 말 빠르기

교과서에서는? 속력은 물체가 이동한 거리를 걸린 시간으로 나누어 구합니다. 속력이 큰 물체가 더 빠릅니다.

물체의 속력은 1초, 1분, 1시간 등과 같이 일정한 시간 동안 물체가 이동한 거리를 말해요.

속력이 크다는 것은 일정한 시간 동안 더 많은 거리를 이동했다는 뜻이고, 이는 물체가 빠르다는 것을 의미해요.

✅ 속력의 단위

속력의 단위는 km/h, m/s 등 다양해요. km/h(킬로미터 퍼 아워, 시속)는 한 시간에 몇 km를 이동했는지를 나타내는 단위이고, m/s(미터 퍼 세컨드, 초속)는 1초에 몇 m를 이동했는지를 나타내는 단위예요.

✅ 속력의 법칙

속력 = 이동 거리 ÷ 걸린 시간

예를 들어, 기차가 3시간 동안 420km를 이동했다면 기차의 평균 속력은 어떻게 될까요? 1시간 동안 이동한 거리가 140km이므로 기차의 속력은 140km/h가 돼요. 또, 유진이가 100m를 20초에 뛰었다면 유진이의 평균 속력은 어떻게 될까요? 1초 동안 이동한 거리가 5m이므로 유진이의 속력은 5m/s가 되지요.

이렇게, 속력은 이동한 거리를 시간으로 나누어 구할 수 있어요.

실생활 개념어 활용 문장	그 투수가 던진 야구공의 속력은 150km/h야.
나만의 말로 표현해 보기	

물리 11

관련 단원 5-2. 자원과 에너지

에너지

하위어 운동 에너지, 위치 에너지, 열에너지, 빛에너지, 전기 에너지, 화학 에너지

교과서에서는? 기계와 생물은 각각 다른 방법으로 에너지를 얻습니다.

에너지는 물체가 가지고 있는 일을 할 수 있는 능력을 말해요.

과학에서 '일'은 어떤 물체에 힘이 작용하여 물체가 힘의 방향으로 이동하는 것을 의미해요. 에너지를 이용하여 자동차를 움직이게 하기도 하고, 물건을 옮기기도 하고, 전등에 불을 켤 수도 있을 뿐만 아니라 음식을 조리하기도 해요.

✓ 에너지 종류

에너지의 종류에는 운동 에너지, 위치 에너지, 열에너지, 빛에너지, 전기 에너지, 화학 에너지 등이 있어요. 굴러가는 공은 운동 에너지를, 댐에서 떨어지는 물은 위치 에너지를 가지고 있어요. 열에너지를 이용해 음식을 조리할 수도 있고, 리모컨과 같은 휴대용 전자기기는 건전지를 이용하여 전기 에너지를 얻어요. 또, 자동차는 연료를 채우거나 전기를 충전해 운동 에너지를 얻어요. 식물은 햇빛의 에너지를 이용해 광합성을 하여 화학 에너지를 얻고, 이 화학 에너지를 식물이 성장하거나 열매를 맺는 데 사용해요.

| 운동 에너지 | 위치 에너지 | 열에너지 |
| 빛에너지 | 전기 에너지 | 화학 에너지 |

오개념 앗, 헷갈리네!

① **에너지는 힘이다?**

힘과 에너지는 달라요. 어떤 물체에 힘을 가하면 그 물체는 에너지를 얻게 되는 것이지요. 영어로 '힘'은 force, '에너지'는 energy라는 것을 기억해요!

실생활 개념어 활용 문장 식물이나 동물이 살아가는 데에는 에너지가 필요해.

나만의 말로 표현해 보기

관련 단원 5-2. 자원과 에너지

열에너지

상위어 에너지

교과서에서는? 물체의 온도를 높이는 열에너지를 알아봅시다.

열에너지는 물체의 온도와 관련된 에너지를 말해요.

물체의 온도가 높을수록 더 많은 열에너지를 가지고 있어요.

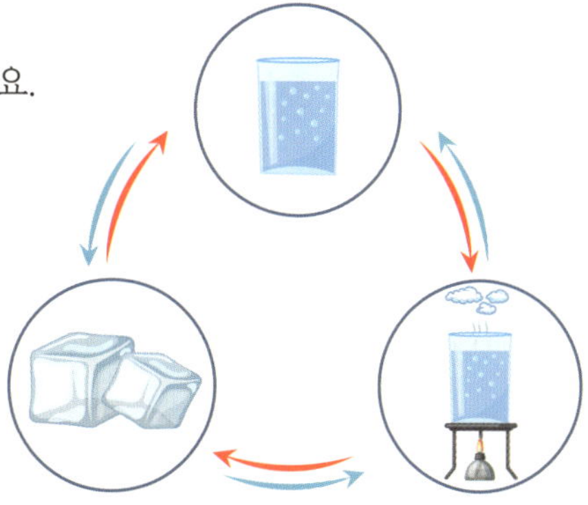

✔ 물질의 상태를 변화시키는 열에너지

물을 가열하면 수증기가 되는 모습을 볼 수 있어요.
액체인 물이 열에너지를 얻어서 기체인 수증기가 되는
것이지요. 이렇게 열에너지는 물질의 상태를 변화시켜요.

✔ 우리 생활에서 이용되는 열에너지

냄비에 물을 끓이거나, 열기구를 띄우거나, 다리미로 옷을 다릴 때도 열에너지가 사용돼요.

오개념 앗, 헷갈리네!

① 열에너지 vs 열?

열에너지는 물체가 가진 에너지이고, 열은 열에너지의 전달 방법 중 하나예요. 따라서 물체가 '열에너지'를 가지고
있다고는 말할 수 있지만, '열'을 가지고 있다고 말하지는 않아요.

실생활 개념어 활용 문장	물을 가열하니 열에너지를 얻어 온도가 높아졌어.
나만의 말로 표현해보기	

물리 13

화학 에너지

상위어 에너지

교과서에서는? 생물의 생명 활동에 필요한 화학 에너지를 알아봅시다.

화학 에너지는 물질이 가지고 있는 에너지 중 하나예요.

물질이 변화하면 화학 에너지는 다른 형태의 에너지로 바뀌어(전환되어) 이용될 수 있어요.

예를 들어, 우리 몸은 우리가 먹는 음식에 있는 화학 에너지를 사용해서 뛰고, 놀고, 공부할 수 있게 만들어요. 건전지도 화학 에너지를 가져요. 건전지 속의 화학 물질들이 반응하면서 전기를 만들어내지요. 그 전기로 우리는 장난감, 손전등, 그리고 여러 전자기기들을 작동시킬 수 있어요. 또, 자동차의 연료로 사용되는 가솔린석유의 휘발 성분을 이루는 무색의 투명한 액체도 화학 에너지를 가지고 있지요. 가솔린은 탈 때 많은 에너지를 만들어 내는데, 이 에너지를 이용해 자동차를 움직이게 해요. 마지막으로, 나무나 석탄처럼 태울 수 있는 것들도 화학 에너지를 가지고 있어요. 이런 것들을 태우면 열과 빛이 나오는데, 이것도 화학 에너지가 다른 에너지로 바뀌는 예랍니다.

☑ 우리 생활에서 이용되는 화학 에너지

음식

건전지

가솔린

나무나 석탄(태울 수 있는 것)

실생활 개념어 활용 문장

식물은 광합성을 통해 빛에너지를 화학 에너지로 바꿔.

나만의 말로 표현해보기

물리
14

전기 에너지

상위어 에너지

교과서에서는? 전기 기구를 작동하게 하는 전기 에너지를 알아봅시다.

전류가 흐를 때 발생하는 에너지를 전기 에너지라고 해요.

전기 에너지는 빛에너지, 열에너지, 소리 에너지, 운동 에너지 등으로 바뀌어(전환되어) 많이 사용 돼요. 전기 에너지의 사용으로 현대 문명은 급속도로 발전하게 되었어요.

✔ 우리 생활에서 이용되는 전기 에너지

가정에서 사용하는 각종 조명기구도 모두 전기 에너지를 빛에너지로 바꿔서 사용하는 것이에요. 또 전기 난로, 헤어드라이어 등은 전기 에너지를 열에너지로 바꿔서 사용하는 것이지요. 라디오, 오디오 등은 전기 에너지를 소리 에너지로 바꿔서 사용하고, 엘리베이터나 전동차에 쓰이는 전동기는 전기 에너지를 운동 에너지로 바꿔서 사용하는 예랍니다.

조명 기구
전기 에너지를 빛에너지로 바꿔서 사용함.

전기난로
전기 에너지를 열에너지로 바꿔서 사용함.

라디오
전기 에너지를 소리 에너지로 바꿔서 사용함.

엘리베이터
전기 에너지를 운동 에너지로 바꿔서 사용함.

오개념 앗, 헷갈리네!

① 전기 에너지는 환경 오염을 유발한다?

전기 에너지 자체가 환경 오염을 유발하는 것은 아니에요. 하지만 전기 에너지를 만들기 위해 화력발전소에서 화석연료를 태울 때 오염물질이 발생하지요.

실생활 개념어 활용 문장 | 수력발전소에서는 물의 위치 에너지를 이용해 전기 에너지를 만들어.

나만의 말로 표현해보기 |

물리 15

운동 에너지

상위어 에너지

교과서에서는? 움직이는 물체가 가진 운동 에너지를 알아봅시다.

운동 에너지는 운동하는 물체가 가지는 에너지를 말해요.

운동 에너지는 움직이는 물체의 무게가 무거울수록, 속력이 빠를수록 커져요. 같은 속도로 움직이더라도 가벼운 탁구공보다는 무거운 야구공이 더 큰 운동 에너지를 갖지요. 또, 같은 무게의 공이라도 더 빠른 속도로 움직일수록 운동 에너지는 커져요.

☑ 운동 에너지를 갖는 물체

도로를 빠르게 달리는 차, 운동장을 굴러가는 공 등은 운동 에너지를 가져요. 또, 움직이는 그네나 놀이기구, 돌아가는 풍력발전기 등도 모두 운동 에너지를 갖지요.

도로를 달리는 차

움직이는 그네

놀이기구

풍력발전기

☑ 자연 현상에서 발생하는 운동 에너지

자연 현상에서도 운동 에너지가 발생해요. 지진은 지구 내부의 열에너지가 지각^{지구의 바깥쪽}의 운동 에너지로 바뀌는 것(전환되는 것)이랍니다. 또, 태풍은 수증기가 응결하면서(일부 액체로 변하면서) 생긴 열에너지가 운동 에너지로 바뀐 것이지요.

오개념 앗, 헷갈리네!

① **운동 에너지는 사람이 운동하며 만드는 에너지이다?**
과학에서 말하는 운동 에너지는 사람뿐만 아니라 바람이나 흐르는 물처럼 움직이는 것이 가지고 있는 에너지를 포함하고 있어요.

실생활 개념어 활용 문장 로봇청소기는 전기 에너지가 운동 에너지로 바뀌어 움직이는 거야.

나만의 말로 표현해보기

관련 단원 5-2. 자원과 에너지

위치 에너지

상위어 에너지

교과서에서는? 높은 곳에 있는 물체가 가진 위치 에너지를 알아봅시다.

위치 에너지는 물체의 위치와 관련된 에너지를 말해요.

이는 중력지구 위의 물체가 지구로부터 받는 힘 때문에 생기는 에너지이기 때문에 중력에 의한 위치 에너지라고도 해요. 높은 곳에 있는 물체일수록 위치 에너지를 많이 가지고 있어요. 그래서 물체를 떨어뜨리는 높이가 2배가 되면 위치 에너지도 2배가 돼요. 또, 같은 높이에서 떨어지는 물체의 무게(질량)가 2배가 되면 위치 에너지도 2배가 되지요. 즉, 위치 에너지는 물체의 높이와 무게에 따라 달라져요.

✔ 우리 생활에서 이용되는 위치 에너지

물이 높은 곳에서 낮은 곳으로 떨어지면 높이의 차에 의해서 위치 에너지가 운동 에너지로 바뀌어요. 수력발전은 이를 이용해서 전기를 얻고 있어요. 물레방아는 물의 위치 에너지를 이용하여 물레방아의 바퀴를 돌리고 이때 바퀴에 연결된 방아가 아래위로 움직이면서 곡식을 찧어요. 또, 널뛰기는 한쪽 널의 사람이 높이 뛰었을 때 갖는 위치 에너지를 이용해 널을 누르면 반대쪽 널의 사람을 위로 올리는 놀이지요.

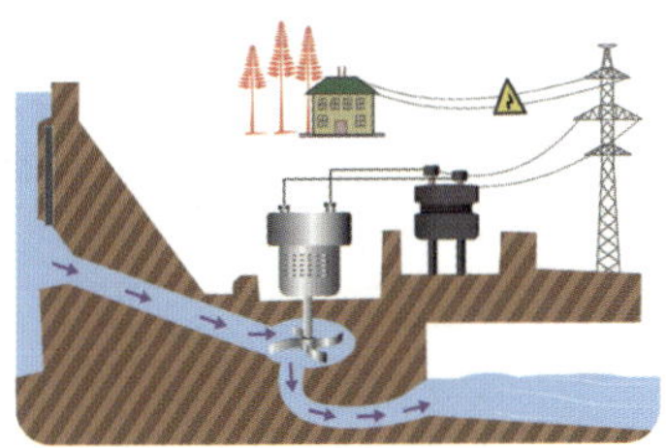

수력발전

물레방아

널뛰기

오개념 앗, 헷갈리네!

① 위치 에너지는 언제나 땅으로부터의 높이를 기준으로 한다?

위치 에너지는 상대적인 양이에요. 기준점을 어디에 두는지에 따라 그 양이 달라져요. 책상 위의 연필이 갖는 위치 에너지는 바닥을 기준으로 할 때와 의자를 기준으로 할 때 그 양이 달라진답니다.

실생활 개념어 활용 문장 롤러코스터는 위치 에너지가 운동 에너지로 바뀌는 것을 이용한 놀이기구야.

나만의 말로 표현해 보기

물리 17 에너지 전환

轉 회전할 전 **換** 바뀔 환 다른 방향이나 상태로 바뀌거나 바꿈.

교과서에서는? 자연 현상이나 우리 생활에서 에너지의 형태가 바뀌는 예를 찾아봅시다.

에너지의 형태가 바뀌는 것을 에너지 전환이라고 해요.

열에너지, 운동 에너지, 위치 에너지, 전기 에너지 등 에너지는 다양한 형태가 있어요. 에너지가 한 형태에서 다른 형태로 바뀌는 현상을 에너지 전환이라고 하는데, 이는 우리 주변에서 많이 볼 수 있어요.

✓ 우리 주변에서 볼 수 있는 에너지 전환

우리 주변에서 일어나는 에너지 전환을 이해하면 우리가 어떻게 에너지를 사용하고 있는지, 또 어떻게 에너지를 더 효율적으로 사용할 수 있는지를 알 수 있어요.

오개념 앗, 헷갈리네!

[1] **에너지가 전환되면서 일부는 사라진다?**

에너지가 전환되는 과정에서 에너지는 없어지거나 새로 생겨나지 않아요. 이를 '에너지 보존 법칙'이라고 하지요. 다만 일상생활에서는 에너지가 전환되면서 일부는 열로 바뀌기 때문에 전체 에너지의 양이 줄어드는 것처럼 보일 뿐이에요.

실생활 개념어 활용 문장	선풍기는 전기 에너지를 운동 에너지로 전환해.
나만의 말로 표현해보기	

물리 18

신재생 에너지

新 새로울 신 **再** 다시 재 **生** 날 생 새롭게 다시 사용함.

상위어 에너지　**비슷한 말** 친환경 에너지

계속 써도 다시 또 공급되는 에너지는 재생 에너지, 화석연료를 대신할 새로운 에너지는 신에너지라고 하는데, 신재생 에너지는 이 둘을 포함하는 말이에요.

✓ 재생 에너지와 신에너지

우리가 에너지원으로 주로 사용해 온 화석연료(석유, 석탄, 천연가스 등)는 만들어지는 데만 수백만 년이 걸려요. 또, 묻혀있는 양이 한정되어 있고, 한번 사용하면 다시 사용할 수 없어 자원 고갈의 문제가 늘 함께 했었지요. 하지만 햇빛이나 바람, 물 등에서 얻을 수 있는 에너지는 다시 사용할 수 있어서 관심이 높아졌는데, 이를 재생 에너지라고 해요. 또, 신에너지는 지구 환경에 좋지 않은 영향을 미치는 화석연료를 대신해 새로운 연료 물질을 만들어내는 에너지를 말해요. 연료 전지, 수소 에너지 등이 신에너지에 속해요.

✓ 신재생 에너지의 특징

신재생 에너지를 이용하기 위해서는 처음에 큰 비용을 들여야 한다는 단점이 있지만, 지속해서 사용할 수 있다는 점에서 많은 장점을 가지고 있어요. 또, 이러한 신재생 에너지는 화석연료를 사용하지 않기 때문에 오염물질이 거의 발생하지 않아요.

▶ **풍력 에너지** 바람의 힘을 이용하여 전기를 만들어 에너지를 얻어요.

▶ **바이오 에너지** 생물체를 통해서 에너지를 얻어요.

▶ **태양 에너지** 태양의 빛에너지를 모아서 태양 전지를 통해 전기 에너지로 전환하여 이용해요.

▶ **연료 전지** 수소와 산소를 반응시켜 전기를 만들어서 친환경적이에요.

▶ **지열 에너지** 땅이 가진 열에너지로 전기를 만들어 에너지를 얻어요.

오개념 앗, 헷갈리네!

① 모든 친환경 에너지는 신재생 에너지이다?

친환경 에너지는 환경에 미치는 영향이 적은 에너지를 말해요. 신재생 에너지는 자연에서 무한히 얻을 수 있는 자원을 이용하는 에너지로, 친환경 에너지의 한 종류예요.

실생활 개념어 활용 문장 여러 나라가 화석연료를 줄이기 위한 적극적인 정책을 내놓고 있는 시점에서, 신재생 에너지의 가치는 매우 높다고 할 수 있어.

나만의 말로 표현해 보기

바이오 에너지

물리 19

상위어 에너지, 재생 에너지

바이오 에너지는 바이오 연료(땔나무, 숯, 가축의 분뇨, 음식물 쓰레기 등)로부터 에너지를 얻는 것을 말해요.

바이오 연료를 태워 열과 빛을 얻기도 하고, 발효시켜 가스나 액체, 고체 연료 형태로 만들기도 해요. 바이오 에너지는 많은 장점을 가지고 있어요. 이미 버려진 폐기물을 태우거나 발효시킬 때 생기는 에너지를 활용하므로 땅에 묻는 쓰레기의 양 뿐만 아니라 온실가스 배출량도 줄일 수 있어요. 또, 다양한 형태로 에너지를 전환하여 사용할 수도 있어요.

<바이오 에너지의 이용>

실생활 개념어 활용 문장 가축의 배설물을 이용해 만들어진 가스로 난방을 하는 것은 바이오 에너지를 이용하는 예라고 볼 수 있지.

나만의 말로 표현해보기

관련 단원 5-2. 자원과 에너지

지열 에너지

地 땅 지 **熱** 더울 열 땅의 열

상위어 에너지, 재생 에너지

지열 에너지는 지구 내부의 열을 이용한 에너지를 말해요.

우리가 사는 지구의 겉부분은 뜨겁지 않지만 내부는 높은 온도를 가진 물질들로 이루어져 있답니다. 지구 내부의 물질들이 지구 표면 근처까지 올라오곤 하는데, 이때 이 물질들이 가진 열을 이용하는 것이 지열 에너지예요. 지구 내부의 열을 이용하기 때문에 지열 에너지는 환경을 오염시키지 않으면서도 우리가 끊임없이 사용할 수 있는 에너지랍니다.

☑ 지열 에너지의 이용

지열 에너지는 지구의 내부 열을 이용해 물체의 온도를 높이거나 전기를 만드는 데 사용해요. 이를 이용해 집을 따뜻하게 하기도 하고, 온수를 만들기도 해요.

☑ 지열 에너지의 특징

지열 에너지의 장점은 환경에 해를 끼치지 않고 안정적으로 에너지를 공급할 수 있다는 것이에요. 하지만 모든 지역에서 쉽게 사용할 수 있는 것은 아니에요. 지열 에너지를 효율적으로 사용하기 위해서는 지구 내부의 열이 지표면에 가까운 곳에 있어야 해서 지열 에너지는 지구의 특정 지역에서 사용되고 있지요.

오개념 앗, 헷갈리네!

① 지열 에너지는 겨울에는 사용할 수 없다?

지열 에너지는 외부 기후나 기온에 크게 영향을 받지 않아요. 여름철에는 실내의 열을 흡수해서 내보내고, 겨울철에는 지표면으로부터 열을 끌어올려 흡수하지요. 따라서 에너지 효율이 높아요.

실생활 개념어 활용 문장
영동고속도로의 덕평 휴게소에서는 지열 에너지를 사용해 냉난방을 하고 있어.

나만의 말로 표현해보기

물리 21

해양 에너지

海 바다 해 洋 큰 바다 양 바다

상위어 에너지, 재생 에너지

해양 에너지는 바닷물을 이용하여 얻는 에너지를 말해요.

바닷물을 이용하여 얻을 수 있는 해양 에너지에는 네 가지 종류가 있어요. 파도를 이용하는 '파력 에너지', 밀물과 썰물을 이용하는 '조력 에너지', 조류밀물과 썰물 때문에 일어나는 바닷물의 흐름를 이용한 '조류 에너지', 그리고 해양의 온도 차에 의해서 전기를 얻는 '온도차 발전' 등이 있지요.

파력 에너지는 오염을 일으키지 않고 자원의 양이 무한하다는 장점이 있지만, 바람에 따라 파도의 크기가 달라져 만들 수 있는 에너지의 양이 일정하지 않다는 단점도 있어요. 조력 에너지는 하루에 두 번 생기는 밀물과 썰물의 차이를 이용하여 에너지를 만들어요. 밀물과 썰물이 드나드는 곳의 폭을 좁히면 바닷물이 세게 흐르는데, 이때 물이 드나드는 힘으로 터빈물레방아처럼 생긴 기계을 돌려서 전기를 얻어요.

조류 에너지는 항상 일정한 방향으로 흐르는 물의 속도를 이용하여 얻는 에너지예요. 자연 그대로의 바다에 설치하기 때문에 환경을 지키면서 에너지를 얻을 수 있지요. 마지막으로 온도차 발전은 바다 표면의 따뜻한 바닷물과 깊은 곳의 차가운 바닷물의 온도 차이를 이용해 전기를 만드는 방법이에요.

오개념 앗, 헷갈리네!

1 해양 에너지는 바다가 있는 곳이라면 어디에서든 얻을 수 있다?

조력 에너지는 밀물과 썰물 때의 물의 높이 차가 3m 이상 나는 곳, 파력 에너지는 수심 300m 미만이고 육지에서의 거리가 30km 미만인 연안, 조류 에너지는 조류의 흐름이 빠른 곳, 온도차 발전은 바다 표면과 깊은 곳의 온도 차가 크게 나는 곳 등 해양 에너지를 얻을 수 있는 곳은 많지 않아요.

실생활 개념어 활용 문장 진도 울돌목 조류발전소는 국내 최초 조류발전소로 조류의 흐름을 이용해 해양 에너지를 얻어.

나만의 말로 표현해 보기

물리 22

수력 에너지

水 물 수 力 힘 력 물의 힘

상위어 에너지, 재생 에너지

수력 에너지는 물(水)의 힘(力)으로 얻는 에너지를 말해요.

수력 에너지는 높은 곳에 있는 물이 낮은 곳으로 떨어지면서 에너지를 만드는 것이에요. 물의 위치 에너지가 운동 에너지로 바뀌고, 그 운동 에너지로 전기 에너지를 만들지요.

☑ 수력 에너지를 이용해 전기를 만드는 과정

수력 에너지를 얻으려면 물이 많이 흐르는 강이나 큰 호수가 필요해요. 이러한 곳에서 물의 힘을 이용할 수 있기 때문이에요. 댐이라는 큰 벽을 만들어서 강이나 호수의 물을 막아요. 이렇게 댐에 물이 모이면 물레방 아처럼 생긴 터빈이라는 기계로 물을 빠르게 흘려보내요. 이 터빈이 돌아가면서 기계적인 힘이 생기는데, 터빈이 돌아가는 힘을 이용해서 발전기를 돌리죠. 이때 발전기가 돌아가면서 전기가 생기고, 이 전기를 전 선을 통해 집마다 보내서 우리가 사용할 수 있게 되는 거예요.

☑ 수력 에너지의 특징

수력 에너지는 친환경적인 에너지예요. 화석연료를 사용하지 않아서 공기를 오염시키지 않고, 물을 재사용 할 수 있기 때문이에요. 또, 필요한 양만큼 양을 조절하여 만들 수 있다는 장점이 있어요.

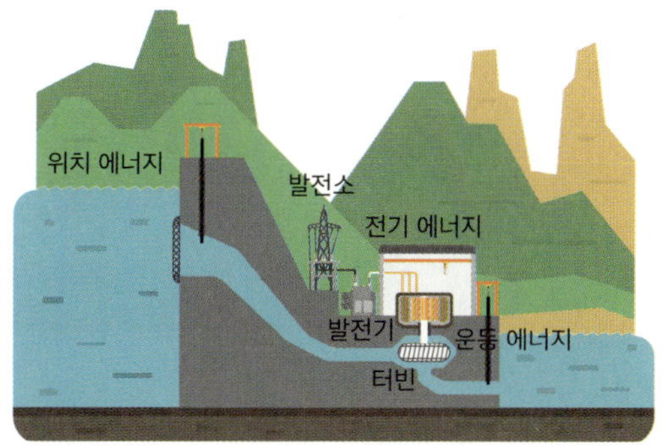

오개념 앗, 헷갈리네!

① **수력 에너지는 물을 이용하여 만들므로 생태계에 영향을 미치지 않는다?**

수력발전을 위해서는 물을 가둬 두는 댐을 만드는데, 큰 댐을 만들 때는 자연환경이나 동식물에 영향을 줄 수 있 어요. 그래서 수력 에너지를 이용할 때는 환경에 미치는 영향도 함께 고려해야 해요

실생활 개념어 활용 문장

수력 에너지를 얻기 위해 만들어진 댐은 강 하류의 물의 양을 조절하기도 해.

나만의 말로 표현해보기

관련 단원 5-2. 자원과 에너지

풍력 에너지

風 바람 풍 力 힘 력 바람의 힘

상위어 에너지, 재생 에너지

풍력 에너지는 바람(風)의 힘(力)을 이용한 에너지예요.

✅ 풍력 에너지를 이용해 전기를 만드는 과정

풍력 에너지를 얻으려면 바람이 많이 부는 곳이 필요해요. 그래서 보통 산꼭대기나 해안가, 들판 같은 곳에 풍력발전기를 세워요. 풍력발전기는 마치 큰 바람개비처럼 생겼어요. 이 바람개비에 긴 날개(블레이드)가 달려 있고, 바람이 풍력발전기의 날개를 강하게 밀면 날개가 돌아가는데 이때, 그 안에 있는 발전기도 같이 돌아가면서 전기가 만들어져요. 이 전기를 우리가 쓸 수 있게 집마다 전선을 통해 보내지요. 즉, 풍력 에너지는 바람의 운동 에너지를 회전력물체를 회전시키는 힘으로 바꾸어 전기 에너지를 만드는 거예요.

✅ 풍력 에너지의 특징

풍력 에너지는 바람을 이용하기 때문에 환경 오염이나 자원 고갈의 염려가 없어요. 또, 풍력발전기를 만드는 방법은 다른 방법들에 비해 어렵지 않지요. 하지만 바람의 세기와 방향은 마음대로 조절할 수 없어 전기 에너지를 일정하게 생산하기 어렵고, 발전기 날개가 돌아가면서 소음이 발생할 수 있다는 단점도 있어요.

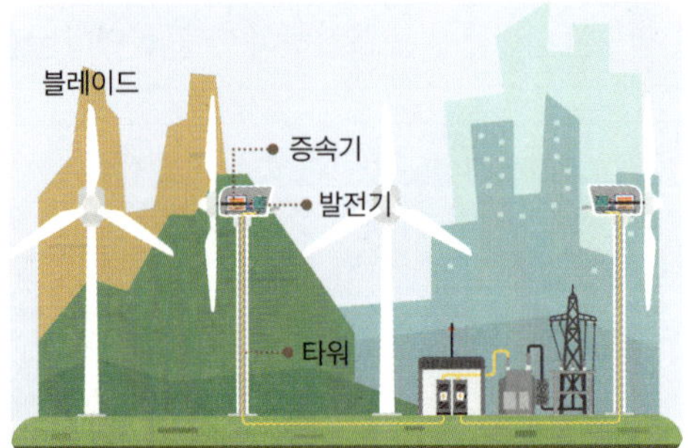

오개념 앗, 헷갈리네!

① **풍력발전기 날개의 개수는 3개, 4개 등 다양하다?**

풍력 에너지를 만드는 풍력발전기는 기둥인 '타워'와 날개인 '블레이드'로 이루어져 있어요. 바람이 불면 블레이드가 돌아가며 발전기를 작동시키지요. 블레이드의 개수가 많을수록 만들어지는 전기의 양이 많아지지만, 블레이드 하나의 무게가 10톤(t)이나 되기 때문에 이를 무작정 늘리기는 어려워요. 따라서 풍력발전기는 무게와 효율을 고려하여 블레이드가 모두 3개씩으로 이루어져 있답니다.

실생활 개념어 활용 문장

바닷가나 높은 산에 가면 풍력 에너지를 만드는 풍력발전기가 있어.

나만의 말로 표현해보기

물리 24

관련 단원 5-2. 자원과 에너지

태양 에너지

상위어 에너지, 재생 에너지   **하위어** 태양열 에너지, 태양광 에너지

교과서에서는? 광합성을 할 때 태양의 빛에너지가 식물의 화학 에너지로 전환됩니다.

태양 에너지는 태양으로부터 오는 열과 빛에너지를 말해요.

태양 에너지는 열을 이용하는 '태양열 에너지'와 빛을 이용하는 '태양광 에너지'로 나눌 수 있어요.

☑ 태양열 에너지의 특징

태양열 에너지는 태양으로부터 뻗어 나와 지구에 도달하는 열을 이용하는 에너지를 말해요. 오목 거울을 이용하면 태양열을 한곳으로 모을 수 있어요. 이 열로 물을 끓여 증기기체 상태로 있는 물를 만들고, 증기가 발전기를 움직여 전기를 만들어요. 이러한 태양열 에너지는 가정에서 온수, 난방, 냉방에 이용할 수 있으며, 공장이나 발전소를 움직이는 산업 에너지로도 사용돼요. 태양열 에너지는 환경 오염을 일으키지 않고 계속해서 쓸 수 있다는 큰 장점이 있어요.

☑ 태양광 에너지의 특징

태양광 에너지는 태양에서 나와 지구에 도달하는 빛을 이용하는 에너지를 말해요. 태양광 에너지를 이용해 전기를 만들 때는 태양의 빛을 받아 전기로 바꾸는 역할을 하는 태양전지판을 사용해요. 이는 부분적으로 빛을 이용하는 것이기 때문에 흐린 날에도 이용할 수 있어요. 또, 일반적으로 태양광 에너지 이용 효율이 태양열 발전에 비해 높아요. 이러한 태양광 에너지는 고갈될 걱정이 없고, 온실가스를 내뿜지 않는 신재생 에너지로 인기가 높아지고 있어요. 또, 각 가정이나 건물의 지붕에 소규모로 설치할 수 있다는 장점 때문에 많이 사용되고 있지요.

실생활 개념어 활용 문장

태양광 에너지를 이용하기 위해 태양전지판을 설치했어.

나만의 말로 표현해보기

물리 **25**

관련 단원 4-1. 자석의 이용

자석

磁 자기장 자 石 돌 석

교과서에서는? 자석을 철로 된 물체에 가까이 가져가면 철로 된 물체가 자석에 끌려옵니다.

자석은 철로 된 물체를 끌어당기는 성질을 지닌 물체예요.

못, 클립, 가위 등은 자석에 잘 붙지만 종이, 플라스틱, 천 등은 자석에 붙지 않아요. 자석에 붙는 물체들은 철로 이루어졌다는 공통점이 있지요.

✅ 자석의 극

자석을 클립 더미에 가져가면 자석의 양쪽 끝에 클립이 가장 많이 붙어요. 이곳이 자석의 힘이 가장 세기 때문이지요. 자석의 힘이 가장 센 끝부분을 자석의 극이라고 해요. 자석의 극은 N극과 S극 두 가지가 있는데, 자석의 극은 같은 극끼리는 밀어내고 다른 극끼리는 서로 끌어당기는 힘이 작용해요.

✅ 자석의 성질을 띠도록 만들기

자석의 성질을 띠지 않는 바늘을 자석의 성질을 띠도록 만들 수도 있어요. 바늘에 자석을 여러 번 문지르면 돼요. 이때는 반드시 자석의 한쪽 끝으로, 또 같은 방향으로만 문질러야 해요. 자석을 많이 문지를수록 센 자석이 되지요. 이 바늘 자석은 시간이 지나면 다시 자석의 성질을 잃어버리게 돼요.

✅ 자석을 이용한 물체

우리 주변에서도 자석의 성질을 사용한 물체를 많이 볼 수 있어요. 교실 칠판에 붙어 있는 자석, 가방이나 필통 등에 있는 자석, 냉장고에 붙어 있는 자석 등은 자석의 끌어당기는 성질을 이용한 물건이에요.

오개념 앗, 헷갈리네!

① **자석이 쪼개지면 한 개의 극만 갖는다?**

자석은 쪼개져도 남은 쪽의 극과 반대되는 극이 생겨요. N극엔 또 다른 S극이, S극엔 또 다른 N극이 만들어지는 거예요. 따라서 자석을 쪼개도 항상 두 극을 갖게 되지요.

② **금속은 모두 자석에 붙는다?**

금속은 전기가 통하기 때문에 모두 자석에 붙는다고 생각할 수 있지만, 전기가 통한다고 해서 모두 자석에 붙는 것은 아니에요.

실생활 개념어 활용 문장   냉장고에 자석을 이용해 쿠폰을 붙였어.

나만의 말로 표현해보기

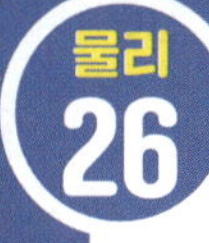

물리 26

관련 단원 4-1. 자석의 이용

나침반

나침반은 일정한 방향을 가리키는 성질이 있어 방향을 알려 주는 도구예요.

막대자석을 실에 매달면 자석이 움직이다가 일정한 방향을 가리키며 멈추게 돼요. 지구는 하나의 거대한 자석이고, 지구의 북극은 S극, 남극은 N극이기 때문에 자석의 N극은 북쪽을 가리키고 S극은 남쪽을 가리켜요. 자석의 이러한 성질을 이용하여 만든 것이 나침반이에요. 나침반에 자석을 가까이 가져가면 나침반 바늘이 움직여요. 나침반 바늘도 작은 자석이어서 자석끼리 서로 잡아당기거나 미는 힘이 작용하기 때문이지요.

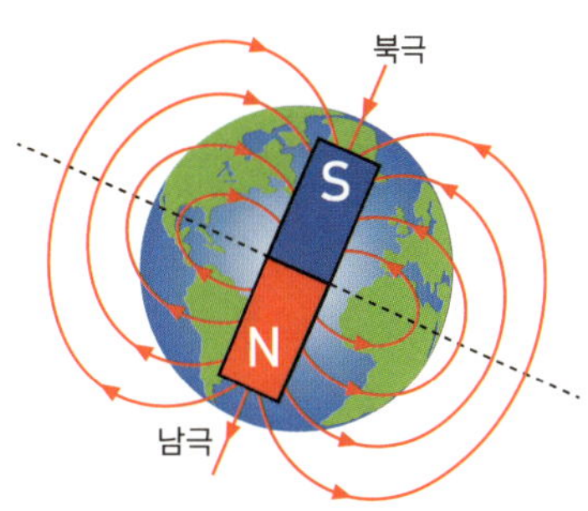

나침반 바늘에서 북쪽을 가리키는 부분이 N극이고, 남쪽을 가리키는 부분이 S극이에요. 그리고 N극의 바늘 끝을 나침반 아랫면에 적힌 N 자에 맞추었을 때 E라고 적힌 부분이 동쪽, W라고 적힌 부분이 서쪽이 되지요.

나침반은 역사 속에서도 매우 중요한 역할을 했어요. 콜럼버스가 신대륙을 발견하고, 마젤란이 세계 일주를 하며 지구가 둥글다는 사실을 증명할 수 있게 된 것도 나침반이 있었기 때문이에요. 항해용 나침반은 배가 아무리 기울어져 있어도 방위(동, 서, 남, 북)를 적어 놓은 원반이 항상 수평을 유지하게 되어 있어 정확한 방향을 가리켜요. 옛날 탐험가들은 이를 이용하여 바다와 육지를 정복해 나갔어요.

오개념 앗, 헷갈리네!

1 나침반의 바늘은 자석의 성질을 갖고 있지 않은 철이다?

나침반의 바늘은 하나의 자석이에요. 바늘이 자석의 성질을 가지고 있어서 지구 자석에 반응해 방향을 나타내는 거예요.

실생활 개념어 활용 문장
길을 잃었을 땐 나침반을 이용해 방향을 찾아.

나만의 말로 표현해보기

관련 단원 6-2. 전기의 이용

전기회로

回 돌아갈 회 路 길 로 어디로 갔다 돌아오는 길

교과서에서는? 전기회로에서 전구 두 개를 여러 방법으로 연결해 전구의 밝기 변화를 알아봅시다.

전지, 전선, 전구 등 전기 부품을 서로 연결해 전기가 흐르도록 한 것을 전기회로라고 해요.

전기 기구가 작동하려면 전선을 연결하여 전류가 흐를 수 있는 길을 만들어야 해요. 이를 위해 전지(전원을 공급하는 장치), 전구, 전동기, 전선, 스위치 등을 연결하여 전기가 흐를 수 있는 길을 만든 것이 전기회로예요.

전기회로는 전원 장치에서 출발한 전류가 출력 장치를 거쳐 다시 전원 장치로 돌아올 수 있도록 중간에 끊어짐 없이 길을 만들어 주어야 해요. 이때 통로가 끊어지지 않은 회로를 '닫힌회로'라 하고, 스위치 등에 의해 통로가 끊긴 회로를 '열린회로'라고 해요.

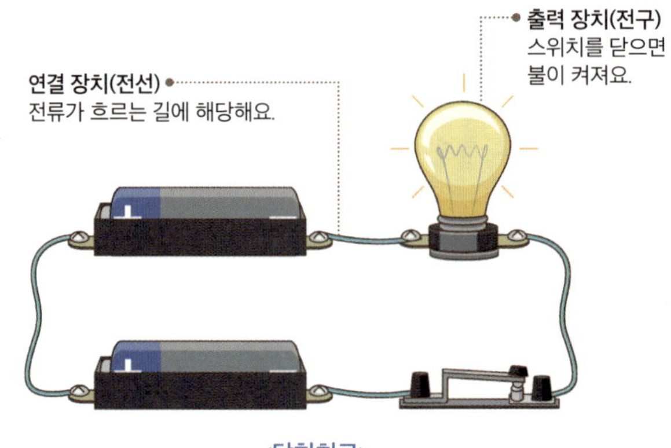

<닫힌회로>

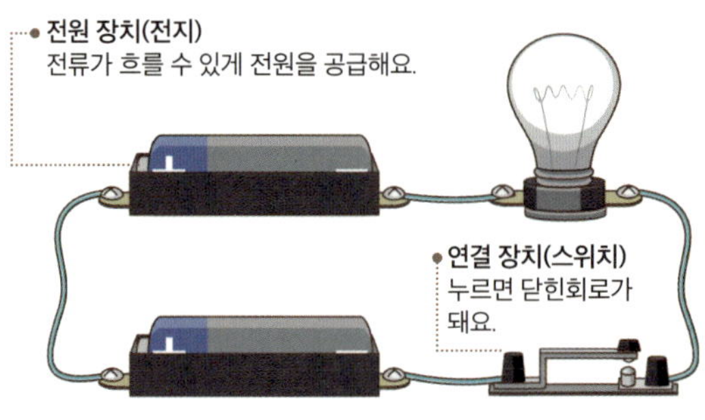

<열린회로>

실생활 개념어 활용 문장	전기회로를 만들어 전구에 불이 들어오게 했어.
나만의 말로 표현해 보기	

전류

電 전기 전 流 흐를 류 (전기회로에) 흐르는 전기

교과서에서는? 전기회로에 연결된 전기 부품의 도체 부분에 전류가 흐르면 전구에 불이 켜집니다.

전기회로에 흐르는 전기를 전류라고 해요.

수도관에 물이 흐르는 모습을 본 적이 있나요? 집에서 쓰는 냉장고, 세탁기, 선풍기처럼 전기를 이용한 가전제품을 보면 대부분 전선으로 연결되어 있어요. 이 전선은 전기가 흘러가는 통로인데, 마치 수돗물이 흘러가는 수도관과 같아요. 이렇게 전기회로의 전선을 따라 흐르는 전기를 전류라고 해요.

전류는 전지의 +극에서 -극으로 흘러요. 전기회로에서 전류가 흐르는 방향은 전선을 따라 화살표로 표시한답니다. 전류의 크기를 나타낼 때는 A(암페어)라는 단위를 사용하고 있어요.

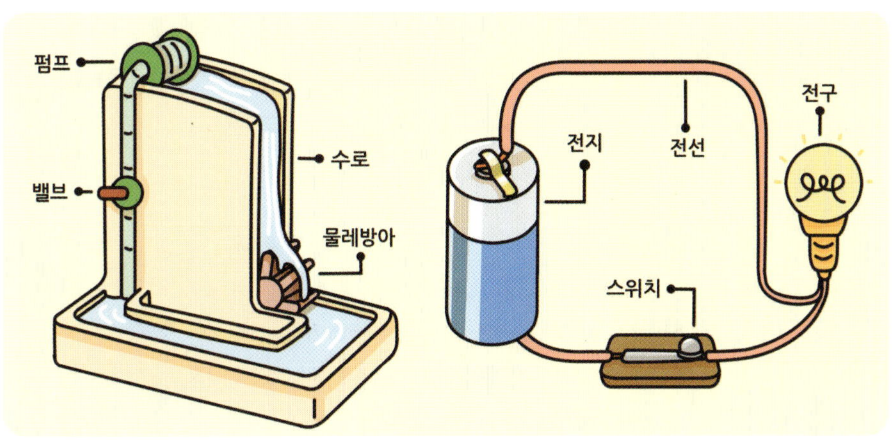

<물의 흐름과 전류>

오개념 앗, 헷갈리네!

① **전류의 속도는 매우 빠르다?**

스위치를 누르면 전구에 불이 바로 들어오는 것 때문에 전류의 속도가 매우 빠르다고 생각할 수 있어요. 실제로 전류는 1초에 0.1mm 정도 흘러요. 하지만 전구의 불이 바로 켜지는 것은 스위치를 닫았을 때, 전기회로의 전기를 띤 알갱이들이 동시에 조금씩 움직이기 때문이에요.

실생활 개념어 활용 문장	장난감에 건전지를 넣고 스위치를 켰더니 전류가 흘러서 장난감이 움직였어.
나만의 말로 표현해보기	

도체와 부도체

導 인도할 도 體 몸 체 / 不 아닐 부 導體

교과서에서는? 여러 가지 전기 부품은 도체 부분과 부도체 부분으로 이루어져 있습니다.

전류가 잘 흐르는 물질을 도체, 잘 흐르지 않는 물질을 부도체라고 해요.

전류가 잘 통하는 물질을 도체라고 하는데, 철·구리·알루미늄·흑연 등이 해당해요. 반대로 전류가 잘 통하지 않는 물질은 부도체로 종이, 유리, 비닐, 나무 등이 해당해요.

✅ 생활 속의 도체와 부도체

우리가 사용하는 전기제품들에는 도체로 만들어진 부분과 부도체로 만들어진 부분이 섞여 있어요. 예를 들어 전선의 경우 전기가 흐르는 전선 부분은 구리와 같은 도체로 되어 있지만 전선을 감싸는 겉 부분은 플라스틱이나 고무와 같이 전기가 잘 통하지 않는 부도체로 되어 있지요. 그 까닭은 무엇일까요? 사람의 몸도 전기가 통하는 도체이기 때문에, 사람이 직접 만지는 부위는 부도체여야 안전하게 사용할 수 있어서예요. 만약 전기제품의 바깥쪽이 철이나 알루미늄 등의 도체로 되어 있다면 전기제품을 사용할 때 사람이 감전되어 크게 다칠 수도 있어요.

✅ 반도체란?

반도체는 온도나 압력 등 주변 환경 변화에 따라 도체도 되었다가 부도체도 되었다가 하는 물질을 말해요. 반도체는 불순물(실리콘 등)을 첨가하면 전기가 잘 통하는 도체가 되기 때문에 컴퓨터, 텔레비전, 라디오 등 가전제품에 많이 쓰여요.

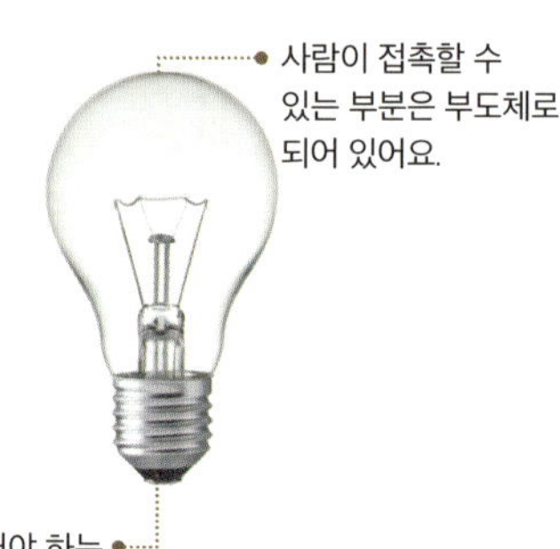

오개념 앗, 헷갈리네!

① 물은 도체? 부도체?

물은 도체이기 때문에 물이 묻은 손으로 전기제품이나 플러그를 만지면 위험해요.

실생활 개념어 활용 문장
전선의 안쪽은 도체, 전선을 감싸고 있는 부분은 부도체야.

나만의 말로 표현해보기

물리 30

전지

하위어 건전지, 습식전지　**교과서에서는?** 여러 가지 모양으로 만든 색 점토에 전지와 발광 다이오드를 연결해 발광 다이오드에 불을 켜는 놀이를 해 봅시다.

전지는 화학 에너지를 전기 에너지로 바꿔 저장하는 장치를 말해요.

시계나 리모컨, 움직이는 장난감 등에 넣어서 쓰는 건전지를 떠올려 볼까요? 전지는 전기 에너지가 필요한 장치에 전원을 공급하기 위해 쓰인답니다.

우리가 주로 사용하는 건전지는 마른 전지라는 뜻으로, 휴대용 전자기기에 사용돼요. 모양과 크기도 다양한데 원통형, 사각기둥형, 동전 단추형 등이 있어요. 전지를 사용할 때는 전자기기에 알맞은 전지를 확인해야 하는데, 전기가 많이 필요한 전자기기일수록 더 큰 전지가 들어가요.

다양한 건전지 종류

오개념 앗, 헷갈리네!

① 전지는 금속으로 분리수거하여 버린다?

재활용품을 수거하는 곳에서 '폐전지함'을 본 적이 있을 거예요. 건전지를 그냥 쓰레기통에 버리면 전지 속에 있는 물질들이 토양을 오염시키거나 지하수로 들어가서 수질오염을 일으킬 수 있어요. 심지어 이 물질들은 쉽게 분해되지 않아서 동물이나 식물에 모두 나쁜 영향을 미칠 수 있지요. 따라서 다 쓴 전지는 반드시 동네에 있는 폐건전지 수거함에 넣어서 버려야 해요.

② 모든 전지는 건전지이다?

전지가 처음 개발되었을 때는 액체 물질이 들어있는 습식전지였어요. 그런데 습식전지는 액체가 밖으로 새어 나오는 문제가 있어서 가루 물질을 사용한 건전지가 발명되었어요.

실생활 개념어 활용 문장	시계가 멈춰서 건전지를 갈아 끼웠더니 다시 작동했어.
나만의 말로 표현해보기	

물리 31

전지의 연결

하위어 전지의 직렬연결, 전지의 병렬연결
교과서에서는? 전지 두 개를 여러 가지 방법으로 연결해 보고 전구의 밝기가 어떻게 달라지는지 알아봅시다.

전지의 직렬연결은 여러 개의 전지를 서로 다른 극끼리 한 길로 연결하는 방법을, 전지의 병렬연결은 여러 개의 전지를 서로 같은 극끼리 묶어서 연결하는 방법을 말해요.

리모컨, 움직이는 장난감, 손전등 등을 살펴보면 전지가 여러 개 들어 있어요. 이때 전지를 넣는 방향이 표시되어 있지요. 방향이 맞지 않게 전지를 넣으면 전류가 흐르지 않아요.

	전지의 직렬연결(서로 다른 극을 붙여 연결)	전지의 병렬연결(서로 같은 극을 붙여 연결)
전지 연결 방법	1번 회로	2번 회로
전구의 밝기	전구가 더 밝음	1번 회로에 비해 어두움
전지를 더 많이 연결하면	전지를 많이 연결할수록 전구가 더 밝아지지만, 전지를 더 오래 쓸 수는 없음	전지를 많이 연결해도 전구의 밝기는 변하지 않지만, 전지의 수명이 길어짐(같은 일을 하기 위해 전지 여러 개가 일을 나누어야 함)
전지 한 개를 빼내면	전지 한 개를 빼내면 전구에 불이 들어오지 않음	다른 전지를 통해 전류가 흐르므로 전구에는 계속 불이 들어옴
이용하는 곳	리모컨, 손전등, 장난감, 디지털 도어락 등 많은 전기를 한 번에 써야 할 때 전지를 직렬로 연결하여 사용함	하나의 가전제품을 사용하지 않더라도 다른 제품에는 전기가 흘러야 하는, 가정에서의 전기제품의 연결에 사용함 (TV 전원을 뽑더라도 냉장고는 작동함)

실생활 개념어 활용 문장 내 장난감의 전지는 직렬연결 되어 있어.

나만의 말로 표현해보기

물리 32

관련 단원 6-2. 전기의 이용

전구

교과서에서는? 주변을 살펴보면 전구 여러 개를 연결한 모습을 볼 수 있습니다.

전류를 흘려 빛을 만드는 기구를 전구라고 해요.

✓ 전구의 원리와 구조

전구에 전기가 흐르기 시작하면 필라멘트에서 빛이 나요. 필라멘트는 전기가 흐르는 것을 방해하는 금속으로 만들어져 있는데, 전기가 흐르면 온도가 올라가면서 빛을 내는 것이지요. 어떤 물질로 필라멘트를 만드느냐에 따라 최고 온도가 달라지는데, 텅스텐 필라멘트의 경우 최고 3,000℃까지 온도가 올라간다고 해요. 이 열이 바깥으로 전달되는 것을 최대한 막고 필라멘트를 오래 사용하기 위해 유리구 속은 진공으로 만들거나 질소와 같은 기체를 넣어요. 그래도 불이 켜져 있는 전구는 매우 뜨거운 상태이므로 함부로 손으로 만지면 안 돼요.

✓ 전구의 이용

전구는 가정용 조명기구에도 사용되고, 크리스마스트리와 같이 장식을 위한 기구에도 사용돼요. 전구를 이용할 때는 용도에 따라 밝기와 전압이 적절한 전구를 선택하여 이용해야 해요. 전구의 밝기는 W(와트)를 이용해서 나타내는데, 숫자가 클수록 밝고 더 많은 전기 에너지를 써요. 전압은 전기회로에 전류를 흐르게 할 수 있는 힘으로 V(볼트)로 나타내요.

오개념 앗, 헷갈리네!

① **전구를 전지 가까이에 연결하면 더 밝아진다?**
전구 한 개와 전지 한 개가 직렬로 연결된 전기회로에서는 전구의 위치와 관계없이 전구의 밝기가 같아요.

실생활 개념어 활용 문장	화장실 전구의 필라멘트가 끊어져서 새로운 전구로 바꿨어.
나만의 말로 표현해보기	

물리
33

전구의 연결

하위어 전구의 직렬연결, 전구의 병렬연결
교과서에서는? 전구의 연결 방법에 따라 전구의 밝기가 달라질까요?

전기회로에서 전류가 흐르는 전선 한 개에 전구 두 개 이상을 이어 연결한 것을 전구의 직렬연결, 전류가 흐르는 전선 한 개에서 전선을 여러 개로 나누어 각각의 전선에 전구를 한 개씩 연결한 것을 전구의 병렬연결이라고 해요.

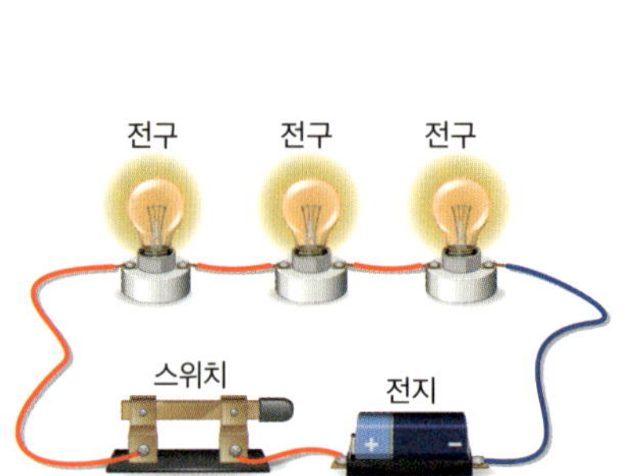

<전구의 직렬연결>

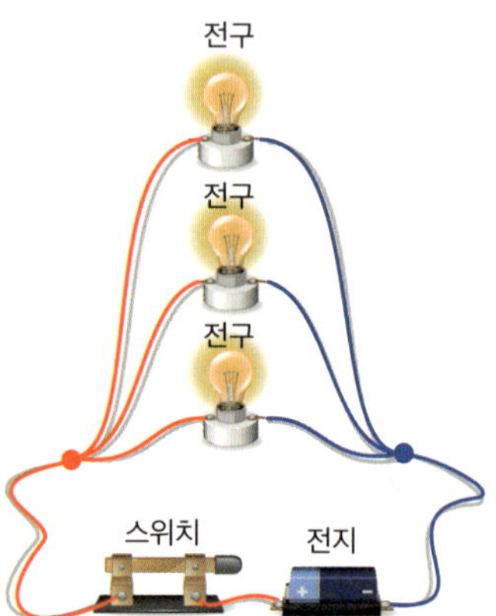

<전구의 병렬연결>

전기회로에 여러 개의 전구를 연결할 때 그 연결 방법에 따라 전구의 밝기가 달라져요. 전구를 직렬로 연결하면 병렬로 연결할 때보다 전구가 더 어두워지고, 전구를 많이 연결할수록 밝기는 더 어두워져요. 전구를 직렬로 연결했을 때는 한 개의 전구의 필라멘트가 끊어지면 전체 전기회로에서 전기가 흐르지 않게 되기 때문에 다른 전구들도 모두 불이 들어오지 않아요.

전구를 병렬로 연결하면 직렬로 연결할 때보다 더 밝은 빛을 내요. 또, 한 개의 전구의 필라멘트가 끊어져도 다른 전구들에는 전류가 흐르기 때문에 다른 전구들은 정상적으로 불이 들어와요.

오개념 앗, 헷갈리네!

① **크리스마스트리의 전구는 직렬연결 되어 있다?**

크리스마스트리의 전구는 일렬로 연결된 것처럼 보여요. 만약 크리스마스트리의 전구가 직렬로 연결되어 있다면, 전구 한 개의 필라멘트가 고장이 났을 때 모든 전구에 불이 들어오지 않게 돼요. 따라서 크리스마스트리의 전구는 직렬연결과 병렬연결 방법이 모두 쓰인답니다.

실생활 개념어 활용 문장   집안에 있는 전등은 주로 병렬로 연결되어 있어.

나만의 말로 표현해보기

관련 단원 6-2. 전기의 이용

전자석

電 번개(전류) 전 磁 자석 자 石 돌 석 전류를 이용해 (일시적으로) 자석이 되는 것

교과서에서는? 전자석은 철심에 에나멜선을 여러 번 감아 전기회로와 연결해 만들 수 있습니다.

전자석은 철 막대에 원통 모양으로 감은 에나멜선에 전류를 흐르게 하여 전기가 흐를 때만 철 막대가 일시적으로 자석이 되는 것을 말해요.

철 막대에 에나멜선을 감고 전류를 흐르게 하면 철 막대에 클립이 붙는 것을 확인할 수 있어요. 철 막대가 자석의 성질을 띠게 된 것이지요. 하지만 전류를 흐르지 않게 하면 클립이 떨어져요.

✔ 전자석의 성질

전자석도 일반적인 자석처럼 N극과 S극을 가지고 있어요. 하지만 전자석은 전류가 흐르는 방향이 반대가 되면 양쪽 극도 바뀌어요. 또, 전자석의 세기도 조절할 수 있는데 전류가 많이 흐를수록, 에나멜선의 굵기가 굵을수록, 에나멜선을 감은 횟수가 많을수록 전자석의 세기가 세져요.

✔ 생활 속의 전자석

전자석은 자석의 성질을 띠었다 잃었다 할 수 있어서 우리 생활 여러 곳에서 널리 사용되고 있어요. 전자석 기중기는 무거운 철을 전자석에 붙여 원하는 곳까지 옮길 수 있도록 만든 기구예요. 전류가 흐를 때는 전자석 기중기가 자석의 성질을 띠어서 철이 달라붙고, 전류를 차단하면 전자석 기중기가 자석의 성질을 잃어서 철이 달라붙지 않는 성질을 이용한 거예요.

이 밖에도 전류의 방향에 따라 전자석의 극이 바뀌는 성질을 이용하여 스피커나 로봇청소기, 선풍기 등에 전자석을 사용하기도 해요.

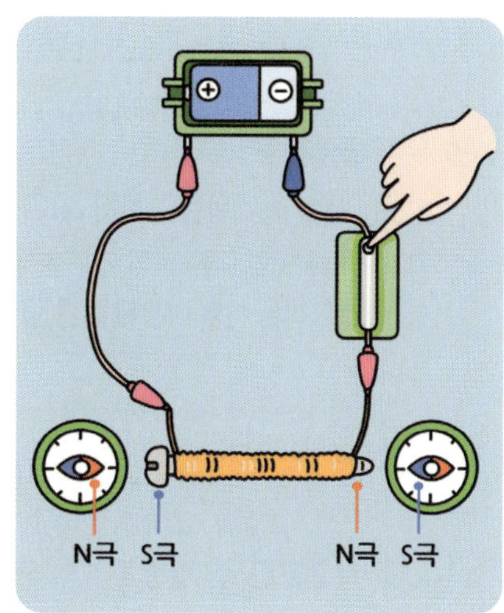

오개념 앗, 헷갈리네!

① **전자석을 만들 때, 철 막대는 에나멜선을 고정하기 위한 용도이므로 꼭 필요하지 않다?**

철 막대 없이 에나멜선만 감으면 에나멜선에 의한 자기장(자석의 힘이 미치는 공간)의 영향으로, 물체가 에나멜선 끝에 붙는 것이 아니라 에나멜선 안쪽 공간으로 빨려 들어가요.

실생활 개념어 활용문장	헤어드라이어나 선풍기 등은 전자석의 원리를 이용한 가전제품이야.
나만의 말로 표현해보기	

온도

溫 따뜻할 온 度 정도 도 따뜻한 정도

교과서에서는? 물질의 온도는 물질이 놓인 장소, 측정 시각, 햇빛의 양 등에 따라 다릅니다.

물질이 뜨겁거나 차가운 정도를 나타내는 수치를 온도라고 해요.

물질이 차가우면 온도가 낮고, 물질이 뜨거우면 온도가 높다고 표현해요.

✔ 온도의 단위

우리나라에서 주로 사용하는 온도의 단위는 ℃(섭씨도)인데, 얼음의 녹는점을 0, 물의 끓는점을 100으로 하고 그 사이를 100으로 똑같이 나눈 한 눈금을 1℃(섭씨 1도)로 한 것이에요. 우리 몸의 체온은 약 36.5℃, 냉동실 온도는 약 -18℃, 아기들이 먹는 분유 온도는 약 40℃, 빵을 굽는 오븐 안의 온도는 약 180℃랍니다.

✔ 우리 생활과 온도

온도는 생활 속 다양한 곳에서 쓰이는데, 공기 온도는 기온, 물의 온도는 수온, 몸의 온도는 체온이라고 해요. 일기예보를 보면 다음 날의 기온을 알 수 있고, 해상예보(바다 날씨 예보)에서는 다음 날의 수온을 알려 주기도 해요. 우리는 이를 이용해 다음 날 입을 옷을 정하기도 하고 나들이 계획을 세우기도 하지요.

오개념 앗, 헷갈리네!

① 온도를 나타내는 단위는 하나뿐이다?

우리나라에서 주로 사용하는 온도의 단위는 ℃(섭씨도)이지만, °F(화씨도)를 주로 사용하는 나라도 있어요. 물이 어는 온도는 32°F(화씨 32도. 0℃)이며, 물이 끓는 온도는 212°F(100℃)이에요. 사람의 체온을 화씨도로 나타내면 98°F 정도 된다고 해요.

실생활 개념어 활용 문장

실내 온도와 바깥 온도의 차이가 크게 나면 감기에 걸릴 수 있어.

나만의 말로 표현해보기

물리 **36**

온도계

교과서에서는? 생활에서 자주 사용하는 여러 가지 온도계의 사용법을 알아봅시다.

온도계는 (온도 변화에 따라 기체 및 액체가 팽창하거나 수축하는 성질을 이용해서) 온도를 재는 기구를 말해요.

온도계의 종류에는 액체 온도계(알코올 온도계, 수은 온도계 등), 기체 온도계, 귀 체온계, 적외선 온도계 등이 있는데, 용도와 쓰임새에 따라 다른 온도계를 사용해요.

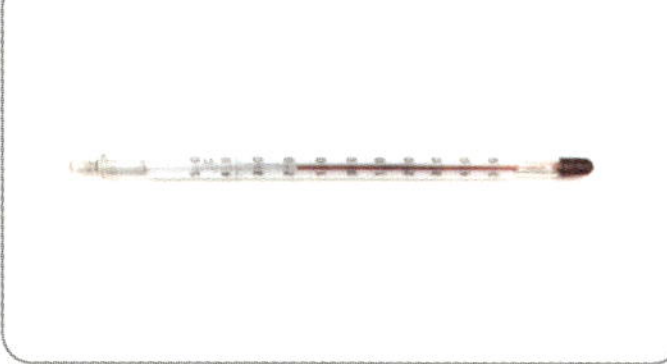

알코올 온도계

알코올 온도계는 주로 액체나 기체의 온도를 측정할 때 사용해요.

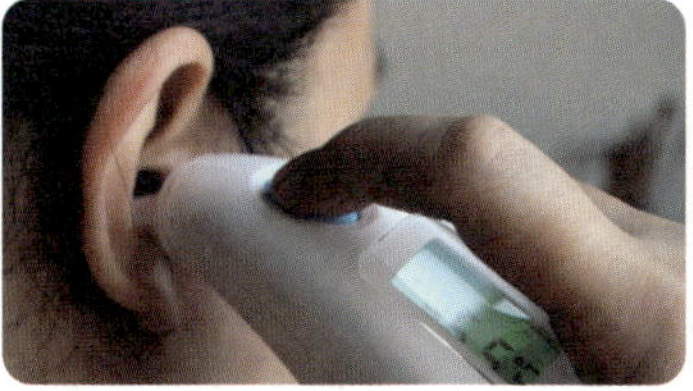

귀 체온계

귀 체온계는 체온을 측정할 때 사용해요. 체온계의 끝을 귀에 넣고 측정 버튼을 누르면 온도 표시 창에 체온이 표시되지요.

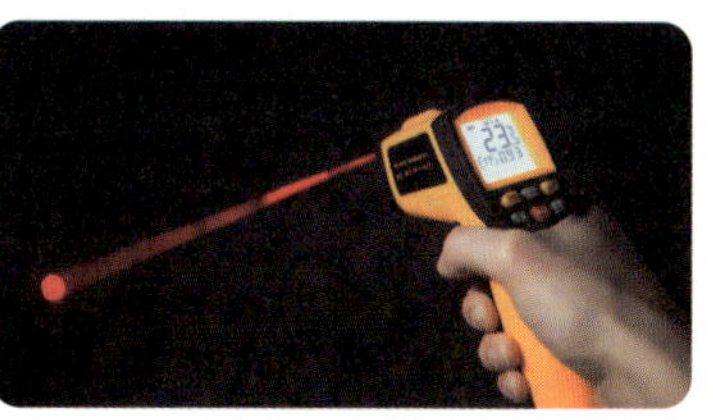

적외선 온도계

적외선 온도계는 물체와 접촉하지 않고 물체의 표면 온도를 잴 때 사용해요.

액체 온도계의 눈금을 읽을 때는 20~30cm 정도 떨어진 곳에서 눈의 높이와 온도계의 눈금이 수평이 되도록 한 후 숫자를 읽어요. '섭씨 몇도'라고 말하면 되지요.

오개념 앗, 헷갈리네!

① **물체의 온도는 직접 닿지 않으면 잴 수 없다?**

적외선 온도계는 물체와 접촉하지 않고도 물체 표면의 온도를 측정할 수 있어요. 따라서 적외선 온도계로 요리할 때 음식의 온도를 측정하거나 집을 지을 때 벽이나 바닥 온도를 측정할 수 있지요.

실생활 개념어 활용 문장	집 안의 온도계를 살펴보니 22℃를 가리키고 있었어.
나만의 말로 표현해 보기	

물리
37

전도

상위어 열의 전달   **비교 단어** 대류, 복사

교과서에서는? 두 고체 물질이 접촉하고 있지 않다면 열의 전도는 잘 일어나지 않습니다.

고체에서 열은 온도가 높은 곳에서 온도가 낮은 곳으로 고체 물질을 따라 이동하는데, 이러한 열의 이동을 전도라고 해요.

열이 이동한다는 것은 열에너지가 옮겨 간다는 말이에요. 온도가 다른 두 물체가 닿아 있으면 열이 전달되어 서로 온도가 비슷해지지요.

물체에서 열이 전달되는 정도를 열전도율이라고 하는데, 은과 구리, 철과 같은 금속은 열전도율이 높아요. 또, 나무나 플라스틱, 천 등 금속이 아닌 비금속은 열전도율이 낮아요.

← 전도가 잘 됨							전도가 잘 안됨→	
은	구리	금	알루미늄	철	벽돌	유리	나무	플라스틱

우리 생활에서 열전도율을 이용한 예로는 주방에서 사용하는 프라이팬을 들 수 있어요. 프라이팬의 몸체는 열이 잘 전달될 수 있도록 금속으로 만드는 반면, 손잡이는 잡았을 때 뜨겁지 않도록 열전도율이 낮은 나무나 플라스틱으로 만들어요.

오개념 앗, 헷갈리네!

① 금속에서 열이 전도되는 빠르기는 항상 같다?

열이 이동하는 빠르기도 금속의 성질 중 하나예요. 따라서 금속마다 열이 이동하는 빠르기는 다르지요. 은에서는 열이 빠르게 이동하고 철에서는 열이 느리게 이동해요.

실생활 개념어 활용 문장 뜨거운 국에 숟가락을 넣었더니 열이 전도되어 숟가락도 뜨거워졌어.

나만의 말로 표현해보기

물리 38

대류

상위어 열의 전달　**비교 단어** 전도, 복사

교과서에서는? 액체에서는 대류를 통해 열이 이동합니다.

액체나 기체에서 물질이 이동하면서 열이 전달되는 현상을 말해요.

물이 담긴 주전자를 가열하면 가장 먼저 뜨거워지는 부분은 어디일까요? 바로 주전자의 아래쪽이에요. 이렇게 온도가 높아진 물은 위로 올라가고 위에 있던 물은 아래로 밀려 내려오는데, 이 과정이 반복되면서 물 전체가 따뜻해져요.

대류는 액체나 기체가 열을 받으면 부피가 커지면서 가벼워지기 때문에 위로 올라가고, 위쪽에서 열이 식으면 부피가 작아져서 무거워지기 때문에 아래쪽으로 이동하는 현상이에요. 이 현상이 되풀이되면서 열이 전체적으로 퍼지게 된답니다.

✅ 대류 현상을 이용하는 경우

일상생활에서 에어컨은 주로 천장이나 높은 곳에 설치하고, 난로는 바닥에 설치해요. 에어컨을 높은 곳에 설치하면 높은 곳의 공기가 먼저 차가워지는데, 이렇게 차가워진 공기가 아래쪽으로 이동하여 찬 기운이 골고루 전달되지요. 또, 난로를 바닥에 설치하여 낮은 곳의 공기가 따뜻해지면, 따뜻해진 공기가 위로 이동하며 열이 골고루 전달돼요.

오개념 앗, 헷갈리네!

① **따뜻한 물과 차가운 물이 만나면 냉기가 차가운 물에서 따뜻한 물 쪽으로, 열기가 따뜻한 물에서 차가운 물 쪽으로 이동한다?**

온도가 다른 두 물체가 만나면 온도가 높은 곳에서 낮은 곳으로 열이 이동해요. 냉기라는 과학적 개념은 없어요.

실생활 개념어 활용 문장	선풍기를 창문과 마주 보는 곳에 두고 작동시키면 대류 현상으로 인해 더 빠른 속도로 실내 공기를 환기시킬 수 있어.
나만의 말로 표현해 보기	

물리 39

복사

상위어 열의 전달 **비교 단어** 전도, 대류

물질의 도움 없이 빛으로 열이 직접 전달되는 현상을 말해요.

태양열은 어떻게 태양에서 지구로 전달될까요? 태양과 지구 사이에는 열을 전달해 주는 고체, 액체, 기체 상태의 물질이 없어서 전도나 대류 방식으로는 열이 전달되지 않지요. 태양열이 태양에서 지구로 전달되는 것처럼 열이 직접 전달되는 현상을 복사라고 해요. 따라서 복사를 통해 전해진 에너지를 복사 에너지 또는 복사열이라고 하지요.

✔ 복사열을 이용하는 경우

온실이나 비닐하우스가 투명한 유리나 비닐을 사용하는 까닭도 복사열을 이용하기 위해서예요. 온실이나 비닐하우스는 햇빛으로부터 복사열을 받아 난방하기 위해서 투명하게 만들어요.

온실

비닐하우스

오개념 앗, 헷갈리네!

[1] 복사열은 태양에서 지구까지와 같이 진공 상태에서만 전달된다?

복사열은 물체가 직접 내보내는 열을 말해요. 복사열은 전달하는 물질이 없어도 열을 전달할 수 있어 진공 상태에서도 전달이 돼요. 하지만 난로를 쬐거나 전자레인지로 음식을 따듯하게 데우는 것처럼 우리 생활에서는 진공 상태가 아닐 때도 복사열을 이용하고 있어요. 따라서 반드시 진공 상태에서만 복사열이 전달되는 것은 아니랍니다.

실생활 개념어 활용 문장 친구들이 많이 앉아 있는 교실은 텅 빈 교실보다 더 따뜻하게 느껴져. 그것은 친구들의 몸에서 나오는 복사열 때문이야.

나만의 말로 표현해보기

단열

斷 끊을 단 熱 더울 열 열을 차단　**교과서에서는?** 집을 지을 때 벽, 바닥, 지붕 등에 단열재를 사용하면 겨울이나 여름에 적절한 실내 온도를 오랫동안 유지할 수 있습니다.

두 물질 사이에서 열의 이동을 줄이는 것을 단열이라고 해요.

단열은 대류, 전도, 복사에 의한 열의 이동을 막는 것으로 집을 지을 때 많이 이용해요. 집 안의 온도를 적절히 유지하기 위해서는 겨울에는 열이 밖으로 빠져나가지 않게 하고, 여름에는 집 밖의 열이 안으로 들어오지 않게 해야 하죠. 이를 위해 솜, 천, 종이, 나무, 플라스틱, 공기, 스타이로폼 등 다양한 재료를 사용하여 열의 이동을 막아요. 이렇게 열의 이동을 막기 위해 사용하는 물질을 단열재라고 하는데, 최근에는 금속판이나 신소재 등을 이용해 단열 효과를 높이기도 해요.

✅ 단열을 이용하는 경우

우리가 사용하는 보온병은 단열 효과를 이용하는 가장 대표적인 물건이에요. 보온병은 벽을 이중으로 만들고 그 사이를 공기가 없는 진공 상태가 되도록 해요. 따라서 대류나 전도에 의한 열의 이동이 일어나지 않지요. 또, 내부 표면이 은으로 도금되어(입혀져) 복사에 의한 열 손실을 줄일 수 있어요.

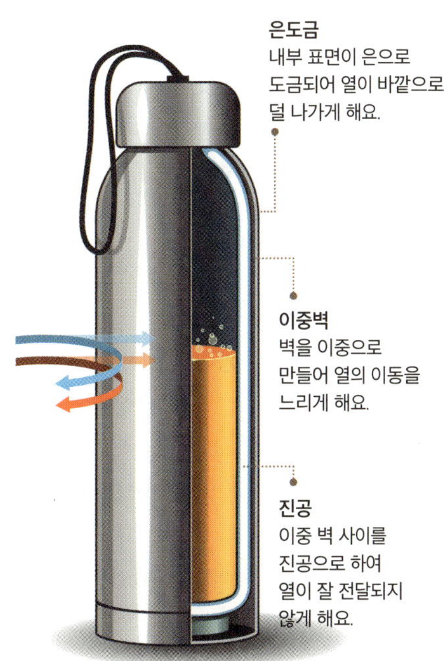

① **보온병은 안에 있는 액체의 열기가 밖으로 빠져나가지 않게 하려고만 사용한다?**

보온병은 안에 담긴 액체와 외부의 열이 서로 전달되는 것을 막을 수 있도록 만들어졌어요. 따라서 안에 담긴 액체를 따뜻하게 유지하고 싶을 때도, 안에 담긴 액체를 시원하게 유지하고 싶을 때도 사용하지요.

실생활 개념어 활용 문장	우리 집은 **단열**이 잘 되어 여름에 시원하고 겨울에 따뜻해.
나만의 말로 표현해 보기	

물리 41

소리

비교 단어 파동, 진동

교과서에서는? 소리가 나는 목이나 스피커, 소리굽쇠에 손을 대면 떨림이 느껴집니다.

어떤 물질의 떨림이 다른 물질을 타고 퍼지는 현상 중 우리 귀에 전달되는 것을 말해요.

'아~' 소리를 내면서 목에 손을 대 보면 목이 떨리는 것을 느낄 수 있어요. 이렇게 물체가 떨리는 현상을 진동이라고 하는데, 소리는 이렇게 물체가 진동할 때 생겨요. 소리굽쇠, 바이올린 줄, 목청 등이 진동하면 소리가 만들어지지요.

✔ 소리의 전달

물체가 떨려서 만들어진 소리는 공기를 통해 전달돼요. 즉, 공기가 없는 진공 상태에서는 아무리 고함을 쳐도 소리가 들리지 않아요. 공기뿐만 아니라 물, 실, 유리, 나무 등 소리를 전달하는 물질은 다양해요. 잠수할 때 물속의 소리가 들리는 것, 수중발레 선수가 물속에서 음악 소리에 맞추어 연기할 수 있는 것은 물속에서도 소리가 전달되기 때문이에요. 또, 책상의 한쪽 끝을 두드릴 때 반대쪽 책상 끝에 귀를 대면 두드리는 소리가 들리는 것은 고체에서도 소리가 전달되기 때문이지요. 이렇게 소리는 고체, 액체, 기체 상태에서 모두 전달되는데 고체가 액체보다, 액체가 기체보다 소리를 더 잘 전달해요.

✔ 소리와 소리굽쇠

소리가 물체의 진동이라는 것을 알기 위해 소리굽쇠를 사용하여 실험하기도 해요. 소리굽쇠를 두드리면 소리굽쇠가 진동하게 되는데, 소리굽쇠의 진동은 주위의 공기를 진동시키고, 진동된 공기는 옆의 공기를 진동시키고, 옆의 공기는 또 그 옆의 공기를 진동시키지요. 이렇게 공기가 계속 진동을 전달하여 귀의 고막까지 떨리게 해 우리 귀까지 소리가 전달되는 거예요.

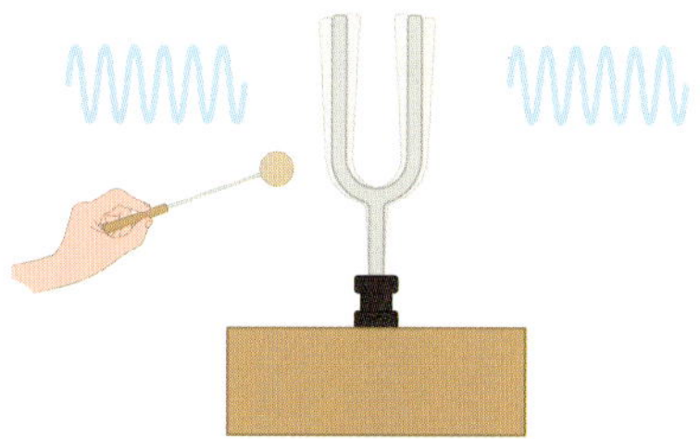

오개념 앗, 헷갈리네!

1 **소리가 들리는 것은 소리 입자가 직접 전달되기 때문이다?**

소리는 입자가 아니라 물체의 진동으로 생긴 소리의 파동(물결 움직임)이 귀청을 울리어 귀에 들리는 것이에요. 전달되는 것은 그 진동이지요.

실생활 개념어 활용 문장 큰 소리가 들리는 공연장에 가니 바닥이 울리는 느낌이 들었어.

나만의 말로 표현해보기

관련 단원 3-2. 소리의 성질

소리의 세기

비슷한 말 소리의 크기

교과서에서는? 물체가 떨리는 크기에 따라 소리의 세기는 달라집니다.

물체가 떨리는 정도에 따라 소리의 크기는 달라지는데, 소리의 크고 작은 정도를 소리의 세기라고 해요.

북이나 기타 줄을 세게 치거나 튕기면 큰 소리가 나고, 북이나 기타 줄을 약하게 치거나 튕기면 작은 소리가 나지요. 물체의 진동이 커질수록 공기의 진동이 커져 소리가 더 크게 들려요.

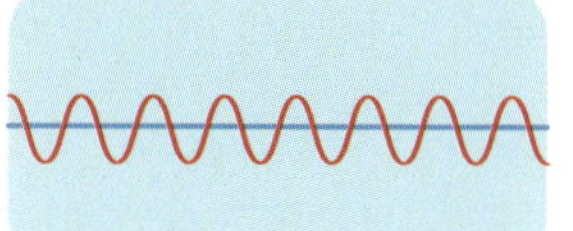

작은 소리   큰 소리

소리의 세기를 나타내는 단위는 dB(데시벨)이에요. 이륙하는 제트비행기의 소리는 130dB 정도, 지하철 소리는 90dB 정도라고 해요.

속삭이는 소리(10)   대화 소리(65)   천둥소리(110)   비행기 소리(135)

| 0 | 10 | 20 | 30 | 40 | 50 | 60 | 70 | 80 | 90 | 100 | 110 | 120 | 130 | 140 | 150 |

나뭇잎 떨어지는 소리(15)   자동차 소리 (75)   시끄러운 공연장 소리(115)

오개념 앗, 헷갈리네!

① 음악을 들을 때는 큰 소리로 듣는 것이 좋다?

큰 소리를 계속 들은 귀는 청각이 손상되어 소리가 잘 안 들리는 난청이 생길 수 있어요. 어릴 때부터 이어폰을 많이 껴서 난청이 생기는 어린이가 많아지고 있다니 조심해요.

실생활 개념어 활용 문장

도서관에서는 작은 소리로 이야기해야 해.

나만의 말로 표현해 보기

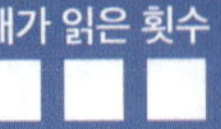

소리의 높낮이

교과서에서는? 다양한 악기를 연주하는 관현악단과 여러 사람이 함께 노래를 부르는 합창단은 악기와 사람이 내는 소리의 높낮이 등을 이용해 공연합니다.

소리의 높고 낮은 정도를 소리의 높낮이라고 해요.

실로폰을 연주하다 보면 음판_{소리를 내는 쇠붙이나 나무 조각}의 길이에 따라 소리의 높낮이가 다른 것을 알 수 있어요. 팬플루트를 불 때도 관의 길이에 따라 높낮이가 달라지지요.

소리의 높낮이는 진동의 빠르기와 관련이 있어요. 실로폰의 음판이나 팬플루트의 관의 길이가 긴 것보다 짧은 경우 진동이 더 빠르게 전달되어서 더 높은 소리가 나요. 여자 가수와 남자 가수가 똑같이 '아' 소리를 낼 때 보통 여자 가수의 소리가 더 높게 들리는데, 이것도 여자 가수의 성대가 더 빠르게 진동하기 때문이에요.

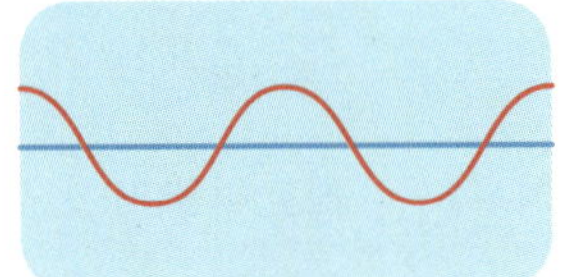

낮은 소리

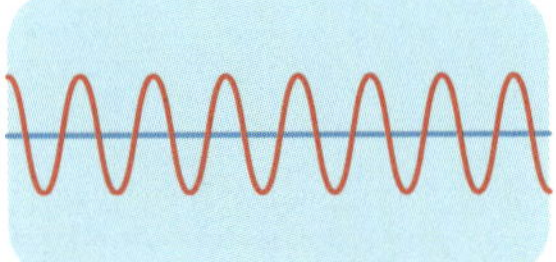

높은 소리

오개념 앗, 헷갈리네!

① 높은 소리는 큰 소리이다?

높은 소리와 큰 소리는 달라요. 실로폰의 음판이 작은 곳에서 나는 소리가 높은 소리, 긴 곳에서 나는 소리가 낮은 소리예요. 그리고 같은 음판을 치더라도 치는 세기에 따라 소리의 크기가 달라져요.

실생활 개념어 활용 문장　나는 높은 소리보다는 낮은 소리가 나는 악기를 더 좋아해.

나만의 말로 표현해보기

물리 44

소리의 반사

교과서에서는? 소리는 딱딱한 물체에서는 잘 반사되지만, 부드러운 물체에서는 잘 반사되지 않습니다.

소리가 나아가다가 물체에 부딪쳐 되돌아오는 성질을 소리의 반사라고 해요.

소리가 앞으로 나아가다가 물체에 부딪히면 일부는 흡수되고 일부는 반사돼요. 텅 빈 체육관에서 손뼉을 치면 잠시 뒤 소리가 다시 들리는데, 이것이 바로 소리의 반사 때문이지요.

공이 푹신한 소파나 침대 위에서보다 딱딱한 바닥에서 더 잘 튕기듯이, 소리도 푹신한 곳보다는 딱딱한 곳에서 더 잘 반사돼요. 그래서 딱딱한 벽으로 이루어진 동굴이나 목욕탕 등에서 소리가 반사되는 현상을 더 잘 경험할 수 있어요.

소리의 반사를 줄이려면 딱딱한 벽이 아닌 푹신한 스펀지 같은 것으로 벽을 감싸 소리가 여러 번 들리는 것을 막아요. 공연장에서는 소리가 반사되지 않아 울림이 없으면 음악 소리를 잘 감상할 수 없고 소리의 반사가 너무 잘 일어나도 음악 소리를 잘 들을 수 없게 돼요. 따라서 음악 공연장의 천장은 소리의 반사가 잘 일어나도록 나무로 만들고, 벽면은 소리가 잘 흡수되도록 부드러운 천으로 감싸 놓아요. 겨울에 눈이 내리면 소리의 반사가 줄어 주변이 고요하게 느껴지는 것도 같은 원리랍니다.

음악 공연장에서는 소리가 잘 흡수되도록 벽면을 부드러운 천으로 감싸요.

도로의 방음벽은 소리를 반사해 소리가 주거지역으로 전달되지 않도록 해요.

오개념 앗, 헷갈리네!

① 부드러운 소재의 물체를 만나면 소리의 일부가 사라진다?

소리가 부드러운 소재의 물체를 만나면 일부는 반사 및 굴절(휘어서 꺾임)되고 일부는 흡수돼요. 이때 소리의 일부가 흡수되어 소리의 세기가 줄어드는 것이에요. 즉, 소리가 사라져서 작게 들리는 것이 아니라 소리가 흡수되어 그 세기가 줄어드는 거예요.

실생활 개념어 활용 문장
소리가 반사되어 되돌아오는 시간을 측정해 바다의 깊이를 알 수 있어.

나만의 말로 표현해 보기

관련 단원 5-1. 빛의 성질

그림자

비슷한 말 그늘, 응달

교과서에서는? 햇빛이 있는 낮에 운동장에 있는 나무, 철봉, 아이들 주변에 그림자가 생깁니다.

물체가 빛을 가릴 때 그 물체의 반대편에 생기는 그늘을 말해요.

그림자가 생기는 까닭은 빛이 직진하여 곧게 퍼져 나가기 때문이에요. 빛이 나아가는 중간에 불투명한 물체가 놓이면 빛은 물체에 막혀서 더 이상 나아가지 못하는데, 이때 그림자가 생겨요.

빛과 물체의 위치에 따라 그림자의 크기가 어떻게 달라지는지 아래 그림을 보죠.

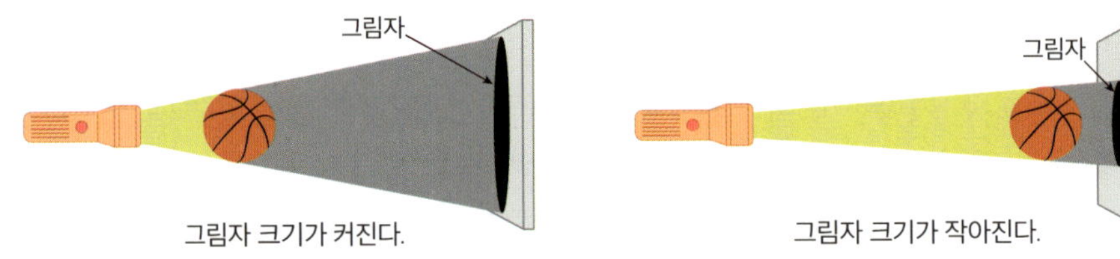

그림자의 크기는 손전등과 물체 사이의 거리에 따라 달라져요. 손전등을 물체에 가깝게 하면 그림자의 크기는 커지고, 손전등을 물체에서 멀게 하면 그림자의 크기는 작아지지요.

오개념 앗, 헷갈리네!

1 **그림자는 언제나 한 개다?**

광원(빛)이 여러 개이면 그림자도 여러 개가 생길 수 있어요.

2 **여름에 그림자의 길이가 더 길다?**

야외에서의 그림자의 길이는 태양의 고도(태양이 지표면과 이루는 각의 크기)에 따라 달라져요. 여름에는 겨울에 비해 태양의 고도가 더 높아서 (같은 시각 기준으로) 그림자의 길이가 더 짧아져요.

3 **나무 그늘에 서 있는 사람의 그림자는 나무 그림자와 같은 색이어서 보이지 않는다?**

나무 그늘에 서 있으면 햇빛이 닿지 않아요. 나무 그늘에 서 있는 사람의 그림자는 보이지 않는 것이 아니라 생기지 않는 것이에요.

4 **그림자는 언제나 물체와 모양이 같다?**

입체로 된 물체는 빛을 어디에서 비추느냐에 따라서 그림자의 모양이 달라져요.

실생활 개념어 활용 문장 오늘은 구름이 많아서 그림자가 생기지 않아.

나만의 말로 표현해 보기

관련 단원 5-1. 빛의 성질

거울

하위어 볼록거울, 오목거울, 평면거울

교과서에서는? 거울에 비친 물체의 모습은 실제 물체와 비슷해 보이지만 다른 점도 있습니다.

거울은 빛의 반사를 이용해 물체의 모습을 비추는 도구예요.

거울은 유리 뒤에 알루미늄이나 은을 얇게 입혀서 만들어요. 은과 알루미늄은 다른 금속에 비해 빛을 더 잘 반사하기 때문에 선명한 거울을 만들 수 있어요.

✓ 생활 속의 거울

거울의 종류는 일반적으로 가정에서 많이 사용하는 평면거울, 거울의 가운데 부분이 움푹 들어간 오목거울, 가운데 부분이 튀어나와 있는 볼록거울 등 다양해요. 볼록거울은 더 넓은 범위를 보기 위해 사용하고, 오목거울은 가까이 있는 물체를 확대해서 보기 위해 사용해요. 그래서 넓은 시야가 필요한 도로의 반사경이나 편의점의 모서리에는 볼록거울이, 치과에서 입안을 자세히 살펴볼 땐 오목거울이 쓰이지요.

넓은 곳을 보기 위해 사용하는
볼록거울

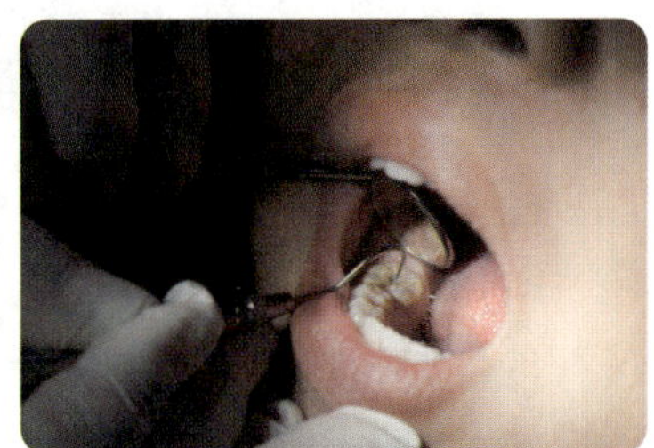

가까이 있는 물체를 자세히 보기 위해
사용하는 오목거울

오개념 앗, 헷갈리네!

① **거울에 물체의 모습이 비치는 것은 눈에서 나온 빛이 거울에 반사되어 물체에 닿기 때문이다?**

무언가를 본다는 것은 그 물체에서 반사된 빛이 우리 눈에 닿는다는 거예요. 즉, 물체의 모습이 보이는 것은 거울에 반사된 빛이 우리 눈에 닿기 때문이죠.

실생활 개념어 활용 문장	아침에 집에서 나올 때는 항상 *거울*을 보고 내 모습을 확인해.
나만의 말로 표현해 보기	

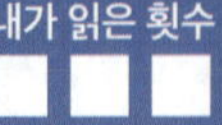

관련 단원 5-1. 빛의 성질

빛의 직진

비교 단어 빛의 반사, 빛의 굴절

교과서에서는? 직진하는 빛이 물체를 통과하지 못하면 물체 모양과 비슷한 그림자가 물체 뒤 스크린에 생깁니다.

빛이 곧게 나아가는 성질을 빛의 직진이라고 해요.

우리는 문틈으로 들어오는 햇빛, 자동차 전조등이나 등대·손전등의 불빛, 영화관에서 스크린에 비치는 빛 등이 곧게 나아가는 것을 통해 빛이 직진하는 성질을 확인할 수 있어요.

✅ 빛의 직진으로 나타나는 일식과 월식

일식이나 월식도 빛의 직진과 관계가 있어요. 일식은 태양, 달, 지구 순으로 위치해 있어서 태양의 일부분(부분일식)이나 전체(개기일식)가 달에 의해 가려지는 것을 말해요. 월식은 태양, 지구, 달 순으로 위치해 있어서 달의 일부분(부분월식)이나 전체(개기월식)가 지구 그림자에 의해 가려지는 것을 말해요.

실생활 개념어 활용 문장

월식은 빛의 직진으로 인해 지구 그림자에 달이 가려져서 생기는 현상이야.

나만의 말로 표현해보기

관련 단원 5-1. 빛의 성질

빛의 반사

비교 단어 빛의 직진, 빛의 굴절

교과서에서는? 거울은 빛의 반사를 이용해 물체의 모습을 비추는 도구입니다.

빛이 다른 물질에 부딪혀 되돌아오는 현상을 말해요.

사람이 물체를 볼 수 있는 것은 물체가 빛을 반사하기 때문이에요. 우리가 물체를 본다는 것은 그 물체에 반사된 빛이 우리 눈에 들어왔다는 것이지요.

빛이 물체의 표면에서 반사할 때 일어나는 일정한 규칙이 있는데, 이를 '반사의 법칙'이라고 해요.

빛이 반사될 때, 입사각과 반사각은 항상 같아요.

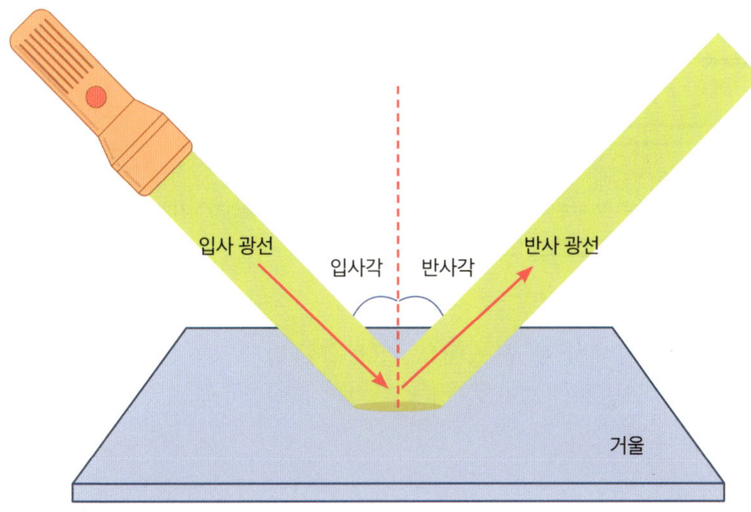

- **입사각** 경계면으로 빛이 들어오는 각도
- **반사각** 경계면에서 반사된 빛이 나가는 각도

오개념 앗, 헷갈리네!

① 불 켜진 방에서 우리가 사과를 볼 수 있는 것은 전등에서 나온 빛이 눈을 지나 사과에 도달했기 때문이다?

우리가 물체를 본다는 것은 그 물체에 반사된 빛을 보는 거예요. 따라서 전등에서 나온 빛이 사과에 반사되어 눈에 도달하는 빛을 보는 것이지요.

실생활 개념어 활용 문장
스키장에서는 쌓여 있는 눈에 빛이 많이 반사되어 눈이 부셔.

나만의 말로 표현해보기

관련 단원 5-1. 빛의 성질

빛의 굴절

비교 단어 빛의 직진, 빛의 반사　**교과서에서는?** 공기와 물의 경계에서 빛이 굴절하면 굴절한 빛을 보는 사람은
실제와 다른 위치에 있는 물체의 모습을 보게 됩니다.

서로 다른 물질의 경계에서 빛이 꺾여 나아가는 현상을 빛의 굴절이라고 해요.

공기 중에서 비스듬히 나아가던 빛이 물을 만나면 공기와 물의 경계에서 꺾여요. 반대로 물에서
공기 중으로 비스듬히 나아갈 때에도 빛이 꺾이지요. 공기 중에서 나아가던 빛이 물 뿐만 아니라
유리 등 다른 물질을 만날 때에도 꺾이는데 이를 '빛의 굴절'이라고 해요.

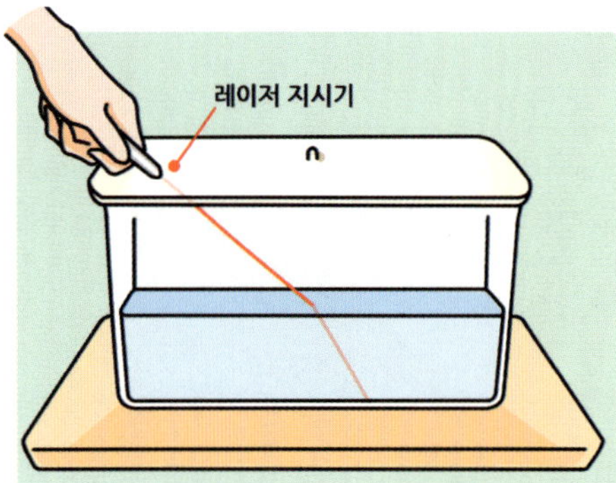

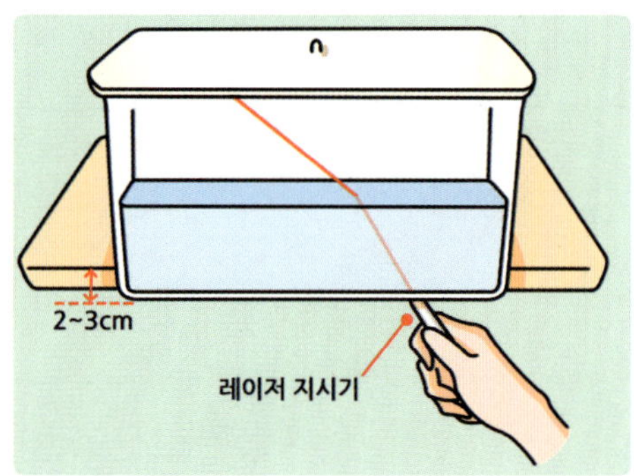

빛의 굴절 현상은 생활 속 곳곳에서 볼 수 있어요. 컵에 꽂힌 빨
대가 꺾여 보이거나, 물에 서 있을 때 다리가 더 짧아지는 현상
이 그 대표적인 예이지요.

오개념 앗, 헷갈리네!

① 직육면체 어항 속 물고기는 더 작게 보인다?

빛은 물속에서 굴절하기 때문에 우리 눈에 보이는 어항 속 물고기의 크기는 실제 물고기의 크기와 달라져요. 직육
면체 어항 속 물고기는 더 크게 보여요.

② 계곡에서 물고기를 잡을 때, 물고기는 보이는 것과 같은 위치에 있다?

물고기는 실제로 보이는 것보다 더 아래에 있어요. 이것 역시 물과 공기 중에서 빛이 굴절하는 정도가 달라지기
때문이에요.

**실생활 개념어
활용 문장**　사막에서 볼 수 있는 신기루 현상은 빛의 굴절 때문에 물체가 실제 위치가 아닌 곳에서 보이는 현상이야.

**나만의 말로
표현해보기**

물리 **50**

오목렌즈

상위어 렌즈　비교 단어 볼록렌즈

교과서에서는? 오목렌즈로 물체를 보면 맨눈으로 볼 때와 물체의 모습이 다르게 보입니다.

오목렌즈는 렌즈의 가운데 부분이 가장자리 부분보다 얇은 렌즈를 말해요.

빛이 오목렌즈를 통과할 때 렌즈의 가장자리 쪽으로 꺾여 나아가요.
오목렌즈로 물체를 보면 물체보다 작고 바로 선 상(거울이나 렌즈에 비친 물체의 모양)이 생겨요. 또, 물체가 렌즈에서 멀어질수록 상의 크기가 작게 보여요.

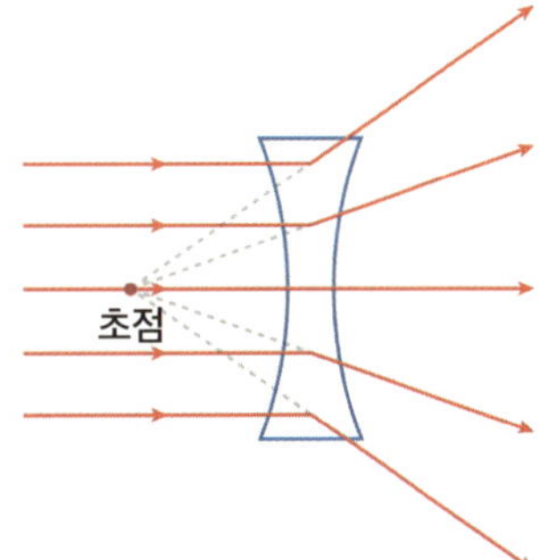

✔ **생활 속의 오목렌즈**

　　멀리 있는 물체를 선명하게 볼 수 없는 경우 안경(근시경이라고 해요)을 쓰는데, 이때 사용하는 렌즈가 오목렌즈예요.

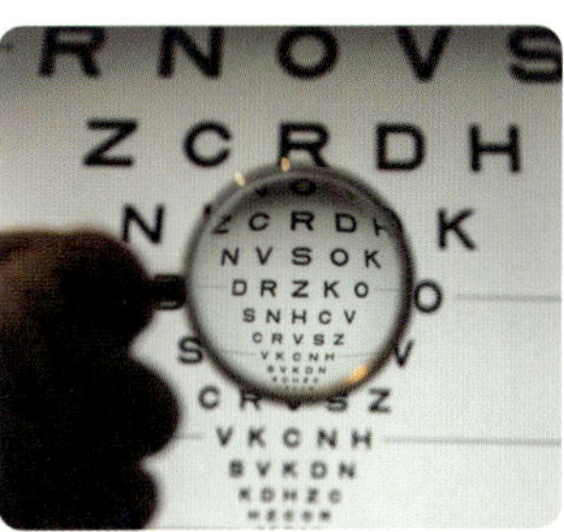

오개념 앗, 헷갈리네!

① **모든 안경은 멀리 있는 것을 선명하게 보기 위한 것이다?**
　　가까이 있는 것을 선명하게 볼 수 없는 사람들(원시)을 위한 안경도 있어요.

실생활 개념어 활용 문장	근시가 있어서 오목렌즈로 된 안경을 맞췄어.
나만의 말로 표현해보기	

볼록렌즈

상위어 렌즈　**비교 단어** 오목렌즈　**교과서에서는?** 볼록렌즈로 가까이 있는 물체를 보면 눈과 렌즈 사이의 거리에 따라 물체의 크기가 다르게 보입니다.

볼록렌즈는 렌즈의 가운데 부분이 가장자리보다 두꺼운 렌즈를 말해요.

빛이 볼록렌즈를 통과할 때 렌즈의 가운데 쪽으로 꺾여 나아가요.

볼록렌즈로 멀리 있는 물체를 보면 눈과 볼록렌즈 사이의 거리에 따라 물체의 크기가 다르게 보이거나 물체가 거꾸로 보이기도 해요. 물체와 볼록렌즈 사이의 거리가 가까울 때는 물체보다 크고 바로 선 모습의 상이 생기고, 물체와 볼록렌즈 사이의 거리가 멀 때는 물체보다 작고 거꾸로 선 모습의 상이 생겨요.

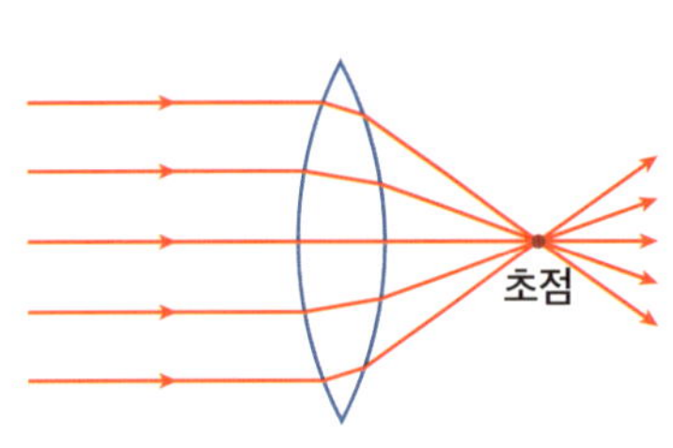

✓ 생활 속의 볼록렌즈

볼록렌즈는 가까이 있는 물체가 잘 안 보일 때 쓰는 원시용 안경에 쓰여요. 돋보기나 망원경에도 볼록렌즈가 쓰이죠.

오개념 앗, 헷갈리네!

① **망원경에 사용하는 것은 언제나 볼록렌즈이다?**

망원경으로 멀리 있는 물체를 보기 위해서는 빛을 모으고, 모인 빛을 반사해 사람의 눈에 닿게 하는 과정이 필요해요. 따라서 볼록렌즈, 오목렌즈, 오목거울 등이 쓰여요.

실생활 개념어 활용 문장　내 망원경에는 **볼록렌즈**가 두 개 들어 있어.

나만의 말로 표현해 보기

물리 52

프리즘

비교 단어 렌즈

교과서에서는? 햇빛을 프리즘에 통과시켜 보고, 햇빛에는 어떤 특징이 있는지 알아봅시다.

프리즘 prism 은 유리나 플라스틱 등으로 만든 투명한 기둥 모양의 기구예요. 주로 삼각기둥의 형태가 많지만, 용도에 따라서 육각기둥, 오각기둥 등 다양한 모양이 있어요.

일반적으로 프리즘은 빛을 분석하고 반사하는 데 사용하는데, 삼각 프리즘의 경우 빛을 스펙트럼 빛을 파장에 따라 나눠 배열한 것 으로 분리할 수 있어요. 빛이 삼각 프리즘을 통과하면 보라색 빛이 가장 많이 굴절하고 붉은색 빛이 가장 적게 굴절해요. 이러한 성질 때문에 프리즘을 통과한 햇빛은 여러 가지 빛깔로 나타나요.

✔ 생활 속의 프리즘

유리의 비스듬하게 잘린 부분을 통과한 햇빛이 만든 무지개나 비가 내린 뒤 볼 수 있는 무지개도 같은 원리로 만들어지는 것이에요. 우리는 이러한 현상을 건축에 이용하기도 하고, 예술 작품에 이용하기도 해요.

오개념 앗, 헷갈리네!

① **무지개는 빨주노초파남보 일곱 가지 색깔로 이루어져 있다?**

무지개는 여러 가지 색깔의 스펙트럼으로 이루어져 있지만 편의상 일곱 가지 색깔로 구분해 말하고 있어요. 나라에 따라서 무지개 색깔의 개수를 다르게 이야기하기도 해요.

실생활 개념어 활용 문장 | 무지개가 만들어지는 원리도 빛을 프리즘에 통과시키는 것과 같아.

나만의 말로 표현해보기 |

초등학생을 위한 거의 모든 과학 개념어

물질

物 물건 물 質 바탕 질 물체(물건)의 기본 바탕   **비교 단어** 물체   **비슷한 말** 재료, 성분

교과서에서는? 장난감들은 다양한 물질로 만들어졌습니다.

물질은 물체를 만드는 재료를 말해요.

우리 주변에는 다양한 물질이 있어요. 물질마다 서로 다른 성질을 가지고 있죠.

물질	물질의 성질
종이	잘 찢어진다. 물에 젖는다. 접을 수 있다.
유리	투명하다. 다른 물체와 부딪치면 잘 깨진다.
금속(철)	단단하다. 무겁다. 딱딱하다. 광택이 있다.
플라스틱	금속보다 가볍다. 딱딱하다. 다양한 모양의 물체로 만들어질 수 있다.
나무	금속보다 가볍다. 딱딱하다. 나무 특유의 냄새와 무늬가 있다.
고무	잘 구부러진다. 당기면 늘어나고 놓으면 원래대로 돌아온다. 물에 젖지 않는다.
섬유	부드럽다. 물에 젖는다. 접을 수 있다. 잘 찢어지지 않고 질기다.
가죽	잘 찢어지지 않고 질기다.

오개념 앗, 헷갈리네!

1 **물질의 성질을 알아보는 실험을 할 때, 어떤 종류를 사용하든지 항상 결과가 같다?**

실험 결과가 항상 같게 나오는 건 매우 어려운 일이에요. 과학자들은 일정한 실험 결과를 얻기 위해 많은 노력을 기울이죠. 같은 물질로 만들어졌어도 모양과 크기에 따라 실험 결과가 달라지거든요. 예를 들어 통나무는 물에 가라앉고 작은 나뭇가지는 물에 떠요. 플라스틱도 두께에 따라 잘 구부러지는 플라스틱도 있고 조금만 힘을 주면 부서지는 플라스틱도 있어요. 교과서에서 다루는 실험은 물질의 일반적인(대표적인) 성질을 알아보는 실험이에요.

실생활 개념어 활용 문장   플라스틱은 단단하지만 가벼워서 어린이용 컵이나 물통을 만들 때 쓰여.

나만의 말로 표현해보기

관련 단원 3-2. 물체와 물질

물체

物 물건 물 體 몸 체 구체적인 형태를 가진 것 **비교 단어** 물질 **비슷한 말** 물건

교과서에서는? 교실에는 여러 가지 물체가 있습니다.

물체는 모양이 있고, 공간을 차지하고(가지고) 있는 것을 말해요.

물체는 물질로 만들어져요.

물체	물질(물체를 만든 재료)	물체	물질(물체를 만든 재료)
책, 공책	종이	의자, 책상	나무
유리컵, 유리병	유리	고무풍선, 고무장갑	고무
못, 가위	금속(철)	옷, 인형	섬유
필통, 장난감	플라스틱	축구공, 가죽 가방	가죽

어떤 물질로 만들었느냐에 따라 물체마다 좋은 점이 달라져요.

물체	좋은 점
종이컵	가볍다. 가격이 싸다.
유리컵	투명해서 내용물을 쉽게 알 수 있다.
플라스틱 컵	가볍고 단단하다. 모양과 색깔이 다양하다.
금속 컵	잘 깨지지 않고 튼튼하다.

오개념 앗, 헷갈리네!

① 한 물체는 한 가지 물질로만 만든다?

물질의 성질을 이용해서 한 물체를 여러 가지 물질로 만들기도 해요. 예를 들어 가위의 손잡이는 플라스틱으로 만들고, 칼날 부분은 금속으로 만들지요.

실생활 개념어 활용 문장 부엌에 있는 물체에는 고무장갑, 프라이팬, 유리컵, 나무 수저, 식탁과 의자 등이 있어.

나만의 말로 표현해보기

관련 단원 3-2. 물체와 물질

고체

固 굳을 고 體 몸 체 **비교 단어** 액체, 기체

교과서에서는? 우리 주변에서 고체인 물체를 찾아볼까요?

모양과 부피(차지하는 공간의 크기)가 일정한(항상 같은) 물질의 상태를 고체라고 해요.

물질은 대부분 고체, 액체, 기체의 세 가지 상태 중 하나로 되어 있어요.

플라스틱 주사위는 고체예요. 주사위는 눈으로 볼 수 있고, 손으로 잡을 수 있어요. 주사위를 여러 가지 모양의 그릇에 넣어도 그릇의 모양과 관계없이 주사위의 모양과 부피는 변하지 않아요.

오개념 앗, 헷갈리네!

① **스펀지는 딱딱하지 않고 말랑말랑하니까 고체가 아니다?**

스펀지는 담는 그릇에 상관없이 모양과 부피가 변하지 않기 때문에 고체예요. 물질의 상태는 색깔이나 단단함과 같은 물질의 성질과 구분해서 생각해야 해요.

② **모래는 담는 그릇에 따라 모양이 변하니까 고체가 아니다?**

모래와 같은 가루 물질은 작은 알갱이들이 모여 있는 거예요. 담는 그릇에 따라 가루 전체의 모양은 변하지만, 모래 알갱이 하나하나의 모양과 부피는 변하지 않아요. 따라서 모래와 같은 가루 물질은 고체예요.

실생활 개념어 활용 문장 내 가방 속에 들어있는 교과서, 책, 필통, 보온병은 모두 다 고체야.

나만의 말로 표현해보기

관련 단원 3-2. 물체와 물질

화학 4

액체

液 진 액 體 몸 체　비교 단어 고체, 기체

교과서에서는? 액체의 성질을 알아보고 예를 찾아볼까요?

담는 그릇에 따라 모양은 변하지만, 부피는 변하지 않는 물질의 상태를 액체라고 해요.

물은 액체에요. 물은 눈으로 볼 수 있지만, 흐르기 때문에 손으로 잡을 수는 없어요. 물을 여러 가지 모양의 그릇에 넣으면 그릇의 모양에 따라서 물의 모양도 변해요. 하지만 물의 양이 늘어나거나 줄어들지는 않아요.

오개념 앗, 헷갈리네!

① 액체는 다 물이다?

물은 여러 가지 액체 중의 하나예요. 끈적끈적한 꿀도 액체예요. 이처럼 모든 액체가 다 물로 만들어져 있거나 물과 같은 것은 아니에요. 담는 그릇에 따라 모양이 변하지만, 부피는 변하지 않는 물질의 상태가 액체이죠.

실생활 개념어 활용 문장　내가 손에 들고 있는 컵 속에 담긴 주스는 액체야.

나만의 말로 표현해보기

화학
5

기체

氣 기운 기 **體** 몸 체 **비교 단어** 고체, 액체

교과서에서는? 공기처럼 대부분의 기체는 눈에 보이지 않지만, 고체나 액체와 같이 무게가 있습니다.

담는 그릇에 따라 모양과 부피가 변하는 물질의 상태를 기체라고 해요.

기체는 기체가 담긴 그릇을 항상 가득 채워요.
공기는 기체로 눈으로 볼 수 없고, 손으로 잡을 수도 없어요. 하지만
공기는 공간(부피)을 차지하죠. 그래서 공기를 둥근 모양 풍선에 넣으
면 둥근 모양이 되고, 하트 모양 풍선에 넣으면 하트 모양이 돼요.

✓ 기체와 압력(누르는 힘)

주사기의 앞쪽 구멍을 손으로 막고 피스톤을 눌러 보아요. 안에 아무것도 없어 보이지만 실제는 공기가 들어
있기 때문에 끝까지 피스톤을 누를 수 없어요. 이때 주사기 피스톤을 약하게 누르면 피스톤이 조금 들어가요.
반대로 피스톤을 세게 누르면 피스톤이 많이 들어가요. 즉, 기체의 부피는 압력을 약하게 가할 때(힘을 약하게
줄 때)는 조금 줄어들고, 압력을 세게 가할 때(힘을 세게 줄 때)는 많이 줄어들어요.

✓ 기체와 온도

페트병 입구에 약간 부푼 고무풍선을 연결해요.

→ 페트병을 뜨거운 물이 든 그릇에 넣으면 고무풍선이 부풀어 올라요.

→ 페트병을 얼음물이 든 그릇에 넣으면 고무풍선이 쪼그라들어요.

→ 즉, 온도가 높아지면 기체의 부피는 커지고, 온도가 낮아지면 기체의 부피는 작아져요.

오개념 앗, 헷갈리네!

① 기체는 공기와 같은 말이다?
공기는 여러 가지 기체 중의 하나예요. 즉, 공기는 물질의 세 가지 상태 중에서 기체에 해당해요.

② 기체는 모두 눈에 보이지 않는다?
기체 중에는 색이 있어서 우리 눈에 보이는 것도 있어요. 예를 들어 염소 기체는 황록색, 아이오딘 기체는 보라색,
브로민 기체는 갈색이에요.

③ 공기는 아주 가벼워서 무게가 없다?
고체, 액체, 기체 모두 무게가 있어요. 교실 안에 있는 공기의 무게는 약 200kg으로 어른 3~4명의 무게와 비슷해요.

실생활 개념어 활용 문장	눈에 보이지는 않지만, 우리 주변은 기체인 공기로 가득 차 있어.

나만의 말로 표현해 보기	

화학 6

얼음, 물, 수증기

교과서에서는? 물은 우리 주변에서 어떤 상태로 있는지 알아봅시다.

물은 색깔, 냄새, 맛이 없고 투명해요.

물은 우리 주변에서 얼음, 물, 수증기의 세 가지 상태 중 하나로 있어요.
또, 서로 다른 상태로 변할 수 있죠.

	얼음	물	수증기
특징	고체이다. 모양이 일정하다. 차갑고 단단하다.	액체이다. 일정한 모양이 없다. 흐른다.	기체이다. 일정한 모양이 없다. 눈에 보이지 않는다.

☑ 물 → 얼음

물이 얼어서 얼음이 되면 무게는 변하지 않고, 부피는 늘어나요.
페트병에 물을 가득 넣어서 냉동실에서 얼리면 페트병이 부풀어 올라요.

☑ 얼음 → 물

얼음이 녹아 물이 되면 무게는 변하지 않고, 부피는 줄어들어요.
물이 얼어서 부푼 페트병을 냉동실에서 꺼내 놓으면 부피가 줄어들면서
처음에 물을 넣은 페트병 크기와 같아져요.

오개념 앗, 헷갈리네!

① 물은 동그란 모양이다?
물은 담는 그릇의 모양에 따라 모양이 변해요. 따라서 물은 일정한 모양이 없어요.

② 얼음은 물에 가라앉는다?
물에 얼음을 넣으면 얼음이 물 위에 떠요. 물이 얼어서 얼음이 되면 부피가 늘어나서 상대적으로 가벼워지기 때문이죠.

실생활 개념어 활용 문장	얼음이 녹아서 물이 됐어.

나만의 말로 표현해보기	

화학 7

상태 변화

비교 단어 화학 변화

교과서에서는? 물을 가열하면 액체인 물이 기체인 수증기로 상태가 변합니다.

고체가 액체나 기체로, 액체가 고체나 기체로, 기체가 고체나 액체로 상태가 변하는 것을 말해요.

물의 상태 변화는 얼음이 물이나 수증기로, 물이 얼음이나 수증기로, 수증기가 얼음이나 물로 상태가 변하는 것을 말해요.

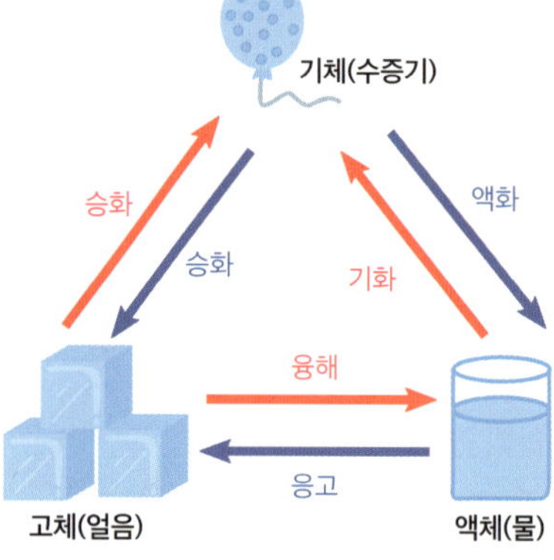

우리는 물의 상태 변화를 다양하게 이용해요.

✔ **액체 → 고체**

스키장에서 인공 눈을 만들 때

✔ **액체 → 기체**

건조할 때 가습기를 이용해서 물을 수증기로 바꿀 때

오개념 앗, 헷갈리네!

① **물을 끓이면 없어진다?**

물은 없어지는 것이 아니라 수증기로 상태가 변해요. 물을 끓이면 수증기로 변해서 공기 중으로 날아가죠.

실생활 개념어 활용 문장　고드름이 녹는 것은 얼음이 물로 상태가 변하는 거야.

나만의 말로 표현해보기

융해와 응고

상위어 상태 변화 비교 단어 기화와 액화, 승화

융해는 고체가 액체로 변하는 것이고, 응고는 액체가 고체로 변하는 것을 말해요.

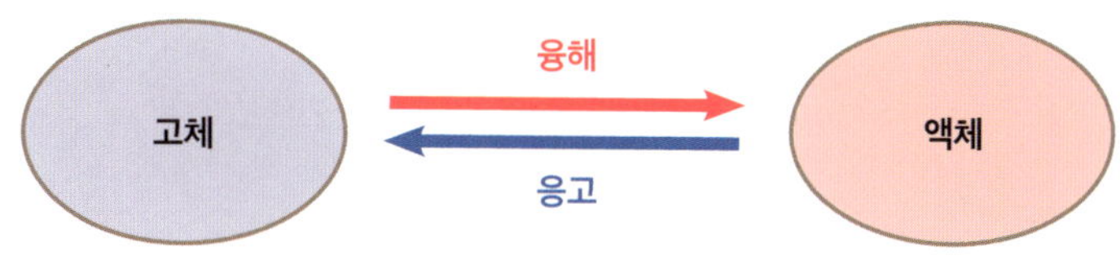

✔ 융해

얼음이 녹아서 물이 되는 것, 딱딱한 초콜릿을 손에 쥐고 있으면 녹는 것 등은 융해예요. 얼음주머니의 얼음은 시간이 지나면 물로 변해요. 이 과정에서 주위의 열을 가져가죠. 즉, 몸에 열이 날 때 얼음주머니를 이용하는 것은 얼음이 물로 상태가 변하는 현상을 이용한 거예요.

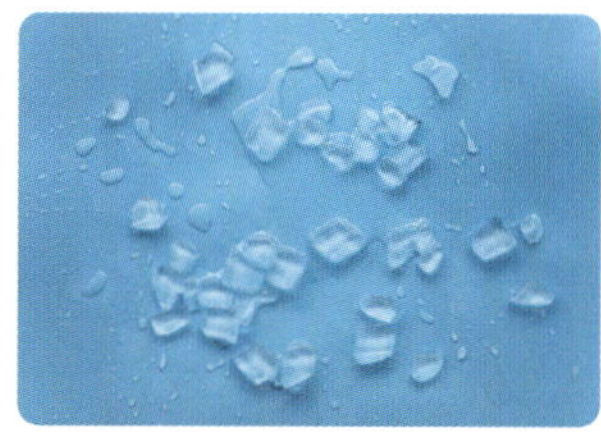

✔ 응고

응고는 융해의 반대 과정이에요. 주스와 같은 액체를 얼려서 얼음과자를 만드는 것, 흐르는 초콜릿을 틀에 부어서 단단한 초콜릿으로 굳히는 것 등은 응고예요. 얼음 사이에 물을 부어가면서 얼음 작품을 만드는 것은 물이 얼음으로 상태가 변하는 현상을 이용한 것이죠.

오개념 앗, 헷갈리네!

① 융해와 용해는 같은 말이다?

융해는 고체가 액체로 바뀌는 현상을 말해요. 용해는 어떤 물질이 녹아서 다른 물질에 골고루 섞이는 현상을 말해요. 두 용어는 비슷하게 보이지만 뜻이 전혀 달라요.

실생활 개념어 활용 문장 손바닥 위에 얼음을 올려놓으면 얼음이 융해돼.

나만의 말로 표현해보기

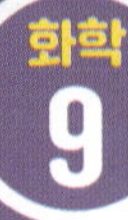

관련 단원 4-1. 물의 상태 변화

기화와 액화

상위어 상태 변화 **비교 단어** 융해와 응고, 승화

기화는 액체가 기체로 변하는 것이고, 액화는 기체가 액체로 변하는 것을 말해요.

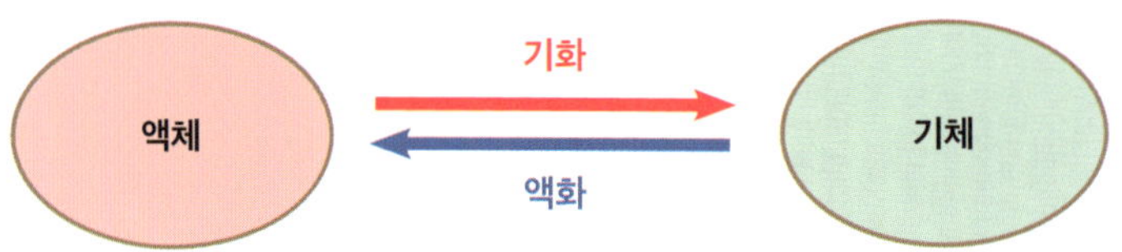

✓ 기화

물이 수증기가 되는 것은 기화예요. 스팀다리미로 옷을 다리는 것, 스팀 청소기로 청소를 하는 것은 물이 수증기로 상태가 변하는 현상을 이용한 경우예요. 기화에는 증발과 끓음, 두 가지가 있어요.

✓ 액화

액화는 기화의 반대 과정이에요. 수증기가 물이 되는 것이 액화예요. 욕실에 뜨거운 물을 틀어 놓으면 뜨거운 물이 수증기로 기화돼요. 기화된 수증기가 천장이나 거울에 닿아서 물방울로 상태 변화하는 것을 액화라고 해요.

오개념 앗, 헷갈리네!

① 기화가 일어나려면 물을 끓여야만 한다?
꼭 물을 끓여야만 물이 기화되는 것은 아니에요. 기화에는 열을 가해서 발생하는 끓음뿐만 아니라 열을 가하지 않아도 서서히 기화되는 증발도 있어요.

실생활 개념어 활용 문장 우리 생활에서 **기화**를 이용한 예에는 수증기를 이용해 음식을 찌는 것이 있어.

나만의 말로 표현해보기

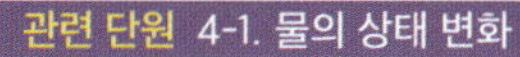

관련 단원 4-1. 물의 상태 변화

승화

상위어 상태 변화 비교 단어 융해와 응고, 기화와 액화

승화는 고체가 기체로 변하는 것, 또는 기체가 고체로 변하는 것을 말해요.

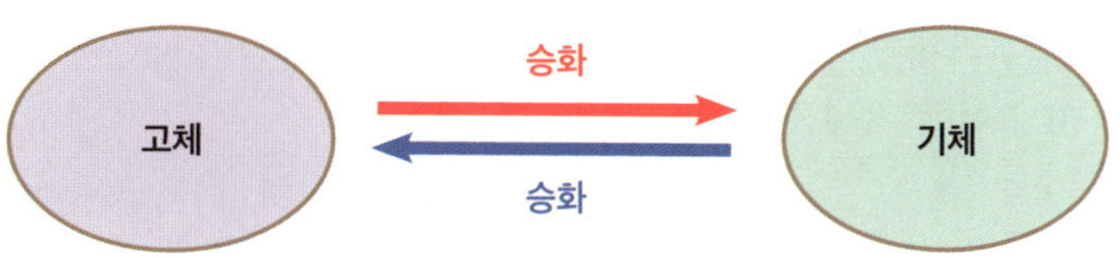

승화는 고체가 액체를 거치지 않고 기체로 변하거나 기체가 액체를 거치지 않고 고체로 변하는 현상이에요.

✅ 승화의 예

❶ 고체 → 기체

냉각제(다른 물질을 차갑게 만드는데 사용되는 물질)로 이용되는 드라이아이스는 이산화 탄소로 만든 흰색의 고체예요. 드라이아이스는 액체 상태를 거치지 않고 바로 기체인 이산화 탄소로 변해요.

❷ 기체 → 고체

맑은 날 겨울밤, 온도가 내려가서 땅 근처의 수증기가 얼게 되면 서리가 생겨요.

오개념 앗, 헷갈리네!

① 서리와 이슬 모두 승화의 예이다?

서리와 이슬은 모두 공기 중의 수증기가 땅이나 풀잎, 나뭇가지 등에 붙어 있는 거예요. 이때, 서리는 공기 중의 수증기가 얼음의 형태로 된 것이므로 기체가 고체로 되는 승화에 속해요. 하지만 이슬은 공기 중의 수증기가 물이 된 것이므로 기체가 액체로 되는 액화에 속해요.

실생활 개념어 활용 문장
드라이아이스를 물에 넣으면 승화를 더 잘 관찰할 수 있어.

나만의 말로 표현해보기

화학 11

증발

상위어 기화 비교 단어 끓음

교과서에서는? 빨래가 마르는 것은 물이 증발하기 때문입니다.

증발은 물 표면(가장 바깥 부분, 가장 윗부분)에서 물이 천천히 수증기로 변하는 것을 말해요.

증발은 기화에 속해요. 컵에 물을 따라 두면 시간이 지날수록 컵 속의 물의 양이 조금씩 줄어들어요. 액체인 물이 표면에서 기체인 수증기로 변해 공기 중으로 흩어졌기 때문이에요. 즉, 물이 증발해서 컵 속의 물의 양이 줄어든 거예요.

✓ 또 다른 증발의 예
- 젖은 머리카락이 점점 마르는 것
- 운동하면서 흘린 땀이 시간이 지나면 마르는 것
- 비가 와서 젖은 길이 시간이 지나면 마르는 것
- 오래 보관하기 위해서 채소나 오징어 등 음식 재료, 과일 등을 말리는 것

오개념 앗, 헷갈리네!

① **물은 증발하면 없어진다?**
물은 없어지는 것이 아니라 수증기로 변해서 공기 중으로 날아간 것이에요. 수증기가 우리 눈에 보이지 않을 뿐이에요.

② **물은 끓여야만 수증기로 바뀐다?**
물은 끓이지 않아도 물 표면에서 천천히 수증기로 바뀌어요. 이것을 '증발'이라고 불러요.

실생활 개념어 활용 문장
식품 건조기는 따뜻한 공기를 이용해서 음식물 속에 있는 수분을 빠르게 증발시키는 기계야.

나만의 말로 표현해보기

화학 12

관련 단원 4-1. 물의 상태 변화

끓음

상위어 기화   비교 단어 증발

교과서에서는? 물이 끓을 때는 증발할 때보다 더 빨리 수증기로 변해 물의 양이 빠르게 줄어듭니다.

끓음은 물 표면과 물속에서 물이 수증기로 변하는 것을 말해요.

끓음은 기화에 속해요.

✅ 끓음의 과정

물을 끓이면 처음에는 표면에서 물이 천천히 증발해요. 계속 끓이면 물속에서 기포가 생겨요. 이 기포는 물이 수증기로 변한 거예요. 큰 기포가 많이 생기고 기포가 올라와 터지면서 물 표면이 울퉁불퉁해져요.

✅ 증발과 끓음 비교

	증발	끓음
공통점	기화한다. 즉, 물이 수증기가 되어 공기 중으로 흩어진다.	
차이점	물을 가열하지 않는다. 물 표면에서만 일어난다. 천천히 일어난다. (물이 천천히 줄어든다.)	물을 가열한다. 물 표면과 물속에서 일어난다. 빠르게 일어난다. (물이 빨리 줄어든다.)

오개념 앗, 헷갈리네!

① **물을 끓일 때는 증발은 일어나지 않는다?**

물은 증발하거나 끓어서 수증기가 되는데, 물을 끓이고 있을 때는 증발도 함께 일어나고 있어요.

실생활 개념어 활용 문장

냄비에 물을 넣고 끓였더니 물의 양이 처음보다 많이 줄어들었어.

나만의 말로 표현해 보기

화학 **13**

응결

상위어 액화

교과서에서는? 냉장실에서 꺼낸 물병 표면에 맺힌 물방울도 공기 중의 수증기가 응결한 것입니다.

응결은 수증기가 물로 변하는 것을 말해요.

응결은 기체가 액체로 변하는 액화에 속해요.

얼음물이 담긴 유리컵을 식탁에 놓아두면 컵 표면에 물방울이 생겨요. 이 물방울은 공기 중에 있던 수증기가 변한 거예요.

추운 겨울에 차가운 유리창 안쪽에 맺힌 물방울, 욕실의 차가운 거울 표면에 맺힌 물방울, 뜨거운 음식이 들어 있는 냄비에 뚜껑을 닫아 놓으면 생기는 물방울은 모두 공기 중의 수증기가 응결해 물로 변한 것이죠.

안개, 이슬, 구름은 모두 수증기의 응결로 인한 기상 현상이에요.

안개

이슬

구름

오개념 앗, 헷갈리네!

① 컵 표면에 맺힌 물방울은 컵 속의 물이 밖으로 새어 나온 것이다?

컵 속의 물이 나온 것이 아니라 공기 중의 수증기가 물로 응결한 거예요. 만약 컵 속의 물이 밖으로 새어 나온 거라면 컵 안의 물의 높이가 줄어들어야 하겠죠? 하지만 실제 물의 양은 변함이 없어요.

② 응결과 액화는 다르다?

액화는 물을 포함한 모든 물질이 기체에서 액체로 상태가 변화하는 것을 말할 때 사용해요. 응결은 액화 중에서 특히 수증기가 물로 변하는 것을 말해요. 따라서 응결은 액화의 한 종류예요.

실생활 개념어 활용 문장

겨울철에는 수증기가 응결해서 안경에 작은 물방울이 맺혀. 그래서 안경을 자주 닦아야 해.

나만의 말로 표현해 보기

관련 단원 4-2. 여러 가지 기체

공기

상위어 기체, 혼합물

교과서에서는? 공기 중에 산소의 양이 지금보다 더 많아지면 어떤 일이 생길까요?

공기는 질소와 산소 등 여러 가지 기체가 섞여 있는 것을 말해요.

공기는 무색무취(색이 없고, 냄새가 없는)의 기체로 우리 눈에 보이지 않아요. 하지만 부채를 이용해서 바람을 일으키면 공기를 느낄 수 있어요. 공기는 자동차 타이어, 자전거 타이어, 부푼 풍선, 광고 인형, 물놀이용 튜브 등의 속에 채워져 있어요.

✅ 공기의 구성

공기는 질소, 산소, 아르곤, 이산화 탄소, 네온, 헬륨, 수소 등 여러 가지 기체가 섞여 있는 혼합물이에요. 공기의 대부분은 질소와 산소가 차지하고 있답니다.

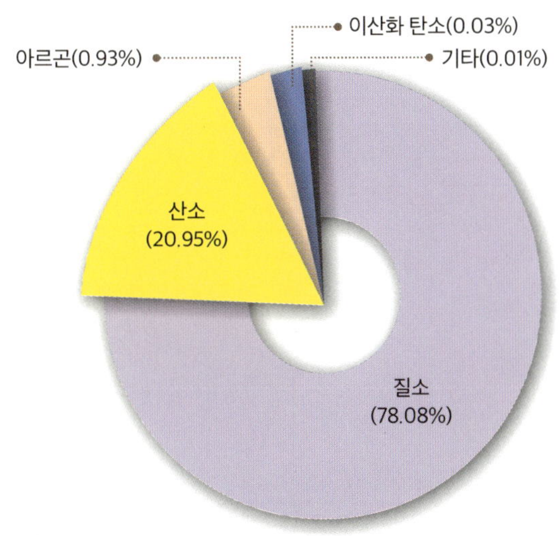

<공기를 구성하는 여러 가지 기체>

오개념 앗, 헷갈리네!

① 산소는 공기이다?

공기는 여러 가지 기체가 섞여 있는 혼합물이고, 공기를 이루는 기체 중 하나가 산소예요.

실생활 개념어 활용 문장
부풀어 오른 풍선 입구를 손으로 잡고 있다가 손을 놓으면 공기를 느낄 수 있어.

나만의 말로 표현해보기

화학 15 산소

상위어 기체, 공기 **비교 단어** 이산화 탄소, 질소
교과서에서는? 높은 온도의 불을 만들기 위해 산소를 이용하기도 합니다.

산소는 공기의 약 21%를 차지하는 기체를 말해요.

✅ 특징과 이용

산소는 무색무취색이 없고, 냄새가 없는의 기체예요. 산소는 식물의 광합성으로 만들어지는데 다른 생물이 숨을 쉬고 살아가는 데 필요해요. 따라서 우리 생활에서는 잠수부나 소방관이 사용하는 압축 공기통, 응급 환자의 산소 호흡 장치 등에 이용되지요. 산소는 다른 물질이 타는 것을 도와주고, 철이나 구리와 같은 금속을 녹슬게 해요. 또, 높은 온도의 불로 금속을 붙이거나 자를 때 산소를 이용하기도 해요.

✅ 산소 모으기

기체 발생 장치로 산소를 모을 수 있어요. 이때 산소를 모은 집기병에 향불을 넣으면 불꽃이 더 밝고 커져요.

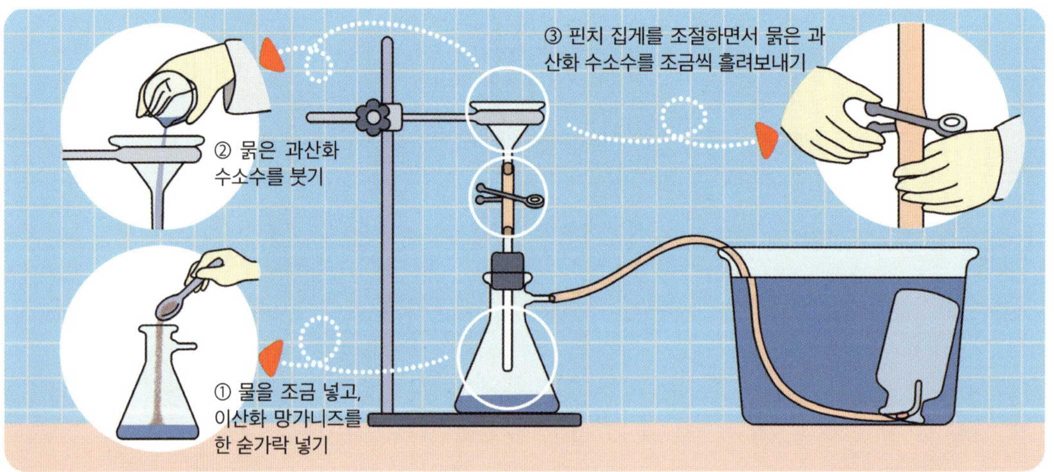

오개념 앗, 헷갈리네!

① **산소는 물에 전혀 녹지 않는다?**
산소는 물에 거의 녹지 않지만 아주 조금은 물에 녹아요. 이렇게 물에 녹은 산소 덕분에 물속에서도 생물이 호흡할 수 있어요.

실생활 개념어 활용 문장
높은 산에 오를 때는 산소 호흡 장치가 필요해.

나만의 말로 표현해보기

관련 단원 4-2. 여러 가지 기체

이산화 탄소

상위어 기체, 공기   비교 단어 산소, 질소

교과서에서는? 이 거품은 탄산음료에 녹아 있던 이산화 탄소가 나온 것입니다.

이산화 탄소는 공기의 약 0.03%를 차지하는 기체를 말해요.

✅ 특징과 이용

이산화 탄소는 무색무취의 기체예요. 이산화 탄소는 다른 물질이 타는 것을 막는 성질이 있어서 소화기에 이용돼요. 이산화 탄소를 이용해 만든 드라이아이스는 온도를 낮추는 냉각제로 쓰여요. 이산화 탄소를 물에 용해시켜 만든 탄산음료는 톡 쏘는 맛을 내지요.

✅ 이산화 탄소 모으기

기체 발생 장치로 이산화 탄소를 모을 수 있는데, 이산화 탄소를 모은 집기병에 향불을 넣으면 향불이 꺼져요.

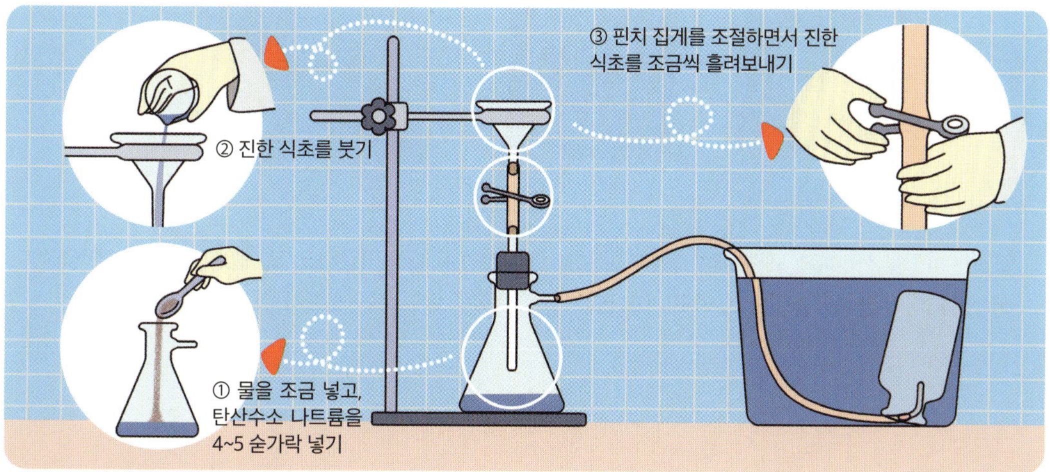

오개념 앗, 헷갈리네!

1 이산화 탄소는 물에 전혀 녹지 않는다?

이산화 탄소는 산소보다 조금 더 물에 녹아요. 우리가 탄산수나 탄산음료를 마실 때 톡 쏘는 느낌이 나는 것은 이산화 탄소가 녹아 있기 때문이에요.

실생활 개념어 활용 문장	사이다를 흔들면 생기는 기포가 바로 사이다에 녹아 있던 이산화 탄소야.
나만의 말로 표현해 보기	

화학 17

질소

상위어 기체, 공기   **비교 단어** 산소, 이산화 탄소

교과서에서는? 공기는 대부분 질소와 산소로 이루어져 있습니다.

질소는 공기의 약 78%를 차지하는 기체를 말해요.

✔ 특징과 이용

질소는 무색무취의 기체로 공기 대부분을 차지해요. 우리 주변에서 가장 흔하게 질소를 이용한 예를 볼 수 있는 장소는 마트예요. 과자, 차, 커피, 분유, 견과류 등을 포장할 때 질소를 넣어요.

질소는 식품을 신선하게 보관할 때, 혈액이나 세포 등을 보존할 때도 이용해요. 또, 질소는 자동차 에어백이나 비행기 타이어 안에도 들어있고, 암모니아·질산·질소 비료를 만드는 데에도 사용돼요.

오개념 앗, 헷갈리네!

① 공기 대부분은 산소와 이산화 탄소이다?

우리가 산소를 들이마시고 이산화 탄소를 내뱉는다고 생각하기 때문에 공기의 대부분이 산소와 이산화 탄소라고 오해하는 경우가 있어요. 하지만 숨을 내쉴 때 발생하는 이산화 탄소의 양은 매우 적어요. 공기는 여러 기체의 혼합물이고 그중에서 질소와 산소가 대부분을 차지해요.

실생활 개념어 활용 문장

이 과자 봉지 속에는 과자보다 질소가 더 많은 것 같아.

나만의 말로 표현해보기

관련 단원 4-2. 여러 가지 기체

수소

상위어 기체, 공기

교과서에서는? 수소는 청정연료로 전기를 만드는 데 이용됩니다.

수소도 공기를 이루는 기체 중 하나예요.

✓ 특징과 이용

수소는 무색무취의 기체예요. 수소는 탈 때 물이 만들어지고 이산화 탄소와 같은 오염 물질이 나오지 않아요. 따라서 수소는 환경을 오염시키지 않는 청정연료가 될 수 있어요. 수소 기체를 이용해 수소발전소에서는 전기를 만들고, 수소 자동차나 수소 자전거가 움직일 수 있게 하지요.

수소는 공기보다 가벼운 기체여서 수소 기체를 이용해 비눗방울을 불면 비눗방울이 위로 올라가요.

오개념 앗, 헷갈리네!

① **다른 기체를 이용해서 비눗방울을 불어도 수소 기체처럼 비눗방울이 위로 올라간다?**

모든 종류의 기체가 수소처럼 공기보다 가벼운 것은 아니에요. 이산화 탄소는 공기보다 무거워서 이산화 탄소를 이용해서 비눗방울을 불면 비눗방울이 아래로 내려가요.

실생활 개념어 활용 문장	대기오염을 줄이려면 수소 버스를 많이 이용해야 할 것 같아.
나만의 말로 표현해보기	

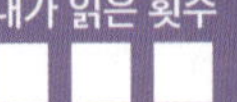

화학 19

관련 단원 4-2. 여러 가지 기체

헬륨

상위어 기체, 공기

교과서에서는? 헬륨은 비행선이나 풍선을 공중에 띄우는 용도로 이용됩니다.

헬륨은 공기를 이루는 기체 중 하나예요.

✓ 특징과 이용

헬륨은 무색무취의 기체로 공기에는 아주 적은 양이 포함되어 있어요. 헬륨은 공기보다 가벼운 기체예요. 그래서 헬륨 기체를 풍선이나 비행선, 기구에 넣으면 공중에 띄울 수 있어요.

헬륨은 의료기기인 자기 공명 영상법(MRI), 산소통, 초전도 자기 부상 열차, 냉각제 등에 사용돼요.

오개념 앗, 헷갈리네!

① 헬륨 가스는 많이, 오랫동안 마셔도 안전하다?

헬륨 가스를 마시면 일시적으로 목소리가 가늘고 높게 변해요. 그래서 우스꽝스러운 목소리로 재미있는 시간을 보낼 수 있죠. 하지만 너무 많은 양을 마시거나 오랫동안 마시면 우리 몸에 해로울 수 있으니 주의해야 해요.

실생활 개념어 활용 문장	헬륨 가스를 마셨더니 잠깐 목소리가 변했어.
나만의 말로 표현해보기	

관련 단원 4-2. 여러 가지 기체

네온

상위어 기체, 공기

교과서에서는? 네온은 특유의 빛을 내는 조명 기구나 네온 광고에 이용됩니다.

네온은 공기를 이루는 기체 중 하나예요.

✅ 특징과 이용

네온은 무색무취의 기체로 공기에는 아주 적은 양이 포함되어 있어요. 네온은 특유의 빛을 내요. 그래서 가게를 홍보하는 광고나 조명 기구에 네온을 넣어 이용하죠. 이를 네온사인이라고 해요.

수업이나 발표할 때 중요한 내용을 가리키기 위한 용도로 사용하는 포인터는 붉은색 빛을 내요. 이러한 레이저 포인터에도 네온이 사용되고, 의료용 레이저에도 네온이 사용돼요.

오개념 앗, 헷갈리네!

① 네온은 다양한 색깔을 가지고 있다?

네온을 유리관에 넣어 전류를 흐르게 하면 붉은색에 가까운 주황색을 띠는데, 여기에 다른 기체를 혼합하면 노란색, 파란색, 초록색 등 여러 가지 색을 낼 수 있어요.

실생활 개념어 활용 문장	우리가 가려고 한 음식점에 네온 광고판이 있어서 멀리서도 금방 찾을 수 있었어.
나만의 말로 표현해 보기	

화학 21

용질과 용매

교과서에서는? 용질마다 물에 용해되는 양이 같을까요?

녹는 물질을 용질이라고 하고, 녹이는 물질을 용매라고 해요.

✔ 용질과 용매의 구분

물에 소금을 한 숟가락 넣고 저으면 소금이 물에 잘 녹아서 소금물이 돼요. 이때, '용질'은 소금이나 설탕처럼 녹는 물질을 말하고, '용매'는 물처럼 녹이는 물질을 말해요.

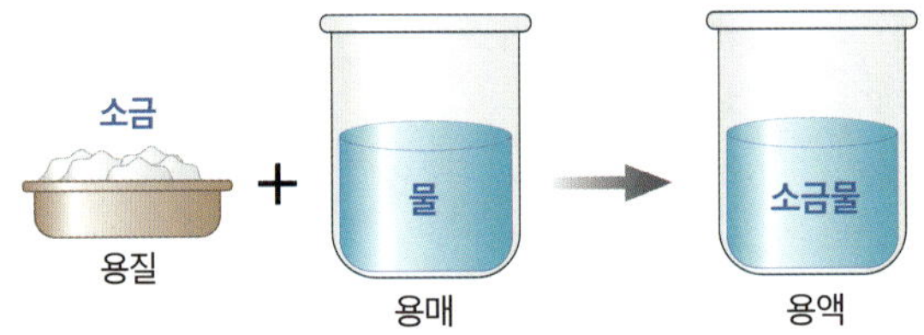

✔ 용질과 용매의 특징

❶ 모든 용질이 물에 녹는 것은 아니에요. 소금과 설탕은 물에 녹였을 때 뜨거나 가라앉는 것이 없지만, 멸치 가루를 물에 녹였을 때는 뿌옇게 흐려졌다가 시간이 지날수록 물 위에 뜨거나 바닥에 가라앉아요.

❷ 용질이 용매에 다 녹았는지, 얼마나 녹았는지 확인해 볼 때는 바닥에 검은색 도화지를 깔고 용매를 살펴보면 돼요. 소금물을 만들 때, 소금이 물에 다 녹지 않고 남아 있다면 물을 더 많이 붓거나 물의 온도를 높이면 소금을 더 많이 녹일 수 있어요.

❸ 용질은 종류에 따라 물에 녹는 정도가 달라요. 또, 물의 온도에 따라서도 물에 녹는 양이 달라져요. 일반적으로 물의 온도가 높을수록 용질이 많이 녹아요.

오개념 앗, 헷갈리네!

① **소금을 물에 녹이면 소금이 사라진다?**
물에 완전히 녹은 소금은 우리 눈에 보이지 않아요. 하지만 소금이 없어진 것이 아니라 아주 작게 되어서 물속에 골고루 섞여 있답니다.

② **소금을 물에 녹이면 다시는 소금을 볼 수 없다?**
소금물을 접시에 담고 햇빛이 잘 드는 곳에 두면 물이 천천히 증발해요. 시간이 지나면 소금 알갱이를 확인할 수 있어요.

실생활 개념어 활용 문장　달다란 설탕물은 용질인 설탕을 용매인 물에 녹인 거야.

나만의 말로 표현해보기

화학 22 용해

비교 단어 용액   비슷한 말 녹는다

교과서에서는? 설탕이 물에 용해될 때의 변화를 알아봅시다.

어떤 물질이 다른 물질에 녹아서 골고루 섞이는 것을 용해라고 해요.

소금(용질)은 물(용매)에 용해되어서 소금물이 돼요. 이때, 소금이 물에 용해되기 전과 용해된 후의 무게는 같아요. 소금이 없어진 것이 아니라 아주 작게 되어서 물에 골고루 섞여 있기 때문이지요.

☑ 용해 현상의 예

- 소금을 국물에 녹여 음식의 간을 맞추는 것
- 분말주스를 물에 녹여서 주스를 만드는 것
- 설탕, 탄산가스 등을 물에 녹여서 탄산음료를 만드는 것
- 설탕, 소금, 착향료(향기가 나게 하는 물질) 등을 물에 녹여서 이온 음료를 만드는 것

오개념 앗, 헷갈리네!

① **소금을 물에 더 많이 용해하려면 더 빨리 저으면 된다?**

빨리 저으면 소금이 더 빨리 용해돼요. 하지만 더 많이 용해되지는 않아요. 물을 더 붓거나 물의 온도를 높이면 소금을 더 많이 용해시킬 수 있어요.

실생활 개념어 활용 문장	설탕은 차가운 물보다 따뜻한 물에 더 잘 용해돼.
나만의 말로 표현해 보기	

화학 23

용액

비교 단어 용해

교과서에서는? 일상생활에서 볼 수 있는 용액에는 무엇이 있을까요?

녹는 물질(용질)이 녹이는 물질(용매)에 골고루 섞여 있는 물질을 용액이라고 해요.

소금물과 설탕물은 녹는 물질이 녹이는 물질에 골고루 섞여 있어요. 용질과 용매가 골고루 퍼져 있으면 용액의 어느 곳을 보더라도 물질이 섞인 정도는 같아요. 일상생활에서 볼 수 있는 용액에는 분말주스로 만든 주스, 탄산음료, 이온 음료, 구강 청정제, 손 세정제, 식초, 주방 세제, 향수 등이 있어요.

용액은 오래 두어도 가라앉거나 떠 있는 것이 없어요. 거름 장치로 걸러도 거름종이에 남는 것이 없죠. 하지만 흙을 물속에 넣고 저어서 흙탕물을 만들고 가만히 두면 바닥에 가라앉거나 물 위에 뜨는 것이 생겨요. 또한 거름 장치로 걸렀을 때 거름종이에 남는 것이 있어요. 따라서 흙탕물은 용액이 아니에요. 마찬가지로 율무차, 미숫가루를 탄 물, 된장국 등도 용액이 아니죠.

용액인 것
식초, 향수, 구강 청정제 등

용액이 아닌 것
율무차, 된장국, 미숫가루 물 등

오개념 앗, 헷갈리네!

① 모든 주스는 용액이다?

인공 향으로 맛과 향을 낸 주스는 가만히 두었을 때 뜨거나 가라앉는 물질이 없어요. 이런 경우는 용액이에요. 하지만 진짜 과일을 갈거나 즙을 내어 만든 주스는 뜨거나 가라앉는 것이 생겨요. 따라서 이런 생과일주스는 용액이 아니에요.

실생활 개념어 활용 문장
코코아차를 마시고 보니 컵 바닥에 가라앉는 것이 있었어. 그러니까 코코아차는 용액이 아니야.

나만의 말로 표현해 보기

화학 24

관련 단원 5-1. 용해와 용액

용액의 진하기

비슷한 말 농도

교과서에서는? 황설탕 용액의 진하기를 비교할 수 있는 방법을 생각해 봅시다.

용액의 진하기는 용액 속에 용질이 녹아 있는 정도를 말해요.

✓ 용액의 진하기를 비교하는 방법

❶ 색깔, 맛 등 겉으로 보이는 성질 확인하기

흑설탕 용액, 황설탕 용액처럼 색깔이 있는 용액은 색깔의 진하기로 비교할 수 있어요. 색이 진할수록 더 진한 용액이에요. 또한 설탕 용액처럼 먹어도 안전한 용액의 경우, 용액이 진할수록 단맛이 더 강해요.

❷ 용액에 물체를 넣어서 물체가 뜨고 가라앉는 정도로 비교하기

색깔, 맛 등으로 용액의 진하기를 비교하기 어려울 때는 방울토마토나 메추리알 등을 띄워서 용액의 진하기를 확인할 수 있어요. 용액이 진할수록 물체가 높이 떠요.

우리 선조들은 장을 담글 때, 소금물의 진하기를 알아보기 위해 소금물에 계란을 띄워 계란이 떠오르는 정도로 소금물의 진하기를 확인했어요.

소금의 양	1 숟가락	15 숟가락
계란의 위치		

① **용액의 진하기를 비교할 때는 항상 맛을 보면 된다?**

실험실에 있는 용액을 함부로 맛을 보는 것은 굉장히 위험한 일이에요. 따라서 절대로 맛을 보면 안 돼요. 방울토마토나 메추리알 등의 작은 물체를 넣어서 물체의 뜨고 가라앉는 정도로 용액의 진하기를 확인해야 해요.

실생활 개념어 활용 문장
우리나라 바다에서보다 사해에서 몸이 물에 더 잘 뜨는 이유는 사해의 물이 우리나라 바닷물보다 더 진하기 때문이야.

나만의 말로 표현해보기

관련 단원 5-2. 혼합물의 분리

혼합물

混 섞을 혼 合 합할 합 物 물건 물 섞어서 합쳐진 물질

교과서에서는? 생활 속에서 두 가지 이상의 물질이 서로 섞여 있는 혼합물을 찾아볼까요?

혼합물이란 두 가지 이상의 물질이 성질이 변하지 않은 채 서로 섞여 있는 것을 말해요.

김밥, 팥빙수, 공기 등은 두 가지 이상의 재료가 섞여 있는 혼합물이에요.

✅ 혼합물의 예

김밥		김, 밥, 단무지, 달걀, 당근, 시금치 등
잡곡		쌀, 보리, 콩, 팥 등
공기		질소, 산소, 이산화 탄소 등

이 외에 바닷물, 우유, 주스, 흙, 암석, 혈액 등도 모두 혼합물이에요.

오개념 앗, 헷갈리네!

① **혼합물이 되면, 혼합물에 들어간 재료는 섞이기 전과 성질이 달라진다?**

예를 들어 김밥 속 단무지는 김밥에 들어가기 전과 김밥에 들어간 후의 맛과 냄새가 같아요. 이처럼 혼합물에 섞여 있는 물질의 성질은 섞이기 전과 섞인 후가 같아요.

실생활 개념어 활용 문장 소금물은 소금과 물이 섞여 있는 혼합물이야.

나만의 말로 표현해보기

관련 단원 5-2. 혼합물의 분리

혼합물의 분리

分 나눌 분 **離** 떠날 리 나눠서 떼어놓음

교과서에서는? 혼합물을 분리하면 좋은 점을 설명해 볼까요?

혼합물의 분리는 혼합물을 이루고 있는 물질을 나눠서 떼어놓는 것을 말해요.

✓ 혼합물을 분리하면 좋은 점

❶ 원하는 물질을 얻을 수 있어요. 예 사탕수수에서 설탕 얻기

❷ 분리한 물질을 이용할 수 있어요. 예 설탕으로 사탕 만들기

✓ 혼합물을 분리하는 여러 가지 방법

혼합물의 종류	예	방법
알갱이의 크기가 다른 고체 혼합물	모래, 자갈이 섞여 있는 경우	자갈보다 작고 모래보다 큰 체로 자갈을 분리하기
골고루 섞이지 않는 고체 혼합물	철 구슬, 플라스틱 구슬이 섞여 있는 경우	철이 자석에 붙는 성질을 이용하여 자석을 사용하여 철 구슬 분리하기
골고루 섞이지 않는 액체 혼합물	물, 식용유가 섞여 있는 경우	스포이트나 흡착포를 이용해서 물 위에 떠 있는 식용유를 분리하기
물에 용해되는 물질과 용해되지 않는 물질이 섞여 있는 혼합물	소금, 모래가 섞여 있는 경우	소금과 모래를 물에 녹여 거름 장치로 거르기(모래만 분리) → 소금물을 접시에 넣고 가열하거나 증발시키기(소금 분리)

실생활 개념어 활용 문장

혼합물을 분리하는 이유는 우리 생활에 필요한 물질을 얻기 위해서야.

나만의 말로 표현해 보기

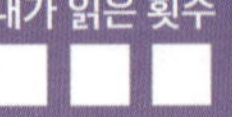

화학 27

산성 용액

반대말 염기성 용액

교과서에서는? 산성 용액에 달걀 껍데기를 넣으면 기포가 발생하면서 바깥쪽 껍데기가 녹아 없어집니다.

산성 용액은 푸른색 리트머스 시험지색으로 산성과 염기성을 구분하는 종이**를 붉은색으로 변화시키고, 페놀프탈레인 용액**무색으로 산성과 염기성을 구별하는 지시약**의 색은 변화시키지 않는 용액을 말해요.**

산성 용액은 붉은 양배추 지시약이 붉은색 계열의 색깔로 변하는 용액이에요.

☑ 산성 용액의 예

산성 용액에는 식초, 레몬즙, 사이다, 묽은 염산 등이 있어요.

☑ 산성 용액의 특징

산성 용액에 달걀 껍데기를 넣으면 기포가 발생하면서 바깥쪽 껍데기가 녹아 없어져요. 산성 용액에 대리석 조각을 넣으면 기포가 발생하면서 대리석 조각이 녹아요. 하지만 산성 용액에 삶은 달걀흰자나 두부를 넣으면 아무런 변화가 없어요.

☑ 산성 용액을 이용하는 예

염기성을 지닌 물질이 산성 용액과 만나면 염기성의 성질을 잃어버리기 때문에 염기성이 점점 약해져요.
- 생선을 손질한 도마를 식초로 닦아 내기(염기성인 생선 비린내가 약해짐)
- 변기용 세제로 변기 청소하기(염기성인 변기의 때가 없어짐)

오개념 앗, 헷갈리네!

① **산성 용액은 달걀 껍데기나 대리석 조각을 녹이기 때문에 나쁘다?**

산성, 염기성은 용액의 성질이에요. 좋거나 나쁜 것을 의미하는 것이 아니에요. 우리는 일상생활에서 산성과 염기성 용액의 성질을 다양하게 활용하고 있어요.

실생활 개념어 활용 문장
달걀을 식초에 오랫동안 넣어 놓았더니 산성 용액에 녹는 달걀 껍데기가 녹아서 벗겨지고 탱탱볼처럼 됐어.

나만의 말로 표현해보기

관련 단원 6-1. 산과 염기

염기성 용액

반대말 산성 용액

교과서에서는? 염기성 용액에 삶은 달걀흰자를 넣으면 시간이 지나면서 삶은 달걀흰자가 녹아 흐물흐물해집니다.

염기성 용액은 붉은색 리트머스 시험지를 푸른색으로 변화시키고, 페놀프탈레인 용액의 색깔을 붉은색으로 변화시키는 용액을 말해요.

염기성 용액은 붉은 양배추 지시약이 푸른색이나 노란색 계열의 색깔로 변하는 용액이에요.

✔ 염기성 용액의 예

유리 세정제, 빨랫비누물, 석회수, 묽은 수산화나트륨 용액 등이 있어요.

✔ 염기성 용액의 특징

염기성 용액에 삶은 달걀흰자를 넣으면 시간이 지나면서 삶은 달걀흰자가 녹아 흐물흐물해져요. 염기성 용액에 두부를 넣으면 시간이 지나면서 두부가 녹아 흐물흐물해지고 용액이 뿌옇게 흐려져요. 하지만 염기성 용액에 달걀 껍데기나 대리석 조각을 넣으면 아무런 변화가 없어요.

✔ 염기성 용액을 이용하는 예

산성 용액에 염기성 용액을 넣을수록 산성의 성질을 잃어버리기 때문에 산성이 점점 약해져요.

- 요구르트를 마시고 양치질하기(산성 환경이 된 입안에 염기성 치약이 더해져서 세균 활동을 막게 됨)
- 속이 쓰릴 때 제산제 먹기(위액의 산성이 약해져서 속 쓰림이 줄어들게 됨)

실생활개념어 활용문장 욕실을 청소할 때 이용하는 표백제는 염기성 용액이야.

나만의말로 표현해보기

화학 29 지시약

指 가리킬 지 **示** 보일 시 **藥** 약 약 용액의 성질을 보여주는 약

교과서에서는? 다양한 지시약을 이용해 여러 가지 용액을 분류해 봅시다.

지시약은 어떤 용액을 만났을 때 그 용액의 성질에 따라 눈에 띄는 변화가 생기는 물질을 말해요.

지시약을 이용했을 때 나타나는 변화를 보고 그 용액의 성질을 알 수 있어요.

✔ 용액을 분류하는 방법

용액을 분류할 때는 용액의 색깔, 투명한 정도, 맛, 냄새 등의 성질을 이용해요. 하지만 이렇게 겉으로 드러나는 성질 외에 지시약을 이용해서 용액을 분류할 수도 있어요.

✔ 지시약을 이용하면 좋은 점

지시약을 용액에 넣으면 그 용액의 성질에 따라 변화가 생겨요. 따라서 지시약을 이용해서 물질의 성질을 알아볼 수 있고, 여러 용액을 더 정확하고 효과적으로 분류할 수 있어요.

✔ 산·염기 지시약

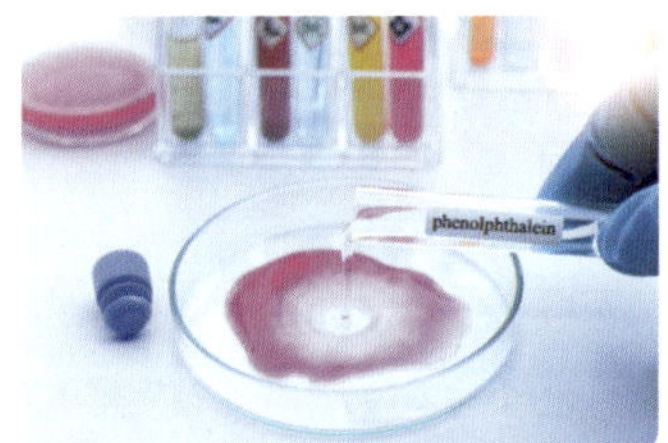

산·염기 지시약을 이용하면 지시약의 색깔 변화를 보고 그 용액이 산성인지 염기성인지 알 수 있어요. 산·염기 지시약에는 리트머스 시험지(붉은색 리트머스 종이, 푸른색 리트머스 종이), 페놀프탈레인 용액, 붉은 양배추 지시약 등이 있어요.

오개념 앗, 헷갈리네!

① 지시약을 이용하면 산성 용액, 염기성 용액만 분류할 수 있다?

지시약에는 산·염기 지시약 외에도 용액 속의 금속과 반응해서 색깔을 나타내는 금속 지시약, 용액 속에 가라앉은 물질인 침전물과 반응해서 색깔이 변하는 흡착 지시약(용액 속 침전물에 붙으면 색이 변함)도 있어요.

② 모든 지시약은 액체이다?

모든 지시약이 액체 상태인 것은 아니에요. 지시약 중에는 리트머스 시험지와 같은 종이(고체) 상태의 지시약도 있어요.

실생활 개념어 활용 문장 실험실에 있는 용액은 함부로 맛 보거나 냄새 맡으면 위험하니까 **지시약**을 이용해서 확인해야 해.

나만의 말로 표현해보기

리트머스 시험지

상위어 지시약 **교과서에서는?** 용액을 푸른색 리트머스 시험지와 붉은색 리트머스 시험지에 각각 한두 방울씩 떨어뜨린 뒤 색깔 변화를 관찰합시다.

리트머스 시험지는 리트머스이끼에서 얻은 색소를 물들인 종이를 말해요.

리트머스 시험지는 지시약으로 이용돼요.

✔ 리트머스이끼

리트머스이끼는 주로 해안의 암석 위에서 자라요. 지중해 연안을 비롯해 남반구에서 많이 자란다고 알려져 있어요. 생김새는 마치 나뭇가지와 비슷한데, 아랫부분에서 여러 갈래로 갈라져 있어요.

✔ 리트머스 시험지

리트머스이끼를 이용해서 리트머스 시험지를 만들어요. 리트머스 시험지는 푸른색과 붉은색, 두 가지 종류가 있는데 용액의 산성과 염기성을 판단하는 데 쓰이는 산·염기 지시약이에요. 푸른색 리트머스 시험지에 산성 용액을 묻히면 붉은색으로 변하고, 붉은색 리트머스 시험지에 염기성 용액을 묻히면 푸른색으로 변해요.

사이다가 들어있는 유리 용기에
푸른색 리트머스 시험지를 넣었을 때

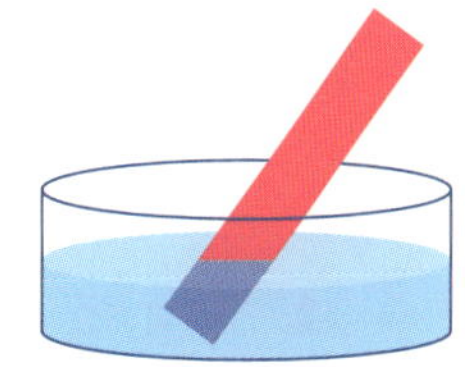

유리세정제가 들어있는 유리 용기에
붉은색 리트머스 시험지를 넣었을 때

오개념 앗, 헷갈리네!

☐ **리트머스 시험지에 용액을 묻히면 항상 색깔이 변한다?**
푸른색 리트머스 시험지에 산성 용액을 묻히면 붉은색으로 변하지만, 염기성 용액을 묻히면 색이 변하지 않아요. 마찬가지로 붉은색 리트머스 시험지에 염기성 용액을 묻히면 붉은색이 푸른색으로 변하지만, 산성 용액을 묻히면 색이 변하지 않아요.

실생활개념어 활용 문장
푸른색 리트머스 시험지에 레몬즙을 묻혔더니 푸른색이 붉은색으로 변했어.

나만의 말로 표현해보기

화학 31

페놀프탈레인 용액

상위어 지시약

교과서에서는? 페놀프탈레인 용액의 색깔을 붉은색으로 변하게 하는 용액을 염기성 용액이라고 합니다.

페놀프탈레인 용액은 페놀프탈레인을 에탄올에 녹여서 만든 용액을 말해요.

페놀프탈레인 용액은 용액의 산성과 염기성을 판단하는 데 쓰이는 산·염기 지시약으로 무(無)색의 투명한 용액이에요.

산성 용액에 페놀프탈레인 용액을 떨어트리면 색이 변하지 않아요. 즉, 식초, 레몬즙, 사이다, 묽은 염산 등에 페놀프탈레인 용액을 떨어트리면 색깔 변화가 없어요.

염기성 용액에 페놀프탈레인 용액을 떨어트리면 색이 붉게 변해요. 즉, 유리 세정제, 석회수, 묽은 수산화나트륨 용액 등에 페놀프탈레인 용액을 떨어트리면 붉은색으로 변해요.

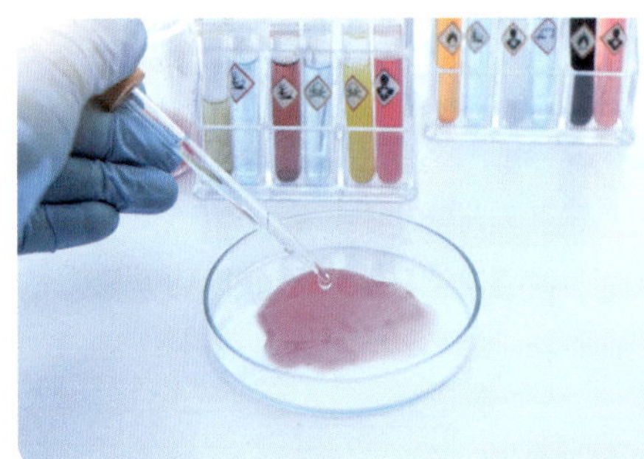

오개념 앗, 헷갈리네!

1 **염기성 용액에 페놀프탈레인 용액을 떨어뜨리면 염기성 용액 자체의 색깔이 변한다?**

우리는 지시약의 색 변화를 보고 용액의 성질을 알 수 있어요. 염기성 용액 자체의 색깔이 변한 것이 아니라, 지시약인 페놀프탈레인 용액의 색깔이 변한 거예요. 마찬가지로 리트머스 종이에 어떤 용액을 떨어트렸을 때 색이 변했다면 지시약인 리트머스 종이의 색깔이 변한 것이죠.

실생활 개념어 활용 문장
유리 세정제에 페놀프탈레인 용액을 떨어트리니까 분홍색이 되었어.

나만의 말로 표현해 보기

화학 32

붉은 양배추 지시약

상위어 지시약, 천연지시약

교과서에서는? 붉은 양배추 지시약을 여러 가지 용액에 떨어뜨리면 용액의 색깔이 다르게 나타납니다.

붉은 양배추 지시약은 붉은 양배추에서 얻은 색소로 만든 용액을 말해요.

붉은 양배추 지시약은 산·염기 지시약으로 이용돼요.

✓ 붉은 양배추 지시약 만드는 방법

❶ 붉은 양배추를 잘게 잘라 비커에 담기

❷ 비커에 60℃ 이상의 뜨거운 물을 붉은 양배추가 잠길 정도로 넣기

❸ 붉은 양배추의 색이 우러난 용액을 식힌 후, 거르기

⚠️ 가위로 붉은 양배추를 자를 때 조심해요!

⚠️ 가열할 때(알코올램프 또는 휴대용 가스레인지 등을 사용할 때) 화상을 입지 않도록 조심해요!

⚠️ 뜨거운 물이 아닌 상온의 물을 넣고, 가열해서 붉은 양배추의 색이 우러나게 할 수도 있어요.

✓ 색 변화

붉은 양배추 지시약은 레몬즙 같은 산성 용액에서는 붉은색 계열의 색깔로 변하고, 석회수 같은 염기성 용액에서는 푸른색이나 노란색 계열의 색깔로 변해요.

오개념 앗, 헷갈리네!

① 붉은 양배추 지시약은 산성 용액에서는 붉은색 계열로, 염기성 용액에서는 푸른색 계열로 변한다?

붉은 양배추 지시약은 염기성 용액에서 용액의 종류에 따라 푸른색이나 노란색, 녹색 등의 다양한 색깔로 변해요.

실생활 개념어 활용 문장	붉은 양배추 지시약으로 이 용액의 성질을 확인해 보자.
나만의 말로 표현해 보기	

화학 **33**

천연지시약

하위어 붉은 양배추 지시약

교과서에서는? 다양한 천연지시약을 이용해 여러 가지 용액을 분류해 봅시다.

천연지시약은 자연에 있는 물질로 만든 지시약을 말해요.

✓ 천연지시약 만드는 방법

❶ **검은콩 지시약** 검은콩을 물에 넣고 가열하기 → 체로 거르기

❷ **장미꽃 지시약** 장미꽃을 작은 크기로 잘라서 물에 넣고 가열하기 → 체로 거르기

❸ **포도 지시약** 포도 껍질을 벗겨서 잘게 찢거나 으깬 후 물에 넣고 가열하기 → 체로 거르기

❹ **비트 지시약** 비트를 작은 크기로 잘라서 물에 넣고 가열하기 → 체로 거르기

❺ **가지 지시약** 가지 껍질을 잘게 찢어서 물에 넣고 가열하기 → 체로 거르기

| 검은콩 | 장미꽃 | 포도 | 비트 | 가지 |

자색 고구마, 블루베리, 체리, 나팔꽃, 붓꽃 등도 천연지시약을 만드는 재료로 이용할 수 있어요. 이러한 식물에는 공통으로 안토시아닌이라는 색소가 포함되어 있어요. 이 색소는 꽃이나 과일이 다양한 색을 나타내는 데 중요한 역할을 해요. 또, 물에 잘 녹기 때문에 천연지시약으로 이용할 수 있어요. 이렇게 만든 지시약에 거름종이 등 얇은 종이를 담근 후 말리면 천연지시약 시험지로 사용할 수 있어요.

🔖 오개념 앗, 헷갈리네!

1 모든 과일은 천연지시약으로 만들 수 있다?

안토시아닌 색소가 포함된 과일이나 채소, 꽃으로 천연지시약을 만들 수 있어요.

실생활 개념어 활용 문장

장미꽃으로 만든 천연지시약을 레몬즙에 넣었더니 색이 더 빨갛게 변했어.

나만의 말로 표현해 보기

관련 단원 6-1. 산과 염기

묽은 염산

상위어 산성 용액 **비교 단어** 묽은 수산화나트륨 용액

교과서에서는? 달걀 껍데기와 삶은 달걀흰자를 묽은 염산이 담긴 비커 두 개에 각각 넣고 변화를 관찰합시다.

묽은 염산은 진한 염산에 물을 넣어서 묽게 만든 용액을 말해요.

☑ 묽은 염산을 만드는 법

염화수소 기체를 물에 녹여서 만든 용액을 염산이라고 해요. 염산은 의약품이나 화학 약품을 만들 때 사용되는 등 다양하게 이용돼요. 과학 실험을 할 때는 진한 염산에 물을 넣어 묽혀서 묽은 염산으로 만들어 사용해요.

☑ 묽은 염산의 특징

묽은 염산은 산성 용액이에요. 그래서 묽은 염산에 달걀 껍데기와 대리석 조각을 넣으면 녹지만, 삶은 달걀흰자와 두부를 넣으면 녹지 않아요.

또한 묽은 염산에 푸른색 리트머스 시험지를 넣으면 붉은색으로 변하고, 붉은 양배추 지시약을 넣어도 붉은색으로 변해요. 하지만 페놀프탈레인 용액을 넣으면 변화가 없답니다.

☑ 묽은 염산을 이용할 때의 주의사항

염산을 독성 물질로 규제하기도 하는데, 염산은 우리 몸에 닿으면 피부를 상하게 하는 등 굉장히 해로워요. 따라서 묽은 염산으로 실험할 때는 반드시 보안경, 마스크, 장갑 등 개인 보호 용구를 착용해야 해요.

실생활개념어 활용문장 **염산** 누출 사고에는 염기성을 띠는 소석회(흰색의 염기성 가루)를 뿌려서 염산이 띠는 산성을 약하게 만들어.

나만의 말로 표현해보기

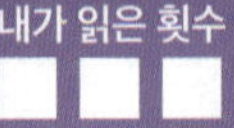

화학 35

산성비, 산성화

비교 단어 산성 용액

교과서에서는? 호수가 산성화되면 물고기가 죽거나 물속 식물이 누렇게 변하는 등 생물에게 큰 피해를 줍니다.

산성비란 강한 산성을 띠는 비를 말하고, 산성화란 물이나 토양 등이 산성으로 변하는 것을 말해요.

☑ 산성비

비는 보통 약한 산성이에요. 그런데 빗물에 대기오염 물질이 섞여 내리면 일반적인 비보다 강한 산성을 띠게 되는데 이를 산성비라고 하죠. 산성비는 우리에게 큰 피해를 줘요. 오래된 건축물이나 역사적인 유물을 부식시키기도(녹이기도) 하죠.

☑ 산성화

❶ 산성화 피해

산성화된 토양에서는 식물과 동물들이 잘 자라지 못해요. 호수가 산성화되면 많은 물고기가 죽고 물속 식물들도 제대로 성장하지 못해요. 마찬가지로 바닷물도 산성화가 되면 바다 생태계가 파괴돼요.

❷ 산성화를 막는 방법

- 오염 물질이 대기로 바로 흘러가지 않도록 공기 정화 장치를 설치해요.
- 공장 폐수나 생활 하수에 정화 시설을 설치해서 산성 물질이 직접 호수나 해양으로 흘러 들어가지 않게 해요.
- 자동차의 배기가스나 화석연료를 태울 때 나오는 물질의 배출량을 줄여요.
- 생활 속에서 천연 세정제를 사용해서 수질 오염을 막는 등 작은 방법부터 실천해요.

오개념 앗, 헷갈리네!

① **산성비는 동물이나 식물에는 해롭지만 사람에게는 괜찮다?**

사람도 산성비를 맞으면 피부나 눈 등에 질병이 생길 수 있어요. 따라서 되도록 산성비를 맞지 않는 것이 좋아요.

실생활 개념어 활용 문장
서울 원각사지 십층 석탑은 대리석으로 만들어졌어. 그래서 산성비 때문에 훼손될 수 있어서 유리 보호 장치를 설치했다고 해.

나만의 말로 표현해보기

관련 단원 6-1. 산과 염기

묽은 수산화나트륨 용액

상위어 염기성 용액   비교 단어 묽은 염산

교과서에서는? 대리석 조각과 두부를 묽은 수산화나트륨 용액이 담긴 비커에 각각 넣고 변화를 관찰합시다.

묽은 수산화나트륨 용액은 수산화나트륨을 물에 녹여서 묽게 만든 용액을 말해요.

☑ 묽은 수산화나트륨 용액을 만드는 법

수산화나트륨은 수증기를 흡수해서 스스로 녹는 성질이 있어요. 따라서 공기와 접촉을 피하도록 마개를 꼭 닫아서 보관해야 해요. 과학 실험을 할 때는 고체 상태의 수산화나트륨을 물에 녹여서 묽은 수산화나트륨 용액으로 만들어 사용해요.

☑ 묽은 수산화나트륨 용액의 특징

묽은 수산화나트륨 용액은 염기성 용액이에요. 그래서 삶은 달걀흰자와 두부는 녹이지만, 달걀 껍데기와 대리석 조각은 녹이지 못해요.

또한 붉은색 리트머스 시험지를 푸른색으로 변하게 하고, 페놀프탈레인 용액의 색깔은 붉은색으로 변하게 하죠. 붉은 양배추 지시약은 푸른색이나 노란색 계열의 색깔로 변하게 해요.

☑ 묽은 수산화나트륨 용액을 이용할 때의 주의사항

수산화나트륨은 단백질을 잘 녹이는 것처럼 다른 물질도 잘 부식시켜요. 따라서 우리 몸에 닿으면 해로워서 실험할 때는 반드시 보안경, 마스크, 장갑 등 개인 보호 용구를 착용해야 해요.

실생활 개념어 활용 문장   묽은 염산에 묽은 수산화나트륨 용액을 넣으면 묽은 염산의 성질이 약해져.

나만의 말로 표현해보기

관련 단원 6-2. 물질의 연소

초(촛불)

비슷한 말 양초

교과서에서는? 촛불의 불꽃을 자세히 관찰하면서 물질이 탈 때 어떤 현상이 나타나는지 알아봅시다.

초는 파라핀과 밀랍을 녹여 다양한 모양으로 만들고 중심에 심지_{불을 붙이기 위해 꽂은 실이나 헝겊}를 넣은 것을 말해요. 촛불은 초에 켠 불을 말해요.

초는 옛날부터 불빛을 내어서 어두운 곳을 밝히는 도구로 사용되었어요.

✓ 초의 상태 변화

초는 환경에 따라 고체, 액체, 기체의 세 가지 상태가 돼요.

초의 중심에 있는 심지에 불을 붙이면 고체였던 초가 녹아요.
액체 상태의 초(촛농)는 심지를 타고 올라가요.
액체 상태의 초(촛농)는 심지의 끝부분에서 기체가 돼요.

✓ 촛불의 색깔과 밝기

촛불을 자세히 관찰하면 위치에 따라 색깔과 밝기가 다른 것을 알 수 있어요.

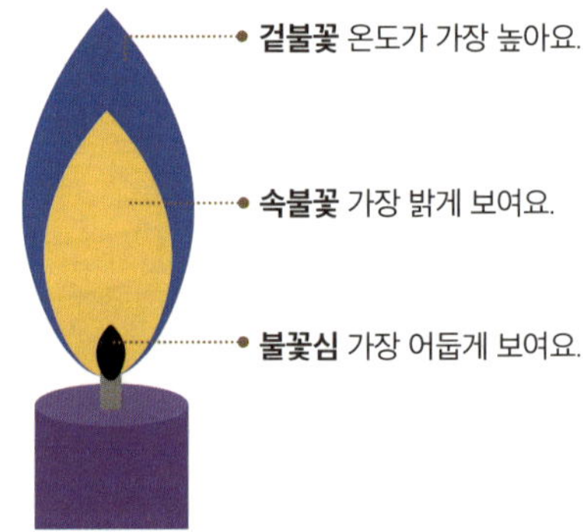

오개념 앗, 헷갈리네!

1 심지가 없는 초에 불을 붙여도 초가 잘 탄다?

심지는 연료가 이동하고 공급하는 것을 도와줘요. 초가 타기 위해서는 기체로 상태가 변해야 해요. 하지만 심지가 없으면 초가 고체에서 액체로는 변해도 액체에서 기체로는 변하기는 힘들어요. 따라서 심지가 없는 초에 불을 붙이면 초가 녹기는 해도 촛불이 타지는 않아요.

실생활 개념어 활용 문장	생일 축하 노래가 끝나자 케이크의 초를 힘껏 불어서 한 번에 촛불을 모두 껐어.
나만의 말로 표현해보기	

관련 단원 6-2. 물질의 연소

탈 물질

교과서에서는? 연소가 일어나려면 탈 물질과 산소가 있어야 하고, 온도가 발화점 이상이 되어야 합니다.

탈 물질은 태웠을 때 빛과 열이 나는 물질을 말해요.

☑ **탈 물질은 불에 탈 수 있는 재료가 돼요.**

고체로 된 탈 물질에는 초, 나무, 숯, 석탄, 종이, 천 등이 있어요.

액체로 된 탈 물질로는 알코올, 휘발유, 경유 등이 있어요.

기체로 된 탈 물질에는 천연가스, 뷰테인 가스, 프로판 가스 등이 있어요.

고체

액체

기체

이처럼 탈 물질을 태우면 공통적으로 빛과 열이 발생해요. 탈 물질이 내는 빛과 열은 어두운 곳을 밝히는 데 쓰이거나 요리나 난방을 하는 데 이용되지요.

오개념 앗, 헷갈리네!

① **탈 물질의 양은 태우기 전과 후가 똑같다?**

초에 불을 붙이면 시간이 지날수록 초의 길이가 짧아져요. 알코올램프에 불을 붙이면 시간이 지날수록 알코올의 양이 줄어들죠. 즉, 탈 물질의 양이 줄어들어요.

실생활 개념어 활용 문장

우리 조상들은 아궁이에서 탈 물질인 나무를 태워서 생기는 열로 방을 따뜻하게 하고 요리도 했어.

나만의 말로 표현해 보기

화학 39
발화점

發 필 발 **火** 불 화 **點** 점 점 불이 피어나는(일어나는) 시점   **비슷한 말** 착화점

교과서에서는? 물질이 타려면 온도가 발화점 이상이 되어야 합니다.

어떤 물질이 불에 직접 닿지 않아도 타기 시작하는 온도를 그 물질의 발화점이라고 해요.

성냥 머리 부분을 성냥갑에 마찰하거나 볼록렌즈로 햇빛을 모으면 직접 불을 붙이지 않아도 물질이 타요. 이때 어떤 물질이 타기 시작하는 온도를 그 물질의 발화점이라고 해요.

물질이 타려면 온도가 발화점 이상이 되어야 해요.

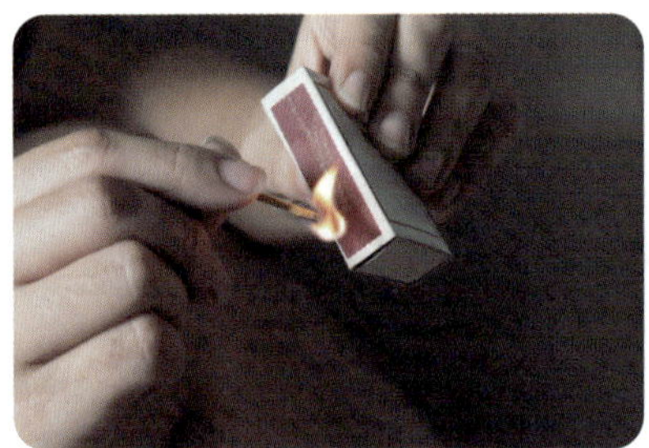

성냥에 불을 붙이는 모습

볼록렌즈로 햇빛을 모아
종이에 불을 붙이는 모습

발화점은 물질마다 달라요. 따라서 초, 종이, 휴지 등의 물질에 불이 붙는 데 걸리는 시간은 모두 다르죠.

오개념 앗, 헷갈리네!

1 어떤 물체에 불을 붙일 때, 어디에 불을 붙이든 발화점은 같다?

발화점은 물질마다 달라요. 한 물체가 여러 물질로 이루어진 경우에는 물질에 따라 불이 잘 붙는 정도도 다르죠. 예를 들어, 성냥의 머리 부분은 발화점이 낮은 물질로 되어 있어서 작은 마찰에도 쉽게 불이 붙어요. 따라서 성냥의 머리 부분이 나무 부분보다 먼저 불이 붙죠.

실생활 개념어 활용 문장 뉴스에 나온 화재는 전기 기구가 발화점에 도달해서 시작되었던 것이었어.

나만의 말로 표현해보기

연소

燃 탈 연 燒 불사를 소 불이 탐, 불이 남 **반대말** 소화(불을 끔)

교과서에서는? 초가 연소한 후에 크기가 줄어든 까닭은 무엇일까요?

연소는 물질이 산소와 빠르게 반응해서 빛과 열을 내는 것을 말해요.

✔ 연소의 조건

연소가 일어나려면 탈 물질과 산소가 있어야 하고, 온도가 발화점 이상이 되어야 해요. 세 가지 조건 중에서 하나라도 없으면 연소가 일어나지 않아요.

✔ 연소 생성물

물질이 연소하면 연소 전의 물질과는 다른 새로운 물질이 만들어져요. 일반적으로 물과 이산화 탄소가 생겨요.

연소 생성물	확인 방법	
물	물이 있는지를 확인할 수 있는 푸른색 염화 코발트 종이를 안쪽에 붙인 투명한 통으로 촛불을 덮기 → 푸른색 염화 코발트 종이가 붉게 변함	
이산화 탄소	촛불을 집기병으로 덮은 후 촛불이 꺼지면 유리판으로 집기병 입구를 막기 → 집기병이 식으면 석회수를 넣고 집기병을 살짝 흔들기 → 무색투명한 석회수가 뿌옇게 변함	

오개념 앗, 헷갈리네!

① 산소가 충분히 있으면 연소는 계속된다?

공기 중의 산소가 충분히 공급되면 탈 물질이 모두 없어질 때까지 연소가 일어나요. 탈 물질이 없어지면 더 이상 연소가 일어나지 않죠.

실생활개념어 활용 문장 초가 연소하면 물과 이산화 탄소로 변하기 때문에 연소 후에는 초의 크기가 줄어들어.

나만의말로 표현해보기

화학 41 소화

消 사라질 소 火 불 화 불을 끔 **반대말** 연소

교과서에서는? 소화 방법은 탈 물질에 따라 다릅니다.

소화는 연소의 세 가지 조건(탈 물질, 산소, 발화점 이상의 온도) 중 한 가지 이상의 조건을 없애서 불을 끄는 것을 말해요.

☑ 연소의 세 가지 조건 없애기

❶ 탈 물질 없애기

촛불을 '후!' 하고 강하게 불면 기체 상태의 초가 입김 때문에 날아가요. 따라서 탈 물질이 없어져서 불이 꺼지게 되죠. 또, 가스레인지 등의 연료 조절 밸브를 잠그면 탈 물질이 더 이상 공급되지 않아 불이 꺼지는 거예요.

❷ 산소 공급 막기

불이 난 곳에 두꺼운 담요나 이불, 모래 등을 덮으면 산소를 막아줘서 불을 끌 수 있어요. 분말 소화기를 뿌리는 것, 알코올램프의 뚜껑을 덮는 것도 산소의 공급을 막는 방법이에요.

❸ 발화점 아래로 온도 낮추기

불이 난 곳에 물을 뿌려 온도를 낮추는 방법이에요. 가장 일반적인 소화 방법이에요.

☑ 소화기 사용 방법

❶ 소화기를 화재가 발생한 곳으로 가져가기
❷ 소화기의 안전핀 뽑기
❸ 바람을 등지고 소화기의 호스가 불 쪽을 향하도록 잡기
❹ 소화기의 손잡이를 움켜쥐며 불을 끄기

오개념 앗, 헷갈리네!

① 불을 끌 때는 항상 물을 뿌리면 된다?

옷, 나무 등에서 화재가 발생하면 물로 불을 끌 수 있어요. 하지만 기름이나 가스로 인한 화재, 전기 누전으로 생긴 화재는 물을 뿌리면 불이 더 크게 번지거나 감전이 될 수 있어서 매우 위험해요. 이때에는 소화기를 사용해야 해요.

실생활 개념어 활용 문장

불이 날 수도 있으니까 집에 꼭 소화기가 있어야 해.

나만의 말로 표현해보기

화학 42

관련 단원 6-2. 물질의 연소

염화 코발트 종이

교과서에서는? 촛불이 꺼지면 푸른색 염화 코발트 종이의 색깔 변화를 관찰합시다.

염화 코발트 종이는 염화 코발트 용액을 종이에 흡수시켜 말려 놓은 것을 말해요.

✅ 염화 코발트 종이의 이용

푸른색인 염화 코발트 종이는 물에 닿으면 붉은색으로 변하는 성질이 있어요. 따라서 물이 있는지 확인하는 데 이용돼요.

<염화 코발트 종이의 색깔 변화>

✅ 염화 코발트 종이의 보관

염화 코발트 종이를 보관할 때는 물기가 없는 건조한 곳에 보관해야 해요.

✅ 염화 코발트 종이를 사용할 때의 주의사항

염화 코발트 종이를 사용하기 전에 색깔을 확인한 후, 붉은색이면 물을 증발시켜서 푸른색으로 만든 다음 사용해야 해요.

오개념 앗, 헷갈리네!

① 물에 닿아 색깔이 붉게 변한 염화 코발트 종이의 색은 되돌릴 수 없다?

헤어드라이어, 촛불, 알코올램프 등을 이용해서 염화 코발트 종이의 물을 증발시키면 다시 푸른색으로 변해요.

| 실생활 개념어 활용 문장 | 염화 코발트 종이를 습기가 많은 곳에 잘못 보관했더니 붉은색으로 색이 변해버렸어. |

| 나만의 말로 표현해보기 | |

생명과학

초등학생을 위한 거의 모든 과학 개념어

생명과학 1

관련 단원 단원 통합

자연

自 스스로 자 **然** 그럴 연 사람과 상관없이 저절로 생긴 것　**비슷한 말** 자연 환경　**반대말** 인공, 인위

교과서에서는? 우리나라는 멸종 위기종을 복원하여 자연으로 돌려보내고 있습니다.

자연은 우리가 주변을 봤을 때 사람이 만들지 않고 지구가 생길 때부터 있었던 것을 의미해요.

자연은 생물살아있는 것과 비생물살아있지 않는 것로 이루어져 있어요. 지구가 처음 만들어질 때 생긴 산과 바다는 비생물이에요. 식물이나 동물과 같은 생물이 처음에 어떻게 만들어졌는지를 알기 위해 과학자들은 지금도 열심히 연구 중이지요.

지구에 처음부터 있던 게 아니고 사람이 만든 것은 '인공적이다' 또는 '인위적이다'라고 표현해요.

생물과 비생물은 모두 중요한 자연의 구성 요소에요. 식물은 비생물인 햇빛과 물을 이용해 산소를 만들고 동물은 이 산소로 숨을 쉬며 살 수 있어요.

생물	새, 물고기, 게, 나비, 나무 등
비생물	햇빛, 흙, 구름, 물, 산, 강, 호수 등

오개념 앗, 헷갈리네!

① 사람이 자연을 통제할 수 있다?

사람은 편리함을 위해 산을 없애기도 하고 강을 땅으로 만들기도 하지요. 그러나 사람이 자연을 통제할 수는 없어요. 과학 기술이 발전해도 태풍, 지진, 산불, 화산 폭발과 같은 자연재해를 없애거나 막지 못해요.

실생활 개념어 활용 문장　우리는 환경을 오염시켜서 아름다운 자연을 파괴하고 있어.

나만의 말로 표현해보기

생명과학 2

관련 단원 단원 통합

생물

生 날 생 物 물건 물 살아있는 것   **비슷한 말** 생명   **반대말** 무생물, 비생물

교과서에서는? 맨눈으로 관찰하기 어려운 작은 크기의 생물을 미생물이라고 합니다.

생물은 우리 주변에 살아있는 모든 것들을 이르는 말이에요.

✅ 생물의 특징

❶ **생물은 세포로 만들어져 있어요.**

세포는 생물을 만드는 가장 작은 단위에요. 세포가 모여 생물을 구성해요.

❷ **생물은 양분을 섭취해 살아가는데 필요한 에너지를 만들고 필요하지 않은 것은 몸 밖으로 내보내요.**

사람은 음식을 먹으면 힘이 나요. 소변과 대변으로 몸에 필요하지 않은 것을 내보내요.

❸ **생물은 자신의 유전정보를 가진 자손을 만들어요.**

식물은 씨앗을, 동물은 알이나 새끼를 통해 자신의 유전정보를 전달해요.

❹ **생물은 살아가면서 몸의 길이나 부피가 성장하고, 모양이나 기능이 변해 성체(어른)가 돼요.**

올챙이는 개구리가 되면서 몸이 커지고 다리가 길어져요. 마지막으로 꼬리도 사라져요.

❺ **생물은 자극에 반응하고 몸을 일정한 상태로 유지해요.**

사람은 뜨거운 것을 만지면 놀라서 손을 떼요. 체온을 유지하기 위해 추우면 옷을 입고 더우면 옷을 벗죠.

❻ **생물은 오랜 시간에 걸쳐 환경에 적응하고 진화해요.**

고래는 아가미가 없지만 한번 물 밖에서 숨을 쉬면 오랫동안 바닷속에서 헤엄칠 수 있도록 적응했어요.

✅ 무생물이란

'무생물'은 흔히 살아있지 않은 것, 또는 생물의 특징을 가지지 않은 거예요. 무생물은 세포로 만들어지지 않았고 먹이를 먹지 않거나 몸속 찌꺼기를 몸 밖으로 내보내지도 않아요. 또한 자손을 만들지 못하고 시간이 흘러도 몸의 길이나 크기의 변화가 없어요. 무생물은 주변 자극에 반응하지 않고 환경에 따라 적응하지도 않죠.

오개념 앗, 헷갈리네!

1 **바위는 죽은 것이다?**

죽었다는 것은 살아있던 생물이 더 이상 살지 못하게 된 상태를 의미해요. 무생물인 바위는 처음부터 생명을 가졌던 적이 없으므로 죽었다고 하지 않아요.

2 **생물은 죽어도 생물이다?**

생물이 죽으면 무생물이 돼요. 생물인 나무를 잘라서 종이를 만들면 무생물인 종이가 되는 거예요.

실생활 개념어 활용 문장   돌멩이는 아픔을 느끼지 못하는 무생물이지만 함부로 차면 안 돼.

나만의 말로 표현해보기

생명과학 **3** 관련 단원 단원 통합

생물의 분류

교과서에서는? 다양한 생물은 우리 생활에 이로운 영향뿐만 아니라 해로운 영향도 줍니다.

생물은 쉽게 동물과 식물로 분류할 수도 있지만 과학자들은 생물을 크게 다섯 가지로 구분해요.

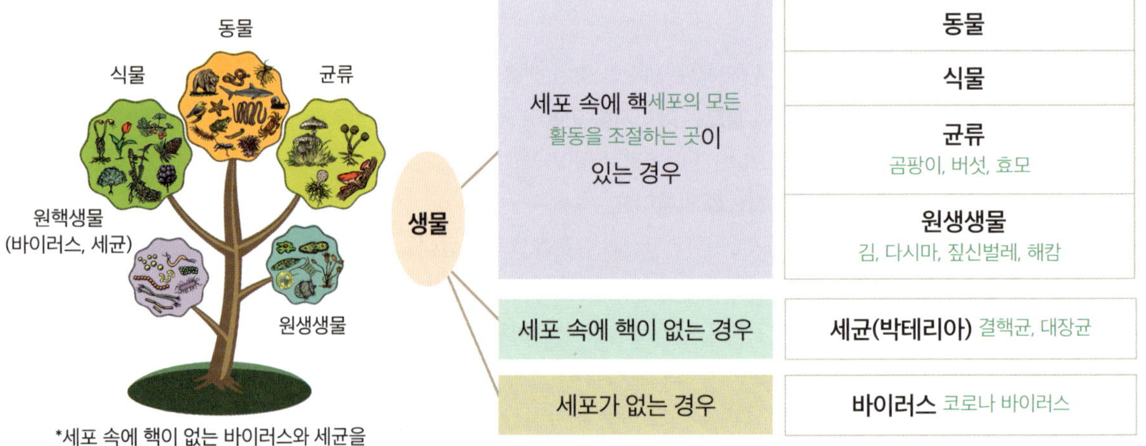

*세포 속에 핵이 없는 바이러스와 세균을 원핵생물이라고 구분하기도 해요.

오개념 앗, 헷갈리네!

① **버섯은 식물이다?**
버섯은 스스로 양분을 만들지 못하기 때문에 식물이 아닌 균류예요.

② **김과 다시마는 식물이다?**
김과 다시마는 식물과 비슷하게 생긴 원생생물이에요.

③ **산호는 식물이다?**
산호는 촉수로 먹이를 찔러 사냥하는 동물이에요.

④ **바닷속에 사는 해파리, 오징어, 문어는 물고기다?**
해파리와 오징어, 문어는 어류(물고기)가 아니에요. 해파리는 촉수로 먹이를 잡아먹는 자포동물(촉수 안에 '자포'라는 기관이 있음)이고, 오징어와 문어는 연체동물(뼈가 없어 몸이 부드러움)이에요.

⑤ **세균과 균류는 비슷하다?**
세균(박테리아)은 매우 작은 하나의 세포로 이루어져 있어서 눈으로 볼 수 없어요. 하지만 버섯이나 곰팡이 같은 균류는 여러 개의 세포로 이루어져 있어 눈으로 관찰할 수 있지요.

실생활 개념어 활용 문장
생물의 분류는 기준을 무엇으로 하느냐에 따라 달라질 수 있어.

나만의 말로 표현해보기

4

관련 단원 3-1. 동물의 생활

동물

상위어 생물　**비교 단어** 식물, 균류, 원생생물, 세균, 바이러스

교과서에서는? 동물에 따라 암수가 하는 역할이 다양합니다.

동물은 여러 개의 세포로 만들어졌고 다른 생물들로부터 살아갈 양분을 얻어요.

동물은 사는데 필요한 양분을 스스로 만들지 못하고 다른 생물들로부터 영양분을 얻기 때문에 '생태계의 소비자'라고 불려요. 동물은 우리가 가장 흔하게 많이 보고 친근하게 생각하는 생물이에요. 사람도 동물이고 사람들의 소중한 친구인 반려동물(개, 고양이, 토끼, 금붕어 등)도 동물이지요.

동물들은 다양한 환경에 살아요. 땅 위나 땅속, 물속에서 살기도 하고 하늘을 날기도 하죠. 우리는 주변에서 자유롭게 움직이는 동물들을 쉽게 볼 수 있어요. 그러나 아주 느리게 움직이거나 안 움직이는 것처럼 보이는 동물도 있죠.

오개념 앗, 헷갈리네!

① **산호는 식물이다?**

동물은 움직이는 생물이고 식물은 움직이지 못하는 생물이라고 흔히들 착각해요. 산호는 다른 동물들처럼 움직이지 못해도 주로 물속의 작은 동물성 플랑크톤이나 식물성 플랑크톤에게서 양분을 얻기 때문에 동물이에요.

실생활 개념어 활용 문장	내가 제일 좋아하는 동물은 토끼야.
나만의 말로 표현해보기	

생명과학
5

동물의 분류

교과서에서는? 동물을 연구하는 과학자들은 동물을 관찰하고 특징에 따라 분류합니다.

과학자들은 동물을 분류할 때 척추(등뼈)가 있는지 없는지를 기준으로 삼아요.

✅ 동물을 분류하는 다양한 방법

☆ 동물을 분류하는 기준은 아직 복잡하고 어렵게 느껴질 수 있어요. 어떤 생물이 동물인지 아닌지 헷갈리거나 동물 중에 어떤 특징을 가졌는지 궁금하면 이 표의 예시를 보고 확인해 보아요.

❶ 동물은 등뼈가 있는지 없는지에 따라 구분할 수 있어요.

등뼈가 있는 동물	등뼈가 없는 동물
- 아가미로 숨 쉬는 어류(곰장어, 상어, 참치 등) - 물과 땅에서 살 수 있는 양서류(개구리, 두꺼비, 도룡뇽 등) - 피부에 비늘이 난 파충류(뱀, 도마뱀, 거북이, 악어 등) - 날개가 달린 조류(닭, 비둘기 등) - 새끼에게 젖을 먹이는 포유류(캥거루, 고양이, 사람 등)	- 산호, 말미잘, 해파리 - 달팽이, 조개, 문어 - 기생충, 플라나리아 - 지렁이, 거머리 - 게, 거미, 지네, 곤충 - 불가사리, 성게, 해삼

❷ 동물은 체온이 주변 환경에 따라 변하는지 일정한지에 따라 구분할 수 있어요.

주변 온도에 따라 몸의 온도가 변하는 동물	몸의 온도를 일정하게 유지할 수 있는 동물
등뼈가 없는 동물 모두, 어류, 양서류, 파충류	조류, 포유류

❸ 등뼈가 있는 동물은 물속에서 아가미로 숨 쉬는 동물과 육지에서 폐로 숨을 쉬는 동물로 구분할 수 있어요.

아가미로 숨을 쉬는 동물	아가미와 폐로 숨 쉬는 동물	폐로 숨 쉬는 동물
어류	양서류(양서류는 어릴 때는 물속에서 아가미로 숨을 쉬고, 커서 성체(어른)가 되면 폐로 숨을 쉬어요.)	파충류, 조류, 포유류

오개념 앗, 헷갈리네!

1 **새는 공룡이다?**

옛날에는 공룡이 진화해 시조새가 되고 지금의 새로 진화했다고 믿었어요. 최근에 과학자들이 새와 공룡의 공통점에 대해 연구하다가 공룡이 진화해서 새가 된 게 아니라 새가 멸종하지 않고 살아남은 공룡이라는 것을 발견했어요. 새는 두 발로 걸어 다니는 공룡(수각류 공룡) 중의 한 종류가 멸종하지 않고 지금까지 살아남은 거래요. 새가 공룡이라는 사실이 밝혀지면서 파충류와 조류를 모두 포함하는 석형류라는 새로운 분류군이 생겼어요.

실생활 개념어 활용 문장 수산시장에 가면 바닷속에 사는 무척추동물과 척추동물을 확인할 수 있어.

나만의 말로 표현해 보기

 생명과학 **6**

식물

상위어 생물 **하위어** 나무, 풀 **비교 단어** 동물, 균류, 원생생물, 세균, 바이러스

교과서에서는? 식물은 뿌리, 줄기, 잎, 꽃, 열매의 특징에 따라 분류할 수 있습니다.

식물은 여러 개의 세포로 만들어진 땅에 사는 생물로 광합성 식물이 빛과 이산화 탄소, 물로 영양분을 만드는 과정 **을 통해 살아가는 데 필요한 양분을 스스로 만들어요.**

식물의 가장 큰 특징은 빛을 받으면 이산화 탄소와 몸속의 물을 이용해 생존에 필요한 에너지를 스스로 만드는 광합성을 한다는 거예요. 생존에 필요한 양분을 스스로 만들기 때문에 '생태계의 생산자'라고 불려요. 식물은 가지고 있는 기관에 따라 네 가지로 구분돼요.

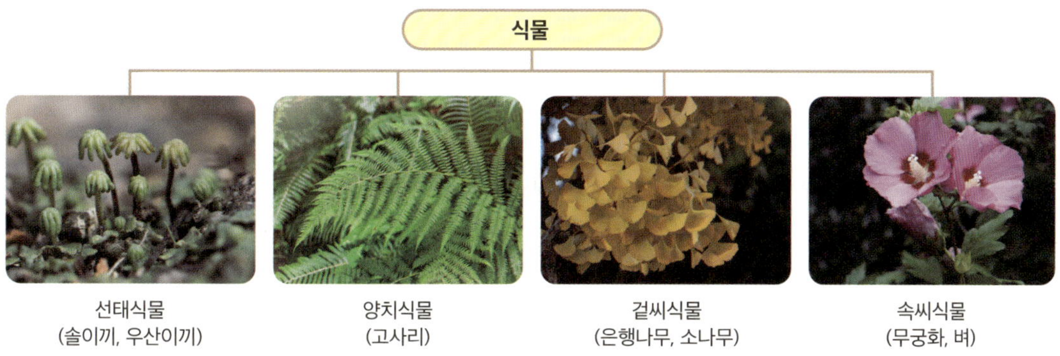

대부분 식물은 뿌리, 줄기, 잎, 꽃, 열매로 구성되어 있어요. 그리고 식물은 씨앗과 포자 씨앗을 못 만드는 식물이 만드는 생식세포 로 번식해요.

오개념 앗, 헷갈리네!

① 식물은 못 움직인다?

대부분 식물은 뿌리를 내리고 한 곳에서 오래 살기 때문에 움직이지 못한다고 생각해요. 그러나 움직이는 식물도 있어요. 미모사의 잎을 만지면 바로 잎이 접혀요. 파리지옥은 잎 속에 곤충이 들어오면 잎을 닫아 곤충을 잡아요. 워킹팜이라는 나무는 햇빛을 향해 뿌리를 1년에 최대 20cm 이동하기도 해요.

실생활 개념어 활용 문장 소나무는 겉씨식물로 솔방울의 비늘잎 밑부분에 씨앗이 있는 걸 확인할 수 있어.

나만의 말로 표현해보기

균류

상위어 생물   하위어 곰팡이, 버섯   비교 단어 동물, 식물, 원생생물, 세균, 바이러스

교과서에서는? 곰팡이와 버섯 같은 생물을 균류라고 합니다.

균류는 여러 개의 세포로 만들어진 생물로 가는 실처럼 생긴 몸으로 양분을 흡수해요.

균류의 몸은 가는 실처럼 생긴 균사로 이루어져 있는데 이 실들이 여러 개가 얽힌 균사체(균사 덩어리)에 닿는 먹이의 양분을 흡수해요. 균류는 다른 생물에 나쁜 영향을 미치기도 하지만 도움을 주기도 해요.

균류는 나뭇잎이나 동물의 배설물과 죽은 생물을 분해해 환경으로 다시 돌려보내기 때문에 '생태계의 분해자'라고 불려요. 균류가 없다면 이 세상은 금방 생물들이 살 수 없는 곳으로 변할 거예요. 균류가 진화해서 광합성을 하는 식물이 된 거예요.

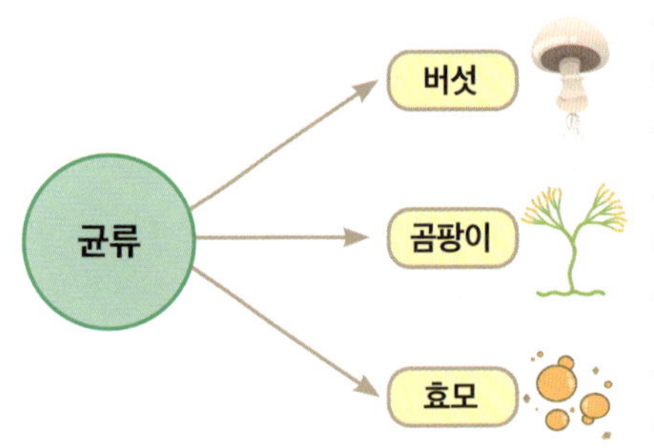

버섯 — 땅속에 균사가 생겨 균사체가 되면 땅 위로 버섯이 생겨 번식해요.
따뜻하고 습기가 많은 축축한 곳에서 잘 자라요.
씨앗이 아닌 포자(홀씨)로 번식해요.

곰팡이 — 균사로 영양분을 흡수해요.
따뜻하고 습기가 많은 축축한 곳에서 잘 자라요.
씨앗이 아닌 포자(홀씨)로 번식해요.

효모 — 하나의 세포로 만들어졌고 균사가 없어요.
따뜻한 곳에서 잘 자라요.

균류가 좋은 영향을 주는 경우	균류가 나쁜 영향을 주는 경우
- 푸른곰팡이로 페니실린(항생제)을 만들어 세균에 감염된 사람에게 주면 건강해져요. - 효모로 발효식품(김치, 포도주, 된장, 요구르트, 치즈)을 만들어요. - 송로버섯(트러플)은 음식을 더욱 맛있게 만들어요.	- 옷이나 가구에 곰팡이가 생기면 망가져요. - 식물에 곰팡이가 생기면 시들어 죽어요. - 효모나 곰팡이에 감염된 동물은 몸이 아파요. - 곰팡이가 핀 음식을 먹으면 아플 수 있어요. - 벽에 곰팡이가 피면 사람들의 건강이 나빠져요.

오개념 앗, 헷갈리네!

① **버섯은 식물이다?**

버섯은 스스로 양분을 만들지 못하기 때문에 식물이 아닌 균류예요. 옛날에는 균류가 진화 수준이 낮은 식물이라고 생각했지만, 과학자들의 연구를 통해 균류는 광합성을 하지 못하며 식물과는 다르다는 게 밝혀졌어요.

실생활 개념어 활용 문장   블루치즈의 파란 부분은 푸른곰팡이의 균사체야.

나만의 말로 표현해보기

생명과학 **8**

관련 단원 4-1. 다양한 생물과 우리 생활

원생생물

原 근원 원 生 날 생 아직 진화하지 못하고 발생한 그대로의 상태 **상위어** 생물

비교 단어 동물, 식물, 균류, 세균, 바이러스 **교과서에서는?** 짚신벌레와 해캄 같은 생물을 원생생물이라고 합니다.

원생생물은 세포 속에 핵이 있는 생물 중 식물, 동물, 균류가 아닌 모든 생물을 말해요.

먼 옛날, 원생생물이 진화해 균류, 식물, 동물이 되었어요. 그래서 원생생물에는 동물과 식물을 닮은 다양한 생물들이 있어요. 서로 비슷해 보이지 않는 원생생물의 공통점은 세포 안에 핵 세포의 모든 활동을 조절하는 동그란 구조 이 있다는 거예요.

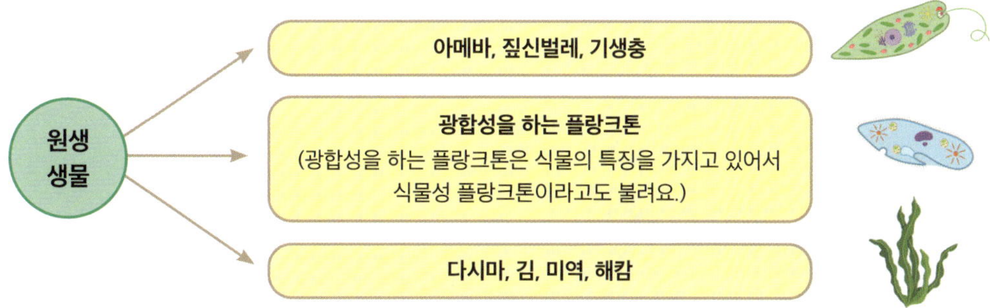

대부분의 원생생물은 세포 하나(단세포)로 만들어져 있어요. 그런데 다시마와 김 같은 해조류는 여러 개의 세포로 만들어진 다세포 원생생물로 다른 원생생물보다 훨씬 구조가 복잡해요.

오개념 앗, 헷갈리네!

① 짚신벌레는 곤충이다?

벌레라는 이름 때문에 곤충이라고 착각할 수 있지만 짚신벌레는 원생생물이에요. 곤충(동물)이 아니에요.

② 플랑크톤은 식물성 플랑크톤과 동물성 플랑크톤이 있다?

플랑크톤은 물 위를 떠다니는 작은 생물들을 부르는 말이에요. 이 세상에는 수많은 플랑크톤이 있어요. 플랑크톤은 광합성을 해서 스스로 영양분을 만드는 식물성 플랑크톤과 먹이를 잡아먹는 동물성 플랑크톤, 세균성 플랑크톤 세 가지가 있어요. 크릴새우나 만화 <스폰지밥>에 나오는 플랑크톤은 동물성 플랑크톤이에요.

③ 다시마, 김, 미역은 식물이다?

우리가 즐겨 먹는 다시마, 김, 미역은 바닷속에 사는 다세포 원생생물이에요. 과학자들에 의하면 이런 해조류가 진화해 지금의 식물이 되었다고 해요. 그래서 해조류는 식물과 비슷한 점이 많아요.

실생활 개념어 활용 문장
조류는 동물인 새를 의미하기도 하지만 미역과 같은 원생생물을 의미하기도 해.
밀물, 썰물도 조류라고 불러.

나만의 말로 표현해보기

생명과학
9

세균 (박테리아)

상위어 생물　　**비교 단어** 동물, 식물, 균류, 원생생물, 바이러스

교과서에서는? 세균은 균류나 원생생물보다 크기가 더 작고 생김새가 단순한 생물입니다.

세균은 세포 속에 핵이 없는 생물을 의미해요.

세균은 우리 주변 어디에나 있어요. 심지어 다른 생물들이 살지 못하는 극한의 환경에서도 살고 있지요. 우리의 입과 손에도 우주의 별만큼 많은 세균이 살고 있어요. 세균은 매우 작아서 맨눈으로는 관찰하기 어려워 현미경을 이용해야 볼 수 있어요. 세균은 한 개의 세포로 만들어진 단세포 생물로, 세포 안에 핵이 없어요. 세균은 다른 생물에게 이로운 물질을 만들기도 하지만 병에 걸리게 할 수도 있죠. 세균은 감염병의 원인 중 하나에요.

사람의 몸에 좋은 영향을 미치는 세균	감염병의 원인이 되는 세균
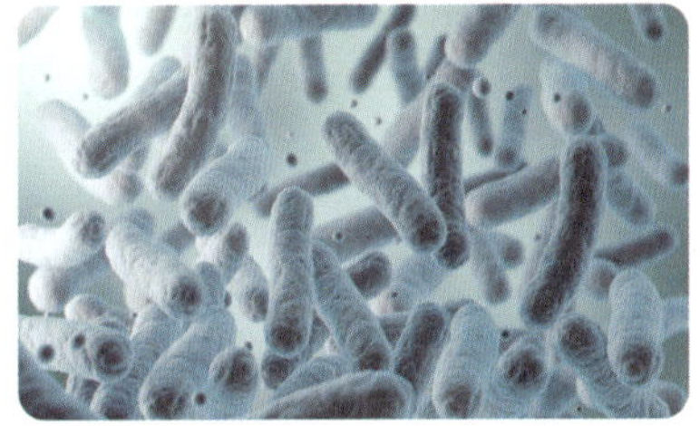	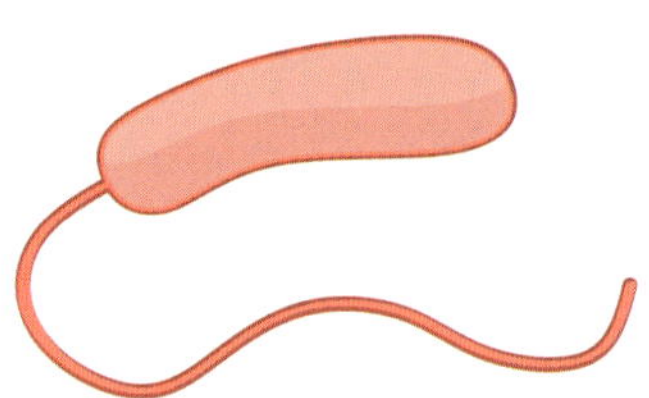
유산균을 섭취하면 장에 사는 나쁜 균이 잘 살지 못하고 좋은 균이 많아진다고 해요.	콜레라균에 감염되면 구토와 설사를 계속하게 돼요.

오개념 앗, 헷갈리네!

① 세균은 인간에게 나쁘다?

인간을 아프게 하는 세균들이 많지만 인간에게 유익한 활동을 하는 세균들도 있어요. 인간에게 좋은 물질을 만드는 세균들을 '유산균'이라고 불러요. 우리가 먹는 치즈나 요구르트는 유산균을 이용해 만든 건강식품이에요.

② 세균으로 인한 질병은 예방을 못 한다?

외출할 때 마스크 쓰기, 외출 후에 손과 몸을 깨끗이 씻기, 밥 먹기 전에 손 씻기 등 위생 수칙을 잘 지키면 질병을 예방할 수 있어요.

③ 세균이랑 바이러스는 같다?

세균과 바이러스는 인간의 몸을 아프게 해서 똑같다고 생각할 수 있지만, 바이러스는 세포 없이 다른 생물에게 기생해서 살기 때문에 세포를 가진 세균과 달라요. 헷갈리면 세균은 영어로 박테리아(bacteria)라는 것을 기억해요.

실생활 개념어 활용 문장　세균은 눈에 보이지 않지만 살아있는 생물이야.

나만의 말로 표현해보기

관련 단원 3-2. 감염병과 건강한 생활

바이러스

상위어 생물

비교 단어 동물, 식물, 균류, 원생생물, 세균

바이러스는 세포가 없지만 생물의 특징을 가져서 생물과 무생물의 중간으로 구분돼요.

바이러스는 옛날에는 무생물로 분류되었으나 최근에 '비세포성 생물'이라고 정의되며 생물로 인정받았어요. '비세포성 생물'은 세포가 없지만 생물의 특징을 가졌다는 뜻이에요. 그래서 바이러스는 생물과 무생물의 중간인 '반생물'로 구분되기도 해요. 과거에는 왜 바이러스가 무생물이라고 생각했을까요? 바이러스는 혼자서 살 수 없고 다른 생물의 세포 속에 기생 스스로 살지 못하고 다른 생물에 의지해 생활함해야 살 수 있어요. 다른 생물처럼 살기 위해 먹이를 먹지도 않고, 시간이 지나도 몸이 커지지 않아요. 그러나 바이러스는 환경해 적응해 번식하고 진화하기 때문에 생물의 특징을 가져요.

바이러스는 매우 작아서 현미경을 이용해야 볼 수 있고 세균보다도 작아요. 바이러스는 동물, 식물, 원생생물, 균류, 세균과 같이 살아있는 모든 생물의 세포에 기생하고, 심지어 큰 바이러스 안에 작은 바이러스가 기생하기도 해요. 생물 속에 바이러스의 수가 많아지면, 즉 감염된 생물들은 병에 걸리거나 심하면 죽기도 해요. 바이러스는 세균처럼 감염병의 원인이 되지요.

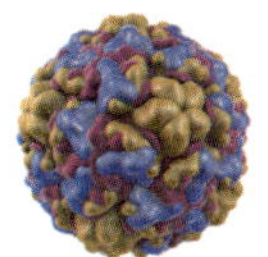

감기 바이러스
리노 바이러스가 대표적. 종류가
200가지가 넘어 백신으로 예방 어려움.

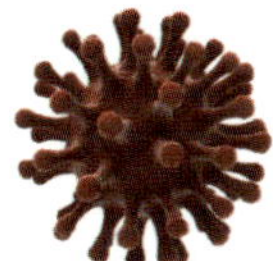

코로나바이러스
'왕관'이라는 뜻으로
감기 바이러스의 한 종류

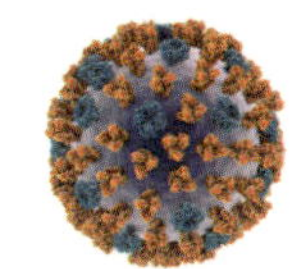

독감(인플루엔자) 바이러스
A, B, C, D
네 가지 종류가 존재함.

오개념 앗, 헷갈리네!

[1] 바이러스와 세균만 미생물이다?

생물 분류와 상관없이 눈에 보이지 않는 작은 생물들, 즉 바이러스·세균·효모·곰팡이를 통틀어 미생물이라고 불러요. 이런 미생물들은 동물이나 식물을 병들게 하기도 하지만 약이나 음식을 만드는 데 유용하게 쓰이기도 해요. 눈에 보이지 않는 작은 생물 중에 세포가 없고 다른 생물에 기생하면 바이러스, 세포는 있지만 핵이 없으면 세균, 단세포에 핵이 있으면 효모, 다세포에 균사가 있으면 곰팡이랍니다.

[2] 독감은 독한 감기다?

감기와 독감은 전혀 다른 질병이에요. 감기는 200가지가 넘는 다양한 바이러스에 의해서 걸리지만 목숨을 잃는 경우는 거의 없어요. 독감은 인플루엔자 바이러스에 의해 걸리며 심하면 사람이 죽을 수도 있어요. 감기는 영어로 콜드(cold), 독감은 인플루엔자(influenza) 혹은 플루(flu)라고 외우면 다르다는 걸 쉽게 기억할 수 있어요.

실생활 개념어 활용 문장
코로나바이러스에 걸렸다면 감기에 걸렸다고 할 수 있지만 독감에 걸렸다고 할 수는 없어.

나만의 말로 표현해보기

생명과학 **11**

관련 단원 6-1. 식물의 구조와 기능

세포

상위어 기관

교과서에서는? 모든 생물은 세포로 이루어져 있습니다.

세포는 생물을 만드는 가장 작은 단위를 말해요.

세포는 모든 생명의 시작이에요. 세포가 진화하고 종류가 다양해지면서 우리가 아는 다양한 생물들이 생겨났어요. 아주 옛날, 세포 안에는 핵이 없었어요. 그러다 어느 순간 세포 안에 핵이 생기면서 지구 생물들은 더 다양해지고 환경 변화에도 잘 적응할 수 있게 되었어요. 모양과 크기가 다른 세포들은 하는 일도 달라요. 우리 몸인 인체만 살펴보아도 다양한 세포들이 모여 있답니다.

세포막은 세포를 둘러싸고 있는데, 세포 밖에서 세포 안으로 물질이 이동하게 도와주기도 하고 세포를 보호하기도 해요. 세포의 핵 속에는 유전정보생물의 모습과 성질을 결정하는 요소가 들어있어요. 이 유전정보가 동물이나 식물이 어떤 모양과 색을 가지는지 등의 특징을 알려줘요. 동물세포는 세포막과 핵으로 만들어져 있고, 식물세포는 핵과 세포막, 세포벽, 엽록체로 만들어져 있어요.

✅ 식물세포와 동물세포의 특징

현미경으로 보는 식물세포

식물세포와 동물세포

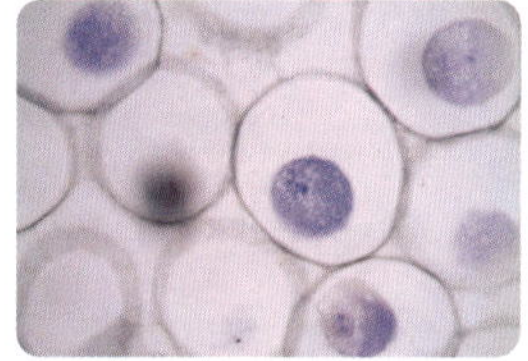

현미경으로 보는 동물세포

공통점	식물세포와 동물세포는 모두 핵과 세포막이 있어요. 작아서 현미경으로 봐야 볼 수 있어요.
차이점	식물세포는 세포벽(식물세포를 보호하는 단단한 벽)과 엽록체(광합성을 하는 곳)가 있어요.

오개념 앗, 헷갈리네!

① **세포는 눈으로 볼 수 없다?**

대부분의 세포는 매우 작아서 눈으로 볼 수 없어요. 그러나 세포는 크기가 다양하기 때문에 눈으로 볼 수 있는 세포도 있어요. 조류(새)의 알은 우리가 눈으로 볼 수 있는 세포로, 타조알은 세상에서 가장 큰 세포예요.

② **모든 세포는 핵을 가지고 있다?**

세균은 핵이 없고 유전정보가 세포 속을 둥둥 떠다녀요. 그렇지만 세균보다 복잡하고 진화한 생물인 원생생물, 균류, 동물, 식물은 모두 핵 속에 유전정보가 있어요.

실생활 개념어 활용 문장	현미경으로 식물을 관찰하면 여러 개의 세포가 뭉쳐져 있는 것을 볼 수 있어.
나만의 말로 표현해보기	

생명과학 **12**

암수

비슷한 말 암컷과 수컷, 암술과 수술   **비교 단어** 암수한몸(자웅동체)

교과서에서는? 다 자란 동물은 암수가 짝짓기하여 암컷이 새끼를 낳습니다.

대부분의 생물은 암(암컷)과 수(수컷)의 두 가지 성(性)으로 구분해요.

남자와 여자가 아기를 만들듯이, 생물학적으로 암과 수라는 두 개의 성을 가진 동물과 식물이 짝을 만나 자손을 만들어요. 암수가 가진 유전정보가 만나 새로운 유전정보를 가진 자손을 만들죠.

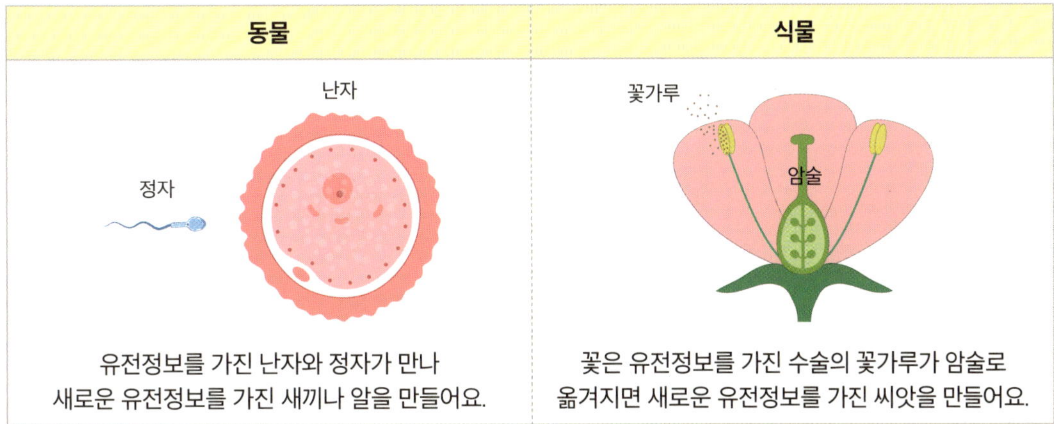

이렇게 서로 다른 성을 가진 두 생물이 만나 자손을 만드는 것을 '유성생식'이라고 해요. 성이 없는 생물이 혼자 자손을 만드는 것은 '무성생식'이라고 불러요.

오개념 앗, 헷갈리네!

① 모든 생물은 암수가 구별된다?

대부분 생물은 암수가 구별되지만 몇몇 생물들은 성이 구별되지 않기도 해요. 성이 하나뿐인 생물을 '암수한몸(자웅동체)'이라고 불러요. 암수한몸인 생물은 몸 안에 암컷의 신체적 특징과 수컷의 신체적 특징을 동시에 가지고 있어요. 달팽이와 지렁이가 대표적인 암수한몸인 생물이에요.

실생활 개념어 활용 문장   사자는 암수의 생김새가 달라서 쉽게 구분할 수 있어.

나만의 말로 표현해보기

자손

子 아들 자 **孫** 손자 손　아들, 딸과 그들이 낳은 아기를 모두 포함하는 말　**비슷한 말** 새끼, 알, 포자, 씨앗

교과서에서는? 생물은 각 서식지 환경에서 살아남기에 유리한 특징을 지녀야 자손을 남길 수 있습니다.

생물은 자신을 닮은 자손을 퍼뜨려 자기 종족 자신과 같은 종류의 생물**이 지구에서 사라지지 않고 계속 있도록 유지해요.**

동물은 알이나 새끼를 낳고, 식물은 포자 씨앗을 못 만드는 식물이 만드는 생식세포나 씨앗을 만들어요. 균류는 포자를 만들죠.

새끼를 낳는 동물	알을 낳는 동물	씨앗을 만드는 식물	포자를 만드는 식물과 균류
젖을 먹이는 포유류(개)	날개가 달린 조류(닭) 피부에 비늘이 난 파충류(뱀) 물과 땅 위에서 살 수 있는 양서류(개구리) 아가미로 숨 쉬는 어류(연어) 몸이 딱딱하고 마디가 있는 절지동물(게, 거미, 지네, 곤충)	나무와 풀	이끼와 고사리 버섯과 곰팡이

✅ 부모와 자손의 생김새

부모와 자손이 닮은 생물도 있고 부모와 자손이 닮지 않은 경우도 있어요. 새끼 고양이와 다 큰 고양이는 크기는 다르지만 겉모습은 비슷해요. 알에서 갓 나온 애벌레는 날개가 없지만 다 큰 호랑나비는 날개가 있어요. 특히 나비처럼 완전탈바꿈 알-애벌레-번데기 단계를 거쳐 어른이 되는 것을 하는 곤충은 부모와 자손의 모습이 전혀 다른 경우가 많아요.

오개념 앗, 헷갈리네!

① 포유류는 알을 낳지 않는다?

어류, 양서류, 파충류와 조류는 알을 낳고 포유류는 보통 새끼를 낳아 젖을 먹여요. 그러나 예외인 동물도 있어요. 포유류인 오리너구리와 바늘두더지는 알을 낳고 알에서 나온 새끼에게 젖을 먹여요.

실생활 개념어 활용 문장　우리가 먹는 열매는 식물들이 **자손**을 남기는 방법 중 하나야.

나만의 말로 표현해보기

관련 단원 3-1. 생물의 한살이

번식

繁 번성할 번 殖 불릴 식 수가 많아지고 늘어남.　**비슷한 말** 생식

교과서에서는? 생물은 각자의 서식지에서 양분을 얻고 번식하며 살아가고 있습니다.

번식은 생물이 자기 자손의 수를 유지하거나 늘려 널리 퍼져나가는 것을 의미해요

동물의 번식은 짝짓기하고 새끼나 알을 낳고 어린 동물을 키우는 과정을 포함해요. 식물의 번식은 수분꽃가루가 암술에 옮겨 붙은 일과 열매를 맺는 과정, 씨앗이나 포자(홀씨)를 널리 퍼뜨리는 과정도 포함해요. 곰팡이가 많이 펴서 음식 위에 가득 퍼지는 것도 번식이고, 바이러스나 세균에 의한 질병이 퍼져나가는 감염병도 번식이에요. 생물의 한살이세상에 태어나서 죽을 때까지의 동안 과정에서 자손을 남기는 번식을 하지 못하면 자손의 수가 줄고 나중에는 멸종해 이 지구에서 사라질 수도 있어요. 특정 생물의 자손이 수가 많으면 많을수록, 더 먼 곳까지 퍼져 살아갈수록 그 생물이 멸종하지 않고 오래 살아갈 확률이 높아져요.

✅ 유성생식과 무성생식

번식은 유성생식과 무성생식이 있어요. 유성생식은 암과 수의 유전정보가 합쳐져 새로운 유전정보를 가진 자손을 만드는 거예요. 무성생식은 생물이 혼자 자신과 똑같은 유전정보를 가진 자손을 만드는 거죠.

유성생식	암수 두 개의 성을 가진 생물 간에 이루어지는 번식 방법이에요. 암수의 유전정보를 합쳐 새로운 유전정보를 가진 자손을 만들어요. 부모와 조금씩 다른 유전정보를 가진 자손은 다양한 환경에 잘 적응해요.
무성생식	성이 없는 생물이 혼자서 스스로 하는 생식 방법이에요. 자기 자신과 똑같은 유전정보를 가진 자손이 생겨요(복제). 빠른 시간에 많은 자손을 만들 수 있지만 약점이 똑같아서 다양한 환경에 잘 적응하지 못해요.

오개념 앗, 헷갈리네!

① 바이러스는 번식하지 않는다?

바이러스는 생물의 특징을 모두 가지고 있지 않지만 번식하기 때문에 생물로 인정받았어요. 바이러스는 혼자 살지 못하고 다른 생물에 기생하기 때문에 바이러스가 번식하려면 다른 생물이 필요해요. 한 생물에서 다른 생물에게 바이러스가 옮겨 가는 것이 바이러스의 번식 방법(전염)이에요.

② 포자는 무성생식으로만 번식한다?

포자로 번식하는 우산이끼는 유성생식과 무성생식을 모두 할 수 있어요. 포자를 만드는 암그루와 수그루 두 가지 성이 있는데, 암그루에서 만든 포자가 수그루와 만나면 유성생식이 돼요. 하지만 암그루가 혼자 만든 포자를 멀리 퍼뜨리는 무성생식을 주로 해요.

실생활 개념어 활용 문장　모든 생물은 이 지구에서 번식하기 위해 노력해.

나만의 말로 표현해보기

관련 단원 3-1. 생물의 한살이

수분(꽃가루받이)

受 받을 수 **粉** 가루 분 꽃가루를 받음.　**비슷한 말** 수정

교과서에서는? 꽃가루받이는 곤충, 새, 바람, 물 등의 도움으로 이루어집니다.

수술에서 만들어진 꽃가루가 암술에 붙는 것을 수분이라고 해요.

꽃은 수분(꽃가루받이)을 통해 씨앗을 만들어요. 다른 꽃의 꽃가루가 암술에 붙기도 하고 한 송이 꽃 안에 같이 있는 수술의 꽃가루가 암술에 붙기도 해요.

✓ 다양한 수분 방법

바람이 도와주는 식물	물이 도와주는 식물	곤충이 도와주는 식물 (벌, 나비, 나방)	새가 도와주는 식물 (동박새, 벌새)
- 꽃가루를 많이 만들어 내요. - 꽃가루가 가볍고 잘 날려요.	- 꽃가루가 물 위나 물속을 떠다니다가 암술에 붙어요.	- 꽃에 꿀이 있고 향기가 달콤해요. - 꽃의 색과 모양이 화려해요.	- 꽃이 크고 화려해요. - 새들이 꿀을 빨기 쉬운 구조예요.
소나무, 밤나무, 은행나무, 벼	나사말, 부레옥잠, 연꽃	장미, 민들레, 사과	바나나, 파인애플, 선인장, 동백나무

오개념 앗, 헷갈리네!

1 수분은 자연적으로만 일어난다?

사람도 식물의 수분이 잘 일어날 수 있도록 도와줄 수 있어요. 이렇게 사람이 수분을 도와주는 것을 '인공수분'이라고 불러요. 옛날에는 붓에 꽃가루를 묻혀 사람이 직접 꽃가루를 옮겼는데, 요즘에는 인공지능을 활용한 꽃가루받이 로봇을 사용하기도 해요.

실생활 개념어 활용 문장

모든 꽃이 화려하고 예쁜 것은 아니야. 곤충이나 새가 수분을 도와주는 꽃들이 다른 꽃들보다 더 화려하고 예뻐.

나만의 말로 표현해보기

생명과학 **16**

관련 단원 3-1. 생물의 한살이

한살이

비슷한 말 일생, 생애, 평생

교과서에서는? 배추흰나비의 한살이를 관찰합시다.

한살이는 동물이나 식물이 태어나 성장하고 자손을 남기고 죽는 것을 말해요.

동물의 한살이는 동물이 태어나고 자라서 알이나 새끼를 남기는 과정이에요. 식물의 한살이는 씨에서 싹이 나고 자라서 꽃을 피우고 열매를 맺어 다시 씨가 만들어지는 과정을 말하죠.

동물이나 식물이 성장해서 자손(알, 새끼, 씨앗)을 남기고, 자손이 또 자손을 남기는 한살이 과정이 반복된다는 게 중요해요. 다음 그림에서는 다양한 동물과 식물의 한살이 과정을 보여 줘요.

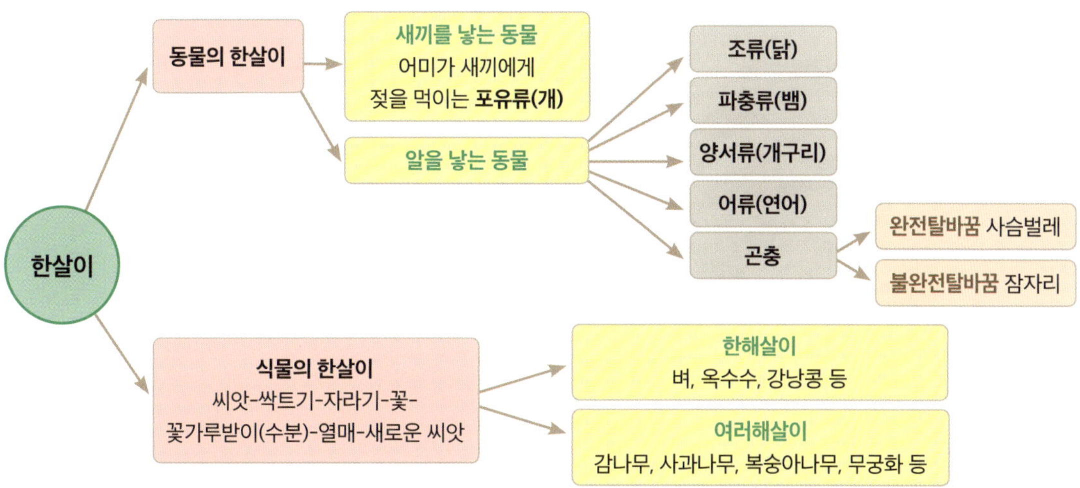

오개념 앗, 헷갈리네!

1 자식의 모습은 태어날 때부터 부모와 닮았다?

개구리처럼 부모와 자식이 닮지 않은 경우도 있어요. 성장하면서 탈바꿈 과정을 거칠 때는 어릴 때와 다 컸을 때 모양이 많이 다른 동물도 있어요.

2 모든 식물은 꽃을 피운다?

이끼나 고사리처럼 꽃이 없는 식물도 있어요.

3 풀은 1년만 살고 죽는다?

풀은 벼처럼 1년만 사는 '한해살이 풀'도 있고, 도라지처럼 2년 이상 사는 '여러해살이 풀'도 있어요.

실생활개념어 활용 문장 | 초파리는 한살이 기간이 2주 정도로 짧아서 한살이 과정을 관찰하기 좋아.

나만의 말로 표현해보기 |

탈바꿈(변태)

상위어 한살이　**교과서에서는?** 곤충의 한살이에서 번데기 단계를 거치는 것을 완전탈바꿈이라고 하고, 번데기 단계를 거치지 않는 것을 불완전탈바꿈이라고 합니다.

탈바꿈은 동물이 크는 과정(성장)에서 짧은 시간 동안 모습이 많이 바뀌는 것을 말해요.

곤충은 탈바꿈하는 대표적인 동물이에요. 곤충은 알에서 처음 태어났을 때(유충)와 다 컸을 때(성충)의 모습이 매우 달라요. 기어 다니던 애벌레가 나비가 되면 날개가 생기고, 물속을 헤엄치던 유충이 잠자리가 되면 하늘 위를 날아다니죠. 탈바꿈을 하면 몸에 새로운 기관이 생기거나 전에 있던 기관이 사라지는 등 모습이 많이 바뀌어요. 곤충의 탈바꿈은 성장 과정에서 번데기로 변하는지에 따라 두 가지로 구분할 수 있어요.

완전탈바꿈	불완전탈바꿈
알 → 애벌레 → **번데기** → 어른벌레	알 → 애벌레 → 어른벌레
예 나비, 벌, 사슴벌레, 개미, 반딧불이 등	예 매미, 잠자리, 사마귀, 귀뚜라미, 바퀴벌레, 메뚜기 등

곤충 외에 개복치나 가자미, 넙치와 같은 어류, 개구리 같은 양서류도 자라면서 생김새가 바뀌는 탈바꿈을 해요.

오개념 앗, 헷갈리네!

1　곤충만 탈바꿈한다?

탈바꿈은 어릴 때와 컸을 때 모습이 달라지는 것을 말해요. 우리가 잘 아는 개구리도 어릴 때 모습과 컸을 때 모습이 매우 다르지요? 어류 중에도 탈바꿈하는 물고기가 있어요. 곤충만 탈바꿈하는 게 아니라는 것을 기억해요.

2　포유류도 탈바꿈한다?

어린아이가 커서 어른이 되었을 때 키가 많이 크거나 살이 많이 찌면 같은 사람인지 못 알아볼 만큼 달라지기도 해요. 그러나 사람이 아무리 달라져도 없던 신체 부위가 생기지 않고, 눈·코·다리의 개수도 어릴 때와 똑같아요. 즉, 포유류는 탈바꿈하지 않아요.

실생활 개념어 활용 문장　여름에는 큰 나무 아래에서 매미 허물을 주울 수 있어. 이 매미 허물이 탈바꿈의 증거야.

나만의 말로 표현해보기

관련 단원 3-1. 생물의 한살이

한해살이 식물

상위어 한살이　**반대말** 여러해살이 식물

교과서에서는? 풀은 대부분 한해살이 식물이지만 나무는 모두 여러해살이 식물입니다.

식물은 1년만 살고 죽는 한해살이 식물과 2년 이상 사는 여러해살이 식물이 있어요.

한해살이 식물은 겨울을 넘기지 못하고 1년 안에 한살이 과정이 끝나는 풀이에요. 여러해살이 식물은 겨울을 버텨 2년 이상 살면서 한살이 과정을 반복하는 식물을 말해요. 여러해살이 식물은 풀도 있고 나무도 있어요.

한해살이 식물(일년생 식물)	여러해살이 식물(다년생 식물)
대부분의 한해살이 식물은 봄에 싹이 나고 여름에 자라 꽃을 피우고 열매를 맺고 씨앗을 만들어요. 겨울이 오면 줄기와 뿌리가 시들어 죽고 씨앗이 다음 해에 새로운 한살이 과정을 시작해요. **한해살이 풀** 나팔꽃, 벼, 옥수수, 강낭콩, 코스모스 등	여러해살이 나무는 봄이 오면 가지에 잎이 나고 꽃이 피고 열매를 맺는 한살이 과정을 반복해요. 여러해살이풀은 겨울 동안 땅속에 뿌리만 남겨 두었다가 봄이 오면 뿌리에서 다시 싹이 나고 자라 꽃과 열매를 맺는 한살이 과정을 반복해요. **여러해살이 풀** 작약, 국화, 민들레, 대나무, 바나나 등 **여러해살이 나무** 감나무, 배나무, 무궁화 등
 벼의 한살이	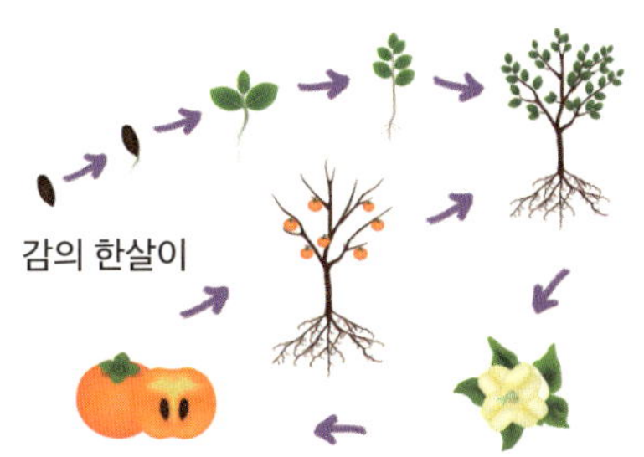 감의 한살이

오개념 앗, 헷갈리네!

① **풀은 전부 한해살이다?**

풀은 한해살이 풀과 여러해살이 풀이 있어요. 한해살이 풀은 한살이 과정이 끝나면 죽어요. 여러해살이 풀은 한살이 과정이 끝나면 줄기와 잎이 시들어도 땅속에 남아있는 뿌리로 겨울을 보내고 다음 해 봄에 다시 싹을 틔워요. 여러해살이 풀인 대나무는 줄기 부분이 딱딱해져서 겨울에 줄기가 시들지 않아요.

② **대나무와 바나나 나무는 나무다?**

대나무와 바나나는 여러해살이 풀로 줄기가 옆으로 크는 부피 생장(자람)이 일어나지 않아요. 나무는 옆으로 크는 부피 생장이 일어나면서 나이테가 생기는데, 대나무와 바나나 나무는 나이테가 생길 수 없는 풀이에요. 대나무와 바나나 나무는 여러해살이 풀로 줄기가 단단해 나무로 착각할 수 있지만 나무가 아니라 풀이에요.

실생활 개념어 활용 문장　봄에 피는 노란 민들레는 **한해살이 식물**이 아니고 여러해살이 식물이야.

나만의 말로 표현해보기

생명과학
19

관련 단원 6-1. 식물의 구조와 기능

싹

상위어 식물   **비슷한 말** 새싹, 새순, 눈, 움

교과서에서는? 식물은 씨에서 싹이 튼 뒤 점점 크게 자랍니다.

식물의 씨앗이나 뿌리, 줄기, 가지 끝에서 처음 나는 잎이나 줄기를 싹이라고 해요.

한해살이 식물은 씨앗이 뿌리를 내리고 땅 위로 처음 나오는 잎을 '싹'이라고 불러요. 여러해살이 식물에서는 겨울이 지나고 봄이 오면 뿌리에서 새로운 줄기가 나거나 줄기나 가지에서 새로운 잎과 줄기가 나와요. 이렇게 가장 먼저 나는 잎이나 줄기를 '싹'이라고 해요.

여러해살이 풀인 작약은 겨울이 지나고 봄이 오면 땅속에 있는 뿌리에서 줄기가 나와요. 느티나무는 겨울이 지나고 봄이 오면 줄기와 가지에 잎이 돋아나요.

사람들이 보통 생각하는 싹
(씨앗에서 처음 나오는 잎)

작약의 싹
(뿌리에서 나는 줄기)

은행나무의 싹
(가지에서 나는 잎)

씨앗에서 싹이 트려면 알맞은 환경이 필요해요. 적당한 온도에 씨앗에게 필요한 양의 물이 있으면 싹이 터요. 싹 튼 식물이 잘 자라는 것도 환경의 영향을 받아요. 식물마다 필요한 물과 빛의 양, 온도가 달라 알맞은 환경에서는 식물이 쑥쑥 잘 자라지만 그렇지 못하면 시들거나 죽기도 해요.

오개념 앗, 헷갈리네!

① **싹은 씨앗에서만 난다?**

싹은 씨앗이 아닌 뿌리나 줄기, 가지에서도 날 수 있어요. 씨앗에서 처음 나온 잎(떡잎)도 싹이고 새로 나온 줄기도 싹이에요. 봄이 오면 느티나무나 은행나무의 가지와 줄기에 작은 초록 잎들이 돋아나는 것을 볼 수 있어요.

② **식물은 물을 많이 줄수록 잘 자란다?**

식물마다 필요로 하는 물의 양이 달라요. 물을 너무 많이 주면 뿌리가 썩기도 해요.

③ **식물은 햇빛을 많이 받을수록 잘 자란다?**

식물마다 필요로 하는 햇빛의 양이 달라요. 뜨거운 햇빛을 많이 받으면 시들기도 해요.

**실생활 개념어
활용 문장**

작약의 싹은 잎이 아니라 줄기야.

**나만의 말로
표현해 보기**

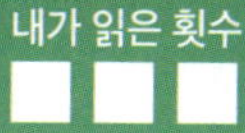

관련 단원 6-1. 식물의 구조와 기능

떡잎(쌍떡잎식물과 외떡잎식물)

상위어 식물   **비교 단어** 싹

교과서에서는? 떡잎 사이로 본잎이 나옵니다.

씨앗에서 뿌리가 나오고 껍질이 벗겨지면서 땅 위로 처음 올라오는 잎을 떡잎이라고 불러요.

떡잎이 1장인 식물도 있고 떡잎이 2장인 식물도 있어요. 떡잎이 1장이면 '외떡잎', 2장이면 '쌍떡잎'이라고 불려요. 쌍떡잎식물과 외떡잎식물은 그 특징이 확실해 과학자들이 식물을 분류하는 중요한 기준이 돼요.

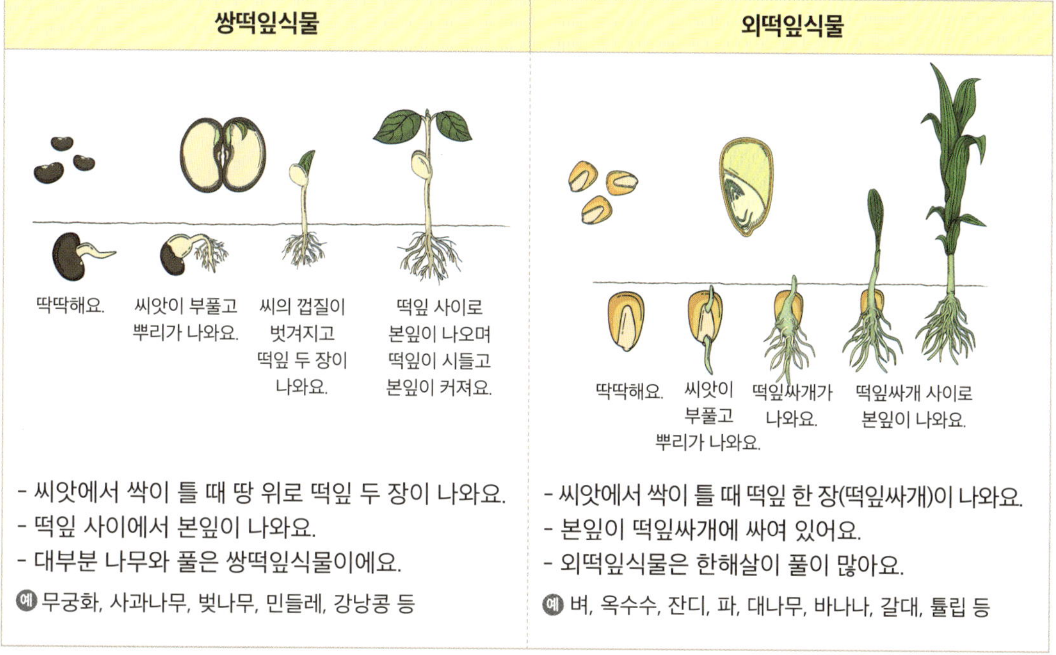

오개념 앗, 헷갈리네!

① 떡잎은 양분이 있는 잎이다?

쌍떡잎식물의 떡잎은 양분을 저장하고 있어 싹튼 어린 식물이 자라는 데 도움을 줘요. 외떡잎식물의 떡잎은 양분을 저장하고 있지 않지만 씨앗 속에 저장된 양분이 어린 식물에게 전달되도록 도와줘요.

실생활 개념어 활용 문장   외떡잎식물은 대부분 풀이야.

나만의 말로 표현해보기

관련 단원 6-1. 식물의 구조와 기능

뿌리

상위어 식물　**비교 단어** 줄기, 잎, 꽃, 열매

교과서에서는? 뿌리는 주로 땅속으로 자라기 때문에 눈으로 쉽게 관찰할 수 없습니다.

뿌리는 땅속의 물을 흡수하고 식물을 지지하는 식물의 기관이에요.

식물은 땅속에 뿌리를 내려 물을 흡수해요. 실처럼 길고 가는 뿌리털은 뿌리가 물을 더 잘 흡수할 수 있게 해주지요. 뿌리는 땅속 깊이 자라서 바람이 불거나 다른 동물의 공격을 받아도 쓰러지지 않게 지지하는 역할을 해요. 고구마, 무, 인삼처럼 양분영양이 되는 성분을 저장하는 뿌리도 있어요.

곧은뿌리 예 고추, 민들레
중심이 되는 곧은 뿌리 옆에
가는 뿌리가 있어요.

수염뿌리 예 파, 강아지풀
굵기가 비슷한 가는 뿌리가
여러 개 나서 수염처럼 생겼어요.

두 개의 비커에 같은 양의 물을 넣은 후 각각 뿌리가 있는 식물과 뿌리를 자른 식물을 넣어 보세요. 며칠 동안 관찰하면 뿌리가 있는 식물의 비커는 물이 많이 줄고, 뿌리를 자른 식물의 비커는 물이 조금 줄어든 것을 볼 수 있어요. 이 실험을 통해 뿌리는 물을 흡수하는 기능이 있다는 것을 확인할 수 있어요.

뿌리에 달린 솜털처럼 생긴
뿌리털이 물과 양분을 흡수해요.

오개념 앗, 헷갈리네!

1 뿌리는 흙에서만 양분을 흡수한다?

식물은 흙에 뿌리를 내리지 않고 물이나 영양제가 들어간 물에 뿌리를 내려도 양분을 흡수할 수 있어요. 식물을 물에서 키우는 수경재배는 식물의 뿌리가 흙이 아닌 물에서 양분을 얻어요.

실생활 개념어 활용 문장	식물을 옮길 때 **뿌리**가 다치지 않도록 조심해야 해.
나만의 말로 표현해보기	

생명과학 **22**

관련 단원 6-1. 식물의 구조와 기능

줄기

상위어 식물　**비교 단어** 뿌리, 잎, 꽃, 열매

교과서에서는? 식물에는 줄기가 있습니다.

줄기는 물과 양분을 식물 전체로 이동시키는 식물의 기관을 말해요.

줄기는 뿌리와 잎을 연결하는 식물의 한 부분으로 식물을 지탱해요. 뿌리가 흡수한 물과 양분이 줄기를 통해 잎으로 전달되고, 잎에서 광합성으로 만든 양분이 줄기를 통해 필요한 곳으로 이동해요. 감자, 토란, 사탕수수처럼 줄기에 양분을 저장하는 식물도 있어요. 식물의 줄기에 있는 껍질은 추위나 더위로부터 식물을 보호하고 곤충의 침입을 막아줘요.

곧은줄기	기는줄기	감는줄기
무궁화, 전나무, 밤나무, 해바라기	딸기, 고구마	등나무, 나팔꽃
땅속줄기	**저장줄기**	**기어오르는줄기**
잔디	감자, 토란	담쟁이덩굴

오개념 앗, 헷갈리네!

1 선인장의 통통한 부분은 잎이다?

선인장의 통통한 부분은 잎이 아니고 줄기에요. 선인장은 물을 흡수하기 힘든 환경에서 살아남기 위해 줄기에 물을 저장하는 방식으로 적응했어요. 바오바브나무도 줄기에 물을 저장해 줄기가 굵고 두꺼워요. 이렇게 줄기에 물을 저장하는 식물을 '다육식물'이라고 해요.

2 기는줄기가 아닌 딸기도 있다?

산딸기나 복분자는 나무에서 열매가 맺히는 나무딸기(라즈베리)에요. 우리가 흔히 먹는 딸기는 300년 전에 사람이 만든 것으로 품종 개량 후 기는줄기에서 딸기가 열려요.

실생활 개념어 활용 문장　식물의 줄기는 여러 가지 기능을 하는 곳이야.

나만의 말로 표현해보기

생명과학 23

관련 단원 6-1. 식물의 구조와 기능

잎

상위어 식물   **비교 단어** 뿌리, 줄기, 꽃, 열매

교과서에서는? 식물에서 주로 양분을 만드는 곳은 잎입니다.

잎은 식물의 줄기에 붙어 있는 기관으로 증산 작용기공을 통해 물이 식물 밖으로 빠져나감과 광합성을 하는 기관이에요.

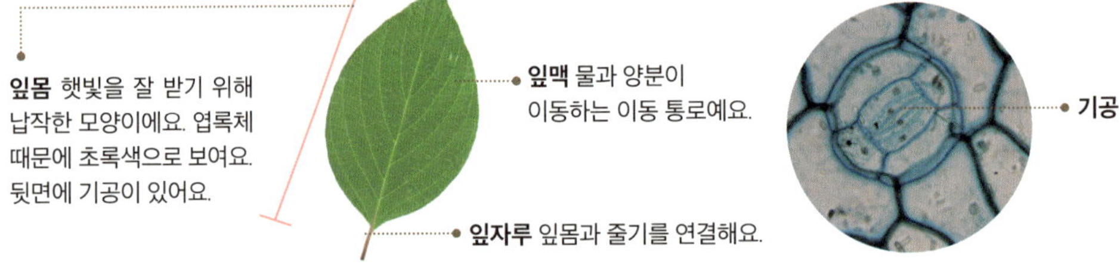

잎에는 기공작은 구멍이 있어요. 기공은 대부분 잎의 뒷면에 있죠. 기공을 통해 이산화 탄소가 들어오고 산소가 나가요. 또, 잎에서는 증산 작용이 이루어져요. 증산 작용 덕분에 뿌리에 있는 물이 줄기를 지나 잎까지 올라올 수 있어요. 기공을 통해 들어온 이산화 탄소와 증산 작용으로 뿌리에서 올라온 물은 잎의 엽록체잎에 들어 있는 초록색 알갱이에서 광합성식물이 빛을 이용해 이산화 탄소와 물로 영양분을 만드는 과정이 일어나게 해요. 광합성은 대부분 엽록체가 가장 많은 잎에서 이루어져요.

식물은 광합성으로 만든 산소로 호흡하고 남은 산소를 기공을 통해 밖으로 내보내요. 이 산소 덕분에 지구의 다른 생물들이 숨을 쉬며 살아갈 수 있어요. 또, 식물은 광합성으로 만든 양분을 필요한 곳으로 보내 사용하고 남은 양분을 뿌리·줄기·열매·씨앗 등에 저장하는데, 양파처럼 잎에 양분을 저장하는 식물도 있어요. 잎은 잎맥 모양에 따라 나눌 수 있어요.

오개념 앗, 헷갈리네!

① **선인장은 가시만 있고 잎이 없다?**
선인장의 잎은 가시 모양이어서 물의 증발을 줄여 줘요. 가시 모양의 잎은 물이 부족한 사막 환경에 적응하면서 생긴 특징이에요.

실생활 개념어 활용 문장   식물의 잎은 식물이 살아가는데 중요한 일들이 이루어지는 장소야.

나만의 말로 표현해 보기

관련 단원 6-1. 식물의 구조와 기능

꽃

상위어 식물　비교 단어 뿌리, 줄기, 잎, 열매

교과서에서는? 꽃은 씨를 만드는 일을 합니다.

꽃은 씨를 만드는 기관을 말해요.

식물은 자손을 남기기 위해 포자나 씨앗을 만들어요. 일반적으로 꽃은 암술과 수술, 꽃잎, 꽃받침으로 이루어져 있어요. 수술이 만든 꽃가루가 암술 위에 붙는 수분이 일어나면 씨앗이 만들어져요.

암술	암술에 꽃가루가 닿으면 암술 아래쪽에 있는 씨방 속에 씨가 만들어져요.
수술	꽃가루를 만들어요.
꽃잎	암술과 수술을 보호해요. 색과 모양으로 곤충과 새를 유인해요.
꽃받침	꽃을 받쳐 줘요.

모든 꽃이 암술, 수술, 꽃잎, 꽃받침을 가지고 있지는 않아요. 이 중 일부가 없는 꽃도 있어요.

- 오이나 호박, 옥수수는 꽃잎, 꽃받침이 있지만 암술이나 수술 중 한 가지만 가지고 있어요.
- 튤립과 진달래는 암술, 수술, 꽃잎이 있지만 꽃받침이 없어요.
- 갈대나 강아지풀은 암술, 수술이 있지만 꽃잎이 없어요.
- 버드나무는 암술, 수술이 있지만 꽃잎과 꽃받침이 없어요.

꽃잎이 모두 하나로 붙어 있으면 '통꽃', 서로 떨어져 있으면 '갈래꽃'이라고 불러요.

- **통꽃** 민들레, 도라지, 호박, 국화 등
- **갈래꽃** 목련, 벚꽃, 유채꽃, 무궁화, 장미 등

꽃에 수분(꽃가루받이)이 일어나 씨가 만들어지면 꽃잎이 떨어지고 열매가 맺혀요.

오개념 앗, 헷갈리네!

① 모든 식물은 꽃이 핀다?

이끼나 고사리는 꽃이 없는 식물이에요. 씨를 만드는 꽃이 없기 때문에 씨를 만들지 못하고 포자로 번식해요.

실생활 개념어 활용 문장
꽃은 사람뿐만 아니라 곤충과 새를 유인하기 위해 화려한 색깔의 꽃잎을 피우기도 해.

나만의 말로 표현해보기

생명과학 **25**

관련 단원 6-1. 식물의 구조와 기능

열매

상위어 식물　비교 단어 뿌리, 줄기, 잎, 꽃

교과서에서는? 꽃가루받이가 이루어지고 나면 열매가 맺힙니다.

씨를 감싸고 있는 암술이나 꽃받침이 자라 씨를 보호하는 열매가 돼요.

수분이 이루어지고 씨가 만들어질 때, 암술이나 꽃받침이 커져 씨를 보호하는 열매가 돼요. 씨는 식물의 번식에서 매우 중요하기 때문에 열매 속에 넣어 보호해요. 대부분 식물은 열매와 열매 속 씨에 양분을 저장하죠. 열매와 씨에 저장된 양분은 씨가 싹트고 어린 식물이 자라는 데 사용돼요.

암술이 자라는 참열매	꽃받침 등이 자라는 헛열매
암술 속의 씨방이 자라서 열매가 돼요.	꽃받침이나 다른 부분이 자라서 열매가 돼요.
예 복숭아, 호박, 토마토, 감, 오이, 가지, 팥, 완두 등	예 사과, 배, 딸기, 파인애플 등

☑ 씨를 퍼뜨리는 다양한 방법

- 양귀비, 봉선화, 제비꽃은 씨가 스프링처럼 튀어 스스로 멀리 흩어져요.
- 연꽃은 열매가 물에 흘러가 멀리 있는 땅에 도착하면 싹을 틔우고 뿌리를 내려요.
- 소나무, 단풍나무, 민들레는 바람에 씨가 날려 먼 곳으로 이동해요.
- 도꼬마리, 도깨비바늘은 동물의 몸에 찰싹 붙어 먼 곳까지 이동해요.
- 씨와 껍질 사이에 양분이 많이 저장된 열매를 동물들이 먹고 소화하지 못한 씨를 대변과 함께 몸 밖으로 배출해요. 씨는 원래 있던 장소에서 더 먼 곳에서 싹을 틔울 수 있어요.

오개념 앗, 헷갈리네!

1 열매는 과일일까 채소일까?

나무에서 맺히는 열매는 '과일', 한해살이 풀에서 맺히는 열매는 '채소'라고 불려요. 사과나 배, 포도, 키위 등의 과일은 나무에서 맺힌 열매예요. 그런데 채소는 밭에서 자란 풀의 잎, 줄기, 뿌리, 열매를 모두 포함해요. 배추, 시금치, 상추는 풀의 잎이고 감자, 토란, 생강, 연근은 풀의 줄기지요. 무, 당근, 우엉, 고구마, 마는 풀의 뿌리에요. 토마토, 참외, 수박, 딸기, 가지, 고추는 풀에서 자란 열매로 과일이 아닌 채소예요.

실생활 개념어 활용 문장	**열매**는 씨를 보호하기 위한 기관이야.
나만의 말로 표현해보기	

관련 단원 4-2. 생물과 환경

생태계

하위어 생물 요소, 비생물 요소

교과서에서는? 어떤 장소에서 서로 영향을 주고받는 생물 요소와 비생물 요소를 생태계라고 합니다.

살아있는 것(생물 요소)과 살아있지 않은 것(비생물 요소)이 서로 영향을 주고받는 장소를 생태계라고 해요.

식물이 잘 자라려면 적당한 양의 물과 햇빛이 필요해요. 잘 자란 식물은 초식동물식물을 먹는 동물의 먹이가 되지요. 육식동물은 초식동물을 잡아먹어요. 동물들의 대변이나 죽은 동물 속에 미생물(균류, 세균, 바이러스)이 자라요. 미생물의 영향으로 흙이 비옥해지면 식물이 잘 자라죠. 하지만 햇빛이 너무 강하고 비가 내리지 않아 물이 부족해지면 식물이 잘 자랄 수 없어요. 식물이 자라지 못하고 시들어 버리면 먹이가 없어 초식동물이 굶어 죽게 되죠. 또, 잡아먹을 초식동물의 수가 줄어들면 육식동물도 굶어 죽거나 먹이를 찾아 다른 곳으로 떠나요.

생태계 속에서 생물 요소와 비생물 요소는 끊임없이 서로에게 영향을 주며 일정한 균형을 유지해요. 이 균형이 깨지면 생태계가 사라지기도 하죠. 지구 속에는 아주 작은 생태계(작은 연못)부터 큰 생태계(바다)까지 수많은 생태계가 존재해요.

산의 생태계

바다의 생태계

오개념 앗, 헷갈리네!

① **사람이 만든 화단은 생태계가 아니다?**

사람이 만든 화단도 생물 요소와 비생물 요소가 상호 작용하는 생태계가 맞아요. 화단의 흙 속에는 수많은 미생물이 있고 햇빛과 비를 맞아 쑥쑥 자라는 식물도 있어요. 땅속이나 나무 위를 기는 곤충도 있고 쥐나 길고양이가 살기도 하고요. 사람들이 물고기를 넣어 기르는 어항도 물과 공기, 물고기, 수초가 서로 영향을 끼치는 생태계에요.

실생활 개념어 활용 문장 한눈에 보이는 작은 생태계도 있고 너무 커서 한 번에 볼 수 없는 큰 생태계도 있어.

나만의 말로 표현해 보기

관련 단원 4-2. 생물과 환경

비생물 요소

상위어 생태계　**비교 단어** 생물 요소

교과서에서는? 우리 주변에 살아있지 않은 것은 비생물 요소라고 합니다.

살아있는 것(생물)에게 영향을 주는 살아있지 않은 것을 비생물 요소라고 해요.

온도, 햇빛, 물, 공기, 흙 등 살아있지 않은 것들을 비생물 요소라고 해요. 비생물 요소는 생물 요소가 살아가는 데 영향을 끼치고 생태계를 유지하는 데 꼭 필요해요.

	온도	생물은 각자 살기 좋은 온도가 있어요. 너무 덥거나 너무 추우면 살기 힘들어요.
	햇빛	식물은 햇빛을 받아야 스스로 양분을 만들 수 있어요. 동물은 햇빛이 있어야 세상을 볼 수 있어요. 생물들은 각자 필요한 양의 햇빛을 받아야 건강하게 살 수 있어요.
	물	생물은 몸속에 일정한 양의 물을 유지해야 살 수 있어요. 식물은 뿌리로 물을 흡수하고, 동물은 입으로 물을 마셔요.
	공기	공기가 없으면 대부분의 생물은 숨을 쉬지 못해 죽어요.
	흙	식물은 흙 속에 뿌리를 내려 양분을 얻어요. 동물은 흙 속에 살기도 하고 흙 위에 살기도 해요.

비생물 요소는 생물 요소에 어떤 영향을 끼칠까요? 겨울이 되어 추워지면 아프거나 죽을 수 있어서 따뜻한 곳을 찾아 떠나는 동물도 있고, 털갈이하는 동물도 있고, 겨울잠을 자는 동물도 있어요. 햇빛의 양에 따라 식물은 성장하거나 꽃을 피우고 동물은 번식을 하지요. 오염된 물, 공기, 흙의 영향을 받은 생물은 잘 자라지 못하고 몸이 아프거나 죽기도 해요.

오개념 앗, 헷갈리네!

① **모든 생물은 공기가 있어야 숨을 쉴 수 있다?**

최근에 발견된 헤네구야라는 기생충은 산소 없이 살아간다는 게 밝혀졌어요. 산소 없이 살 수 있는 생물의 발견은 산소가 없는 우주에도 생명체가 존재할 수 있다는 가능성을 보여 줬어요.

실생활 개념어 활용 문장	비생물 요소 중에 하나라도 사라지면 생태계는 유지될 수 없어.
나만의 말로 표현해보기	

관련 단원 4-2. 생물과 환경

생물 요소

상위어 생물의 분류, 생태계 **비교 단어** 비생물 요소

교과서에서는? 우리 주변에 살아있는 것은 생물 요소라고 합니다.

생물 요소는 생태계 속에 살아있는 생물을 의미해요.

이 세상에는 다양한 생물이 살고 있어요. 과학자들은 생물을 구조적 특징에 따라 다섯 가지(동물, 식물, 균류, 원생생물, 세균)로 분류해요.

생태계에서는 양분을 얻는 방법에 따라 생물을 세 가지(생산자, 소비자, 분해자)로 분류하지요.

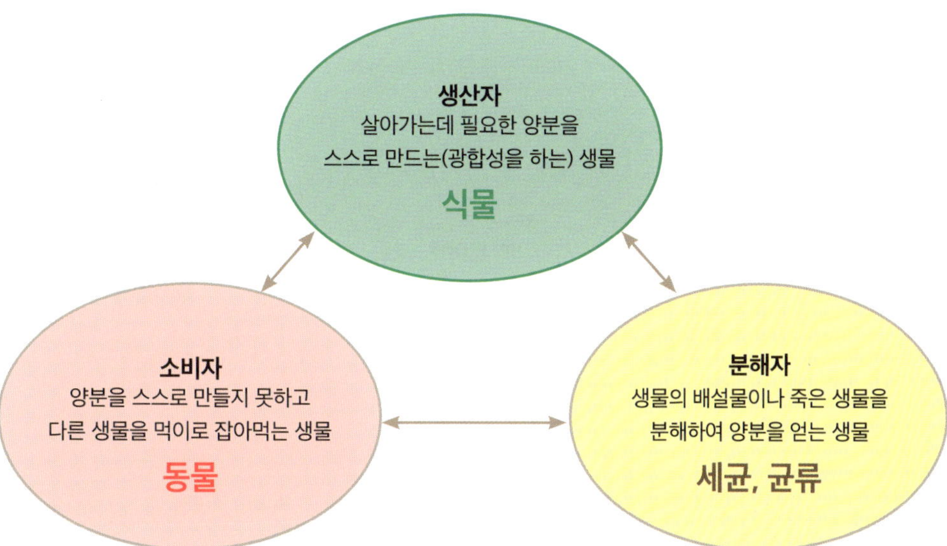

오개념 앗, 헷갈리네!

1 **원생생물은 모두 생산자다?**

원생생물은 그 종류와 수가 다양해서 생산자인 것도 있고, 소비자인 것도 있고, 분해자인 것도 있어요. 광합성을 하는 식물성 플랑크톤이나 해조류는 생산자이고, 진균류는 분해자예요. 아메바나 짚신벌레, 기생충은 다른 생물을 잡아먹는 소비자예요.

실생활 개념어 활용 문장	사람은 생물 요소 중 소비자에 해당해.
나만의 말로 표현해보기	

생명과학 29

관련 단원 4-2. 생물과 환경

양분

비슷한 말 영양분

교과서에서는? 생물이 살아가는 데에는 양분이 필요합니다.

양분은 생물이 살아가고 몸을 구성할 때 필요한 성분을 의미해요.

식물은 뿌리로 땅속에 있는 양분을 흡수하고, 동물은 식물이나 다른 동물을 먹어 그 속의 양분을 흡수해요. 세균이나 균류(곰팡이, 버섯)는 다른 생물의 배설물이나 죽은 동물을 분해해 양분으로 만들어요. 식물은 사용하고 남은 양분을 다양한 방법으로 저장하고, 동물들은 그 양분을 섭취해요. 씨앗 속에 저장된 양분은 씨가 싹트고 어린 식물이 자라는 데 사용되죠.

뿌리에 남은 양분을 저장하는 식물	고구마, 당근, 무, 인삼	
줄기에 남은 양분을 저장하는 식물	감자, 토란, 사탕수수	
열매에 남은 양분을 저장하는 식물	사과, 배, 토마토, 포도, 옥수수, 땅콩	
씨앗에 남은 양분을 저장하는 식물	벼, 밀, 보리	

식물은 양분이 부족하면 시들고, 동물은 양분이 부족하면 몸이 아프거나 심한 경우 죽기도 해요. 사람은 음식물을 먹어서 양분을 흡수하는데, 음식물은 여러 소화기관을 거치며 작게 만들어지는 소화 과정을 통해 사람에게 필요한 양분의 형태로 변해요.

오개념 앗, 헷갈리네!

1 음식은 많이 먹을수록 좋다?

사람은 매일 필요한 양분의 양이 정해져 있어요. 음식을 많이 먹으면 온종일 사용하고도 남는 양분이 생기는데, 이 양분은 몸속에 지방의 형태로 저장돼요. 사람들은 이것을 살이 찐다고 표현하죠. 살을 빼려면 많이 움직여서 몸속에 저장된 지방을 양분으로 사용하고, 남는 양분이 저장되지 않게 음식을 조금만 먹어야겠죠? 그래서 사람들은 살을 빼기 위해 운동하고 먹는 양을 조절하는 다이어트를 해요.

실생활 개념어 활용 문장 편식하지 않고 음식을 골고루 먹어야 우리 몸에 필요한 양분을 섭취할 수 있어.

나만의 말로 표현해보기

생명과학

30

광합성

光 빛 광 合 합할 합 成 이룰 성

교과서에서는? 광합성은 주로 잎에서 일어납니다.

식물이 햇빛과 이산화 탄소, 뿌리에서 흡수한 물을 사용해 스스로 양분을 만드는 것을 광합성이라고 해요.

식물은 태양에서 내리쬐는 햇빛을 이용해 이산화 탄소와 식물의 뿌리에서 흡수한 물로 산소와 양분을 만들어요. 이런 광합성 과정은 식물세포 속에 있는 엽록체잎에 있는 작은 초록색 알갱이에서 일어나요. 엽록체는 잎에 가장 많아 광합성은 주로 식물의 잎에서 활발하게 진행돼요. 잎에서 만든 양분은 줄기를 통해 필요한 곳(뿌리, 줄기, 열매, 씨앗)으로 이동하고, 사용되고 남은 양분은 저장돼요. 식물은 광합성을 통해 자신에게 필요한 양분을 스스로 만들기 때문에 생산자라고 불려요.

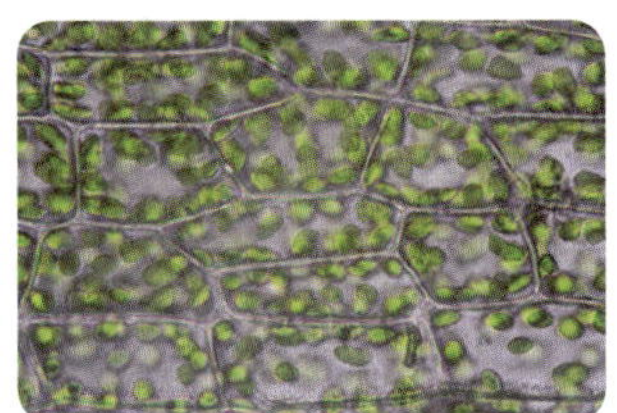

현미경으로 관찰한 엽록체

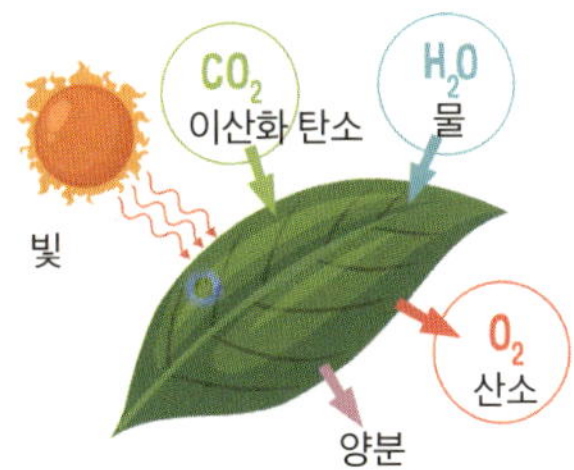

식물세포는 엽록체를 가지고 있어 초록색으로 보여요. 봄, 여름에는 잎이 초록색이지만 가을이 오면 뿌리로부터 물을 전달받지 못해 엽록체가 파괴돼요. 엽록체가 파괴된 잎은 초록색이 아닌 붉은색, 노란색, 갈색, 주홍색 등으로 변해요단풍. 이렇게 색이 변한 잎은 곧 떨어지죠낙엽.

오개념 앗, 헷갈리네!

① **광합성은 잎에서만 한다?**

식물은 엽록체가 있는 곳에서 광합성이 이루어지기 때문에 초록색으로 보이는 모든 곳에서 광합성이 일어나요. 선인장의 초록색 줄기와 무 뿌리의 초록색 부분에서도 광합성을 해요. 하지만 가장 대표적인 광합성 장소는 잎이에요.

② **광합성은 식물만 한다?**

식물 외에도 광합성을 하는 원생생물이 있어요. 식물성 플랑크톤과 해조류 일부가 광합성을 해요. 바닷속에 식물성 플랑크톤이 많아지면 바다가 빨개지는 적조현상이 생겨요. 강과 호수에 사는 식물성 플랑크톤이 많아지면 물이 초록색으로 변하는 녹조현상이 나타나요.

실생활개념어 활용문장 사람이 광합성을 할 수 있다면 음식을 안 먹어도 되니 얼마나 편할까?

나만의 말로 표현해보기

생명과학
31

관련 단원 4-2. 생물과 환경

먹이사슬

상위어 생태계　**비교 단어** 먹이그물

교과서에서는? 생태계에서 생물의 먹이 관계가 사슬처럼 연결된 것을 먹이사슬이라고 합니다.

먹이사슬은 생태계 안에 있는 서로 다른 생물이 무엇을 먹는지를 보여 줘요.

먹이사슬은 생물이 서로 먹고 먹히는 관계를 하나의 선으로 간단하게 나타낸 거예요.

실제 생물은 먹이사슬처럼 단 하나의 먹이만 먹지 않아요. 만약 위 그림의 먹이사슬처럼 개구리가 메뚜기만 먹는다면 어떤 문제가 생길까요? 메뚜기가 멸종하면 개구리도 먹을 게 없어서 멸종해요. 생물 하나만 사라져도 먹이사슬 자체가 끊어져 없어질 수 있어요. 그러나 실제 개구리는 메뚜기 말고도 파리나 모기도 먹어요. 이처럼 실제 생물은 다양한 생물을 잡아먹기 때문에 생태계의 먹이 관계는 먹이사슬보다 훨씬 복잡해요.

오개념 앗, 헷갈리네!

① **먹이사슬은 튼튼해서 없어지지 않는다?**

먹이사슬은 중간 단계에 있는 생물 하나가 사라지면 다음 단계의 생물들이 먹이를 먹지 못해서 굶어 죽어요. 위의 그림에 있는 개구리가 어떤 이유로 사라진다면 먹이가 사라진 뱀이 죽고 뱀을 못 먹은 독수리도 죽어요. 이런 경우를 먹이사슬이 끊겼다고 해요. 그러나 실제로 뱀은 개구리뿐만 아니라 쥐 등 다른 먹이도 많이 먹기 때문에 먹이사슬보다 복잡한 먹이 관계를 맺고 있어요(먹이그물).

실생활 개념어 활용 문장　먹이사슬이 무엇인지 알아야 먹이그물을 이해할 수 있어.

나만의 말로 표현해보기

관련 단원 4-2. 생물과 환경

먹이그물

상위어 생태계　**비교 단어** 먹이사슬

교과서에서는? 생태계에서 여러 개의 먹이사슬이 얽혀 그물처럼 연결된 것을 먹이그물이라고 합니다.

먹이그물은 생태계 안에 있는 여러 생물의 먹이사슬이 얽혀 복잡하게 이루어진 것을 보여 줘요.

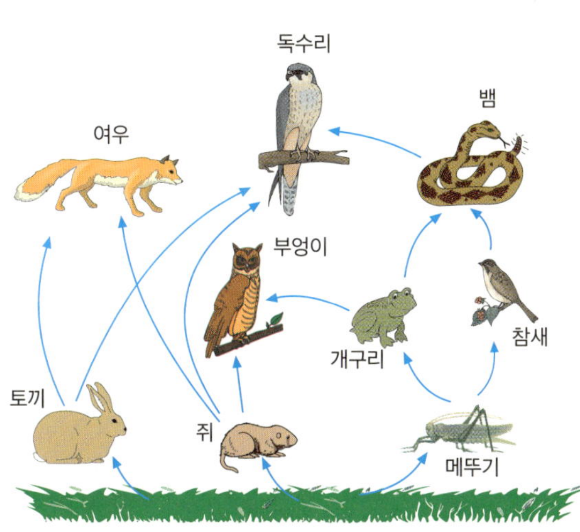

먹이그물은 다양한 먹이사슬이 복잡하게 연결돼 그물처럼 얽힌 것을 의미해요. 생태계 속의 생물은 단 하나의 생물이 아닌 다양한 생물을 먹기 때문에 먹이그물이 더 실제적인 먹이 관계를 보여 줘요.

참새는 거미, 나비, 메뚜기를 모두 잡아먹어요. 메뚜기가 멸종하면 참새는 거미나 나비, 식물의 열매 등 다른 생물을 먹으며 살아갈 수 있어요. 먹이사슬은 중간 단계의 생물 하나만 사라져도 끊어지고 없어지지만, 먹이그물은 중간 단계의 생물이 하나 사라져도 무너지지 않고 계속 유지돼요.

생태계에 다양한 생물이 있을수록 먹이사슬이 더 많아지고 서로 얽혀 복잡한 먹이그물을 만들어요. 먹이그물이 복잡한 생태계는 쉽게 무너지지 않고 안정적이죠. 복잡한 먹이그물은 건강한 생태계를 의미해요.

오개념 앗, 헷갈리네!

① **먹이그물은 이 세상에 한 개만 존재한다?**

생태계마다 다양한 먹이그물이 존재하기 때문에 이 세상에는 셀 수 없이 많은 먹이그물이 있어요. 먹이그물이 많고 복잡한 생태계는 안정적이고 건강한 생태계예요.

실생활 개념어 활용 문장	우리나라 산의 생태계는 매우 복잡한 먹이그물로 이루어져 있어.
나만의 말로 표현해보기	

관련 단원 4-2. 생물과 환경

33 생태 피라미드

상위어 생태계　**비교 단어** 먹이그물, 먹이사슬

교과서에서는? 먹이 단계별로 생물의 수를 쌓아 올리면 피라미드 모양을 이루는데, 이를 생태 피라미드라고 합니다.

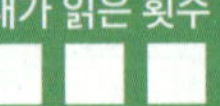

생태계 속에 사는 생물의 먹고 먹히는 관계를 수와 양으로 표현한 그림이에요.

생태 피라미드는 생태계의 생물 요소 중 생산자와 소비자의 먹이 관계를 수적으로 나타낸 거예요.

- **생산자** 광합성을 하는 식물
- **1차 소비자** 식물을 먹는 초식동물
- **2차 소비자** 초식동물을 먹는 육식동물
- **최종 소비자** 초식동물과 육식동물을 모두 먹는 육식동물

생태 피라미드의 꼭대기에 있는 최종 소비자는 악어, 범고래, 매처럼 일반적으로 다른 동물에게 잡아먹히지 않는 동물들이에요. 생태 피라미드는 각 단계에 존재하는 생물의 수도 나타내요. 생산자는 그 수가 가장 많고 위 단계로 올라갈수록 존재하는 소비자의 수가 적어져요. 이렇게 피라미드 모양으로 단계가 높아질수록 생물의 수가 적어져야 생태계가 안정적으로 유지될 수 있어요.

생태계 속의 다양한 생물의 종류와 수, 양이 균형을 이루며 안정된 상태를 유지하는 것을 생태계 평형이라고 해요. 생태 피라미드 중에 한 단계가 사라지면 생태계의 평형이 깨져요. 한 생물의 수나 양이 갑자기 줄거나 늘어나면 생태계 평형을 유지하기 힘들어요.

생태계 평형이 깨지는 원인은 두 가지예요. 첫 번째 원인은 가뭄, 홍수, 태풍, 지진, 산불 등의 자연재해예요. 두 번째 원인은 댐, 도로, 건물 건설과 같은 사람의 활동이에요. 뒤에 나오는 환경 오염에서 자세한 내용을 알 수 있어요.

오개념 앗, 헷갈리네!

1 생태 피라미드에서 사람은 2차 소비자다?

사람은 생태 피라미드의 최종 소비자예요. 초식동물과 육식동물을 모두 잡아먹고 일반적으로 다른 동물들에게 잡아먹히지 않기 때문이에요.

실생활 개념어 활용 문장　내가 사는 곳의 **생태 피라미드**는 어떤 생물들로 구성되었을지 궁금해.

나만의 말로 표현해보기

생명과학 **34**

환경

상위어 생태계　**비슷한 말** 생활 환경, 서식지

교과서에서는? 생물은 각 서식지 환경에서 살아남기에 유리한 특징을 지녀야 자손을 남길 수 있습니다.

환경은 모든 생물의 주변을 둘러싼, 생물의 삶에 영향을 주는 생물적 요인과 비생물적 요인을 모두 포함해요.

자연환경은 지구가 만들어질 때부터 있었던 모든 생물과 비생물을 의미해요. 자연환경은 장소가 가진 날씨와 땅의 특성, 사는 생물에 따라 다양한 형태가 있어요.

생물이 사는 자연환경을 서식지라고 해요. 서식지에서 생물은 먹이를 먹고, 살고, 번식해요. 우리가 보는 생물의 다양한 모습은 다양한 환경에 살면서 적응한 결과예요.

자연환경은 다양한 이유로 더럽혀지고 원래의 모습이 사라지고 있어요_{환경 오염}. 자연환경이 오염되면 동물들의 서식지도 살기 힘든 곳으로 변해 생태계가 파괴될 수 있어요.

오개념 앗, 헷갈리네!

① 환경은 자연환경만 의미한다?

생명과학에서 환경은 생물을 둘러싼 주변을 의미하지만 도시, 문화, 예술 등 사람이 인공적으로 만든 환경도 있어요.

실생활 개념어 활용 문장　내가 다니는 학교는 자연환경이 아닌 사람이 만든 인문환경이야.

나만의 말로 표현해보기

적응

비슷한 말 동화, 순응 **교과서에서는?** 특정한 서식지에서 오랜 기간에 걸쳐 살아남기에 유리한 특징이 자손에게 전달되는 것을 적응이라고 합니다.

적응은 생물이 자신이 사는 서식지 환경에서 잘 살아갈 수 있게 되고 그 특징이 자손에게 전달되는 것을 의미해요.

강한 햇볕이 내리쬐고 모래바람이 부는 사막은 덥고 물과 먹이가 부족한 서식지 환경이에요. 낙타는 등에 있는 혹에 에너지가 되는 지방을 저장하고 한번에 많은 물을 마셔 오래 견딜 수 있어요. 이렇게 환경에 적응하고 있죠.

생물은 환경에 적응하면서 다양한 특징을 가지게 되었어요(생물의 다양성).

생김새	- 바오바브나무와 선인장은 물이 부족한 환경에 적응해 줄기에 물을 저장해요. - 펭귄은 추운 남극에 적응해 두꺼운 지방층으로 추위를 이겨내요. - 사막여우는 사막에 적응해 큰 입과 귀로 몸에 열을 내보내고, 북극여우는 북극에 적응해 작은 입과 귀로 빠져나가는 열을 최소화해요.   
생활 방식	- 곰과 다람쥐, 뱀은 춥고 먹이를 구하기 힘든 겨울에 적응해 겨울잠을 자요. - 사막에 사는 식물은 사막에 적응해 평소에는 씨앗의 형태로 있다가 비가 오면 짧은 시간에 꽃을 피우고 번식해요.    

오개념 앗, 헷갈리네!

① 생물은 환경에 적응하기 위해 바로 몸의 모양을 바꿀 수 있다?

몸의 생김새가 바뀌는 적응은 짧은 시간 내에 이루어지지 않아요. 낙타를 예로 들어 볼게요. 사막에 모래바람이 분다고 낙타의 짧은 속눈썹이 갑자기 길어진 것은 아니에요. 언젠가 낙타의 자식 중에 속눈썹이 긴 낙타들이 있었고, 이것들이 사막 환경에 적응해 많이 살아남았죠. 오랜 시간이 지나 대부분 낙타들의 속눈썹이 긴 것을 보고 낙타가 사막 환경에 적응해 생김새가 변했다고 하는 거예요. 낙타라는 생물 자체가 오랜 시간에 걸쳐 생김새가 변한 것이지 한 마리의 낙타가 살아가는 중에 생김새가 바뀌는 것이 아니에요.

실생활 개념어 활용 문장 북극곰은 지구온난화로 빙하가 녹고 사냥이 힘들어지자 벌레나 풀을 먹으며 환경에 적응하고 있대.

나만의 말로 표현해보기

관련 단원 4-2. 생물과 환경

환경 오염

상위어 생태계　**비교 단어** 생태계 복원

교과서에서는? 환경 오염은 다양한 형태로 우리 주변에서 일어나고 있습니다.

사람들의 활동 때문에 우리가 살아가는 자연환경이나 생활 환경이 더러워지고 나빠지는 현상을 환경 오염이라고 해요.

✅ 환경이 오염되는 원인

❶ 자동차나 공장에서 내뿜는 매연은 공기를 오염시켜요. 오염된 공기는 강한 산성을 띤 물질이 섞여 산성비가 되죠. 산성비는 식물과 물속에 사는 동물들을 죽게 만들어요.

❷ 땅이나 바다에 버린 쓰레기, 동물들의 배설물과 공장에서 나오는 오염된 물, 농사를 지을 때 사용하는 비료와 농약이 땅과 강, 바다를 오염시켜요. 오염된 땅에서 자란 과일이나 채소를 먹으면 사람도 병에 걸려요. 오염된 강과 바다에는 적조, 녹조가 생겨 물속에 사는 생물이 죽기도 하죠. 바다에서는 고래와 거북이가 사람들이 버린 쓰레기를 먹고 아파해요.

❸ 사람들이 건물이나 도로를 짓는 개발로 인해 식물과 동물이 사는 숲이나 강 등 자연환경이 파괴되고 오염돼요. 동물들은 원래 살던 곳을 잃고 새로운 곳을 찾아 떠나기도 하지만 이동하지 못하고 더러운 환경에서 살다가 병에 걸려 죽기도 해요. 이동 능력이 없는 식물들은 환경이 파괴되면서 같이 사라져요.

환경이 오염되면 생물이 살기에 적합하지 않은 곳이 되면서 그곳에 살던 생물이 다른 곳으로 떠나거나 병들어 죽는 일이 발생해 결국 멸종하기도 해요. 따라서 생태계 평형이 깨지는 심각한 문제가 발생하죠. 우리는 우리가 사는 지구의 환경 오염을 막고 생태계를 복원하기 위해 노력해야 해요. 나무를 심고, 일회용품을 줄이고, 분리수거를 하고, 대중교통 및 자전거를 이용하기 위해 힘써야 해요.

오개념 앗, 헷갈리네!

① **환경 오염 때문에 지구온난화가 발생했다?**

지구의 온도가 높아지는 지구온난화 현상 때문에 이상 기후가 생기고 많은 생물이 죽어 가고 있어요. 그런데 지구온난화의 원인은 아직 정확하게 밝혀지지 않았어요. 환경 오염과 사람들이 배출한 이산화 탄소가 가장 유력한 원인으로 꼽혀요.

실생활 개념어 활용 문장　　환경 오염이 심해지면 우리 사람도 병에 걸리고 지구에서 살기 힘들어져.

나만의 말로 표현해보기

 생명과학 37

관련 단원 6-2. 우리 몸의 구조와 기능

인체

人 사람 인 體 몸 체 사람의 몸   **비슷한 말** 몸, 신체   **하위어** 기관

교과서에서는? 인체 모형의 동작을 따라 해 보자.

인체는 사람의 몸이에요.

우리는 숨을 쉬고, 밥을 먹고, 몸을 움직이고, 물체를 보고 느낄 수 있지요. 인체는 아주 복잡하고 다양한 부분(기관)이 모여 있어요. 겉으로 드러나 눈에 보이는 부분도 있고 몸속에 있어 눈에 보이지 않는 부분도 있어요.

인체는 세포로 구성되어 있어요. 블록들이 모여서 차를 만들고 집을 만들 듯이, 아주 작은 눈에 보이지 않는 세포들이 모여서 조직을 만들어요. 이 조직들이 모이면 특정한 일을 하는 기관을 만들지요. 이렇게 같은 일을 하는 기관이 모이면 기관계가 돼요. 즉, 인체는 세포가 모여 조직을 만들고, 조직이 모여 기관을 만들고, 기관이 모여 만들어진 기관계로 이루어져 있어요. 숨을 쉬는 기관계, 몸을 움직이는 기관계, 소화를 위한 기관계 등이 있어요.

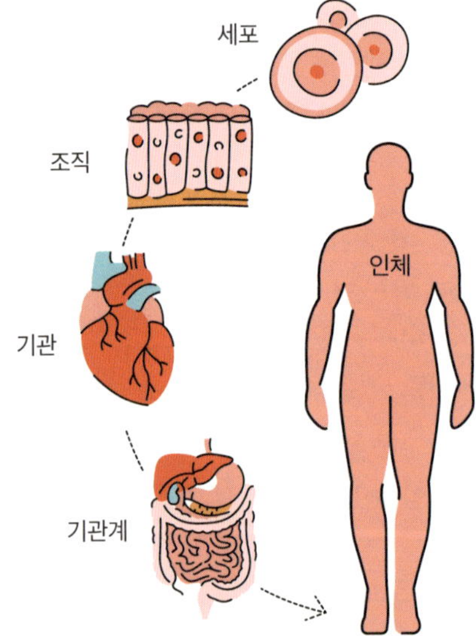

오개념 **앗, 헷갈리네!**

① **밥을 먹을 때는 소화기관만 일한다?**

사람이 움직일 때 다양한 기관이 함께 일해요. 밥을 먹을 때 음식을 보고 냄새를 맡고(감각기관), 음식을 젓가락으로 집어 입에 넣고(운동기관), 입안의 음식을 씹는(소화기관) 과정에서 여러 기관이 함께 움직이죠.

실생활 개념어 활용 문장 | 나의 몸에 대해 몰랐던 점이 이렇게 많다니 인체는 정말 신비로워.

나만의 말로 표현해 보기 |

내가 읽은 횟수

기관

상위어 인체 하위어 운동기관, 소화기관, 호흡기관, 순환기관, 배설기관, 감각기관

교과서에서는? 우리가 살아가는 데 필요한 일을 하는 몸속 부분을 기관이라고 합니다.

세포와 조직이 모여 하나의 구조를 만들어 살아가는데 필요한 일을 하는 것이 기관이에요.

사람은 기관이 끊임없이 일하는 덕분에 숨을 쉬고, 먹고, 움직일 수 있어요.

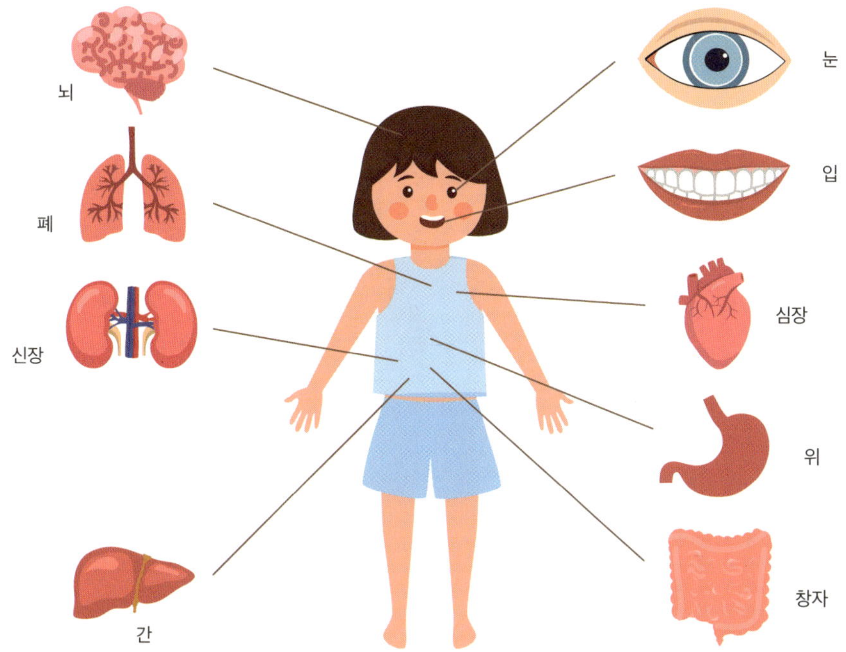

우리 몸에는 눈, 코, 입, 심장, 폐, 위, 간, 창자, 근육, 뼈, 피부 등 다양한 기관들이 있어요. 몸속에 있어서 눈으로 볼 수 없는 기관도 있고 몸 밖에 있어서 눈으로 볼 수 있는 기관도 있어요.

오개념 앗, 헷갈리네!

① 기관은 한 가지 일만 한다?

기관은 여러 가지 일을 할 수 있어요. 코는 숨을 쉴 때 사용하는 호흡기관이기도 하지만 냄새를 맡는 감각기관이기도 해요.

실생활개념어 활용 문장	우리는 여러 개의 기관이 모두 잘 움직여야만 건강하게 살 수 있어.
나만의 말로 표현해보기	

관련 단원 6-2. 우리 몸의 구조와 기능

운동기관

상위어 인체   **비교 단어** 소화기관, 호흡기관, 순환기관, 배설기관, 감각기관

교과서에서는? 우리 몸속 기관 중에서 움직임에 관여하는 뼈와 근육을 운동기관이라고 합니다.

운동기관은 인체를 움직이는 데 사용되는 기관을 말해요.

근육과 뼈는 사람의 몸이 움직이는 데 꼭 필요한 운동기관이에요.

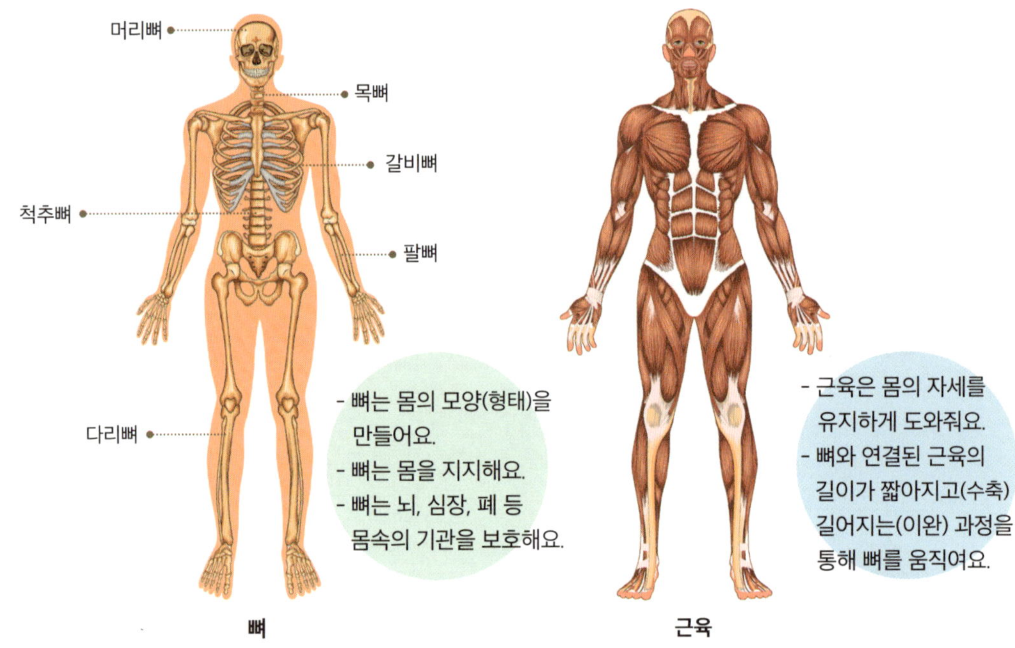

오개념 앗, 헷갈리네!

① **운동기관은 뼈와 근육뿐이다?**

운동기관에는 관절과 인대도 포함되어 있어서 뼈, 관절, 인대, 근육이 운동기관이에요. 하지만 초등학교 과정에서는 뼈와 근육에 관해서만 공부해요.

② **모든 근육은 내 마음대로 움직일 수 있다?**

우리가 숨 쉴 때 필요한 심장도 근육으로 만들어져 있고 우리 몸속에 있는 내장(위, 방광)도 근육으로 만들어져 있어요. 심장은 사람의 의지와 상관없이 항상 움직여요. 방광은 소변을 저장하고 내보내는 근육 기관이에요. 아무리 사람이 참으려고 노력해도 방광이 꽉 차면 소변이 나와요. 이렇게 사람의 의지로 멈출 수 없는 근육도 있어요.

실생활 개념어 활용 문장

운동기관인 뼈가 부러지거나 근육이 찢어지면 몸을 움직이기 힘들어.

나만의 말로 표현해보기

생명과학 40

소화기관

상위어 인체 **비교 단어** 운동기관, 호흡기관, 순환기관, 배설기관, 감각기관

교과서에서는? 입·식도·위·작은창자·큰창자·항문 등은 소화기관이고, 간·쓸개·이자는 소화를 도와주는 기관입니다.

소화기관은 사람이 먹은 음식을 소화하고 속의 양분을 흡수하는 기관이에요.

음식 속에는 사람이 살아가는 데 필요한 영양소가 있어요. 음식 속에 있는 영양소를 흡수하기 위해 음식을 작게 만들어 속에 있는 영양소를 흡수하는 과정을 '소화'라고 해요. 소화기관에는 입, 식도, 위, 작은창자(소장), 큰창자(대장), 항문이 있어요. 소화를 도와주는 간, 쓸개, 이자도 있죠.

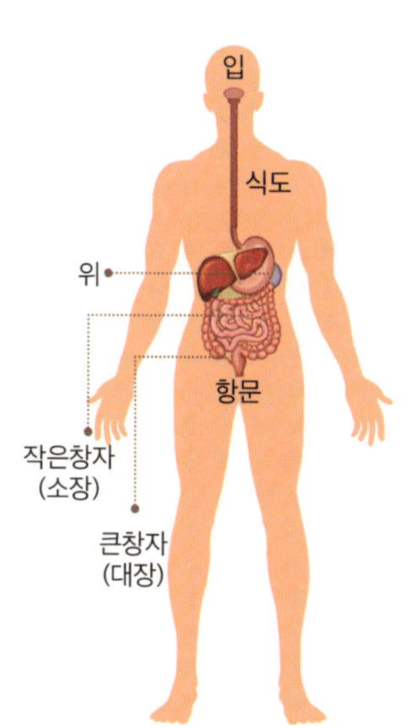

입	이와 턱이 음식물을 씹어 작게 부숴요. 입에서 침이 나와 음식물을 부드럽게 만들어요.
식도	입에서 들어온 음식물이 위로 옮겨지는 길이에요.
위	위는 여러 방향으로 움직여 음식물과 위액을 섞어요. 음식물은 위에서 나오는 위액과 섞여 더 작아져요. 위가 움직여 음식물을 창자로 보내요
작은창자(소장)	음식물이 영양소로 분해되어 몸속으로 흡수돼요.
큰창자(대장)	작은창자에서 넘어온 음식물 속의 수분을 흡수해요. 소화 과정에서 방귀가 만들어져요. 소화되지 않고 남은 음식 찌꺼기는 똥이 돼요.
항문	소화되지 않고 남은 찌꺼기인 똥을 몸 밖으로 내보내요.
간, 쓸개, 이자	음식물 속의 단백질과 지방이 잘 소화되게 도와요.

오개념 앗, 헷갈리네!

1 위액은 세균도 녹인다?

위액은 강한 산성 용액으로 음식물과 섞여 음식물을 더 작게 녹여요. 위액은 쇠도 녹일 만큼 산성이 강해서 음식물과 함께 들어온 세균을 죽인답니다. 위액이 섞인 음식은 상하지 않고 창자까지 이동할 수 있어요.

2 배가 고플 때 나는 소리는 창자에서 나온다?

위 속에 음식물이 없고 텅 비면 위에서 소리가 나요. 배가 고프다는 것은 위가 비었다는 거예요. 꼬르륵 소리가 나기 전에 음식을 채워 주세요.

실생활개념어 활용 문장 방귀와 똥은 소화기관인 큰창자에서 만들어지는구나.

나만의 말로 표현해보기

관련 단원 6-2. 우리 몸의 구조와 기능

호흡기관

상위어 인체　**비교 단어** 운동기관, 소화기관, 순환기관, 배설기관, 감각기관

교과서에서는? 호흡에 관여하는 코, 기관, 기관지, 폐 등을 호흡기관이라고 합니다.

호흡기관은 숨을 쉴 때 사용하는 신체 기관이에요.

사람은 숨을 들이쉬며 공기 중의 산소를 얻고 숨을 내쉬며 몸속에 생긴 이산화 탄소를 내보내는 호흡을 해요. 호흡기관에는 코, 기관, 기관지, 폐가 있어요.

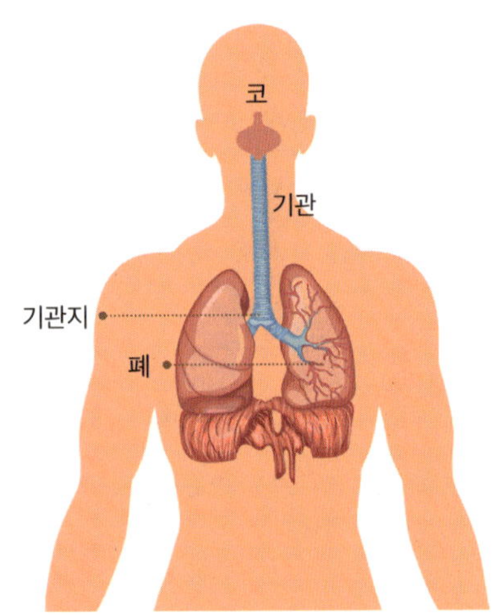

코	숨을 들이쉬고 내쉴 때 공기가 이동하는 기관이에요. 코털은 공기 속의 먼지와 세균을 막아 줘요.
기관 (공기가 지나가는 관)	코와 기관지 사이의 공기가 이동하는 길이에요. 기관 안쪽에 털이 있어 공기 속의 먼지와 세균을 막아 줘요.
기관지	기관과 폐 사이의 공기가 이동하는 길이에요. 기관지는 양쪽 폐에 가지들처럼 갈라져 있어요.
폐	폐에서 공기 중의 산소와 몸속에 생긴 노폐물인 이산화 탄소를 맞바꾸는 교환이 이루어져요. 숨을 들이쉴 때 공기 중의 산소를 받아들이고, 숨을 내쉴 때 이산화 탄소를 몸 밖으로 배출해요. 폐는 오른쪽과 왼쪽에 한 개씩, 모두 두 개가 있어요.

숨을 들이쉴 때 공기의 이동 통로	숨을 내쉴 때 공기의 이동 통로
코→기관→기관지→폐	폐→기관지→기관→코

오개념 앗, 헷갈리네!

① 사람은 코와 입으로만 숨을 쉰다?

사람이 코, 기관, 기관지, 폐로만 호흡한다고 생각했나요? 하지만 우리는 피부의 땀구멍과 모공을 통해 몸속의 노폐물을 배출하는 피부 호흡도 해요. 피부 호흡은 전체 호흡의 0.61%로 매우 적은 양이지만, 피부 호흡을 못 하면 한 시간 안에 죽을 수 있어서 아주 중요해요. 사람을 포함한 모든 동물은 피부로도 숨을 쉬어요. 양서류인 개구리는 피부가 촉촉하지 않고 건조하게 마르면 피부 호흡을 못 해서 죽는답니다.

실생활 개념어 활용 문장　감기는 호흡기관에 생기는 병으로 감기에 걸리면 호흡기관인 코, 기관지, 폐가 아플 수 있어.

나만의 말로 표현해보기

관련 단원 6-2. 우리 몸의 구조와 기능

순환기관

상위어 인체　**비교 단어** 운동기관, 소화기관, 호흡기관, 배설기관, 감각기관

교과서에서는? 혈액의 이동에 관여하는 심장과 혈관을 순환기관이라고 합니다.

순환기관은 혈액(피)이 폐나 몸 전체를 한 바퀴 돌 때 사용하는 신체 기관을 말해요.

혈액(피)은 폐에서 가져온 산소와 음식물에서 얻은 양분을 온몸의 세포에 보내주고, 세포에서 만들어진 이산화 탄소를 가져가는 순환을 해요. 심장은 끊임없이 움직여 혈액이 온몸을 순환하게 만들죠. 순환기관에는 심장과 혈관이 있어요.

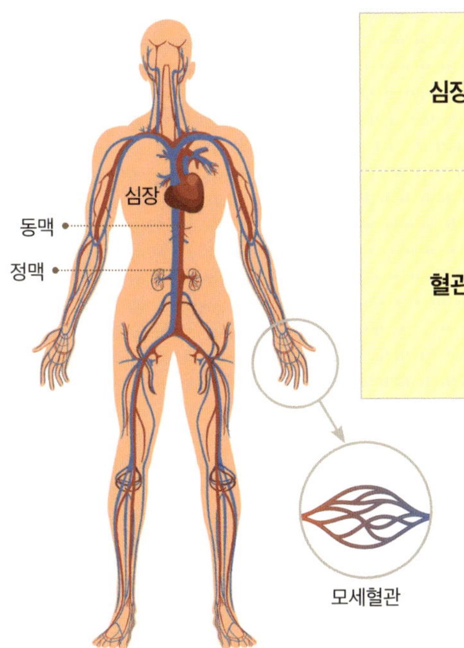

심장	심장은 규칙적으로 움직여 혈액이 혈관 속에서 움직일 힘을 만들어요. 심장은 근육으로 만들어졌어요. 심장의 크기는 사람의 주먹과 비슷해요.
혈관	혈관은 혈액이 이동하는 길로 몸 전체에 있어요. 혈액은 혈관을 따라 온몸의 세포에 산소와 양분을 전달해요. 혈액은 세포로부터 이산화 탄소와 노폐물을 가져와요. 혈액은 심장에서 나와서 온몸을 돌고 다시 심장으로 돌아오는 순환을 해요.

오개념 앗, 헷갈리네!

1 우리 눈에 보이는 손목, 발목에 있는 혈관(정맥)은 초록색이다?

우리가 혈관을 보는 것은 혈관에 반사된 빛을 보는 거예요. 빛의 여러 가지 색 중 파란색만 혈관 속으로 흡수되지 못해 우리 눈으로 반사돼요. 빨간색은 혈관 속으로 흡수돼서 우리 눈으로 반사되지 않죠. 그래서 우리 손목의 혈관은 초록색, 파란색, 혹은 보라색으로 보여요. 또, 그림에서 혈관을 빨간색과 파란색으로 표현하는 것은 동맥(빨간색)과 정맥(파란색)을 구분하기 쉽도록 나타낸 거예요.

실생활 개념어 활용 문장　사람은 순환기관에 문제가 생기면 심각한 병에 걸려.

나만의 말로 표현해보기

생명과학 43

관련 단원 6-2. 우리 몸의 구조와 기능

배설기관

상위어 인체　**비교 단어** 운동기관, 소화기관, 호흡기관, 순환기관, 감각기관

교과서에서는? 배설에 관여하는 콩팥, 방광 등을 배설기관이라고 합니다.

배설기관은 세포가 만든 노폐물을 몸 밖으로 내보내는 신체 기관을 말해요.

순환기관에서 혈액(피)이 세포에서 만들어진 이산화 탄소를 가져온다고 설명했어요. 혈액(피)은 이산화 탄소뿐만 아니라 에너지를 만들고 남은 찌꺼기도 함께 가져와요. 이렇게 모인 노폐물은 오줌이 되어 몸 밖으로 나가는데, 이 과정을 배설이라고 해요. 배설기관에는 콩팥과 방광이 있어요.

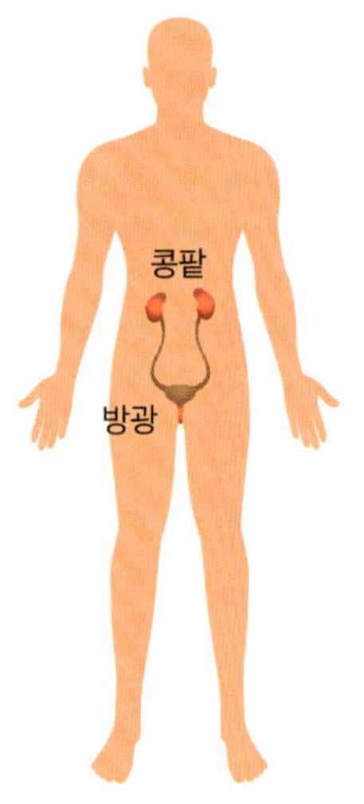

콩팥 (신장)	콩팥은 강낭콩처럼 생겼고 주먹만 한 크기의 기관이에요. 콩팥은 오른쪽과 왼쪽에 한 개씩 두 개가 있어요. 혈액(피)이 콩팥을 지나가면서 몸속에 필요 없는 찌꺼기를 걸러내 오줌을 만들어요. 혈관을 통해 콩팥을 지나간 혈액의 99%는 다시 혈관을 통해 우리 몸속을 순환해요. 1%만 노폐물로 걸러져요.
방광	콩팥에서 만든 오줌을 저장해요. 방광에 오줌이 250mL 정도 모이면 사람은 오줌을 누고 싶어 해요. 사람은 땀으로 체온 조절을 해서 땀을 많이 흘리는 여름에는 오줌을 조금 누고, 땀을 조금 흘리는 겨울에는 오줌을 많이 눠요.

노폐물인 오줌을 안 누고 오래 몸속에 보관하면 어떻게 될까요? 오줌에는 우리 몸에 해로운 물질(요소)이 들어 있어요. 오래 소변을 참으면 방광염이라는 병에 걸릴 수 있죠. 소변을 누고 싶을 때는 참지 않고 바로 화장실로 가야 해요.

오개념 앗, 헷갈리네!

① **항문은 배설기관이다?**

배설과 배출은 모두 몸속에 있는 것을 몸 밖으로 내보낸다는 공통점이 있어요. 배설은 세포에서 만들어진 노폐물(오줌)을 몸 밖으로 보내요. 배설은 몸속 세포에 필요 없는 찌꺼기를 몸 밖으로 내보내기 때문에 음식이랑 상관이 없어요. 반면에 배출은 소화 과정이 끝난 쓸모없는 음식물 찌꺼기(똥)를 몸 밖으로 내보내는 거예요. 음식물과 관련된 항문은 배설기관이 아니라 소화기관이에요.

실생활 개념어 활용 문장　소변은 배설기관에서 나오고 대변은 소화기관에서 나와.

나만의 말로 표현해보기

44

관련 단원 6-2. 우리 몸의 구조와 기능

감각기관

상위어 인체 **비교 단어** 운동기관, 소화기관, 호흡기관, 순환기관, 배설기관

교과서에서는? 감각기관이 받아들인 자극은 온몸에 퍼져있는 신경계를 통해 전달됩니다.

감각기관은 주변 정보를 받아들이는 기관이에요.

사람은 매일 다양한 정보를 받아들이며 살아가요. 우리가 흔히 오감이라고 하는 시각, 청각, 후각, 미각, 촉각을 통해 이 세상을 이해하죠. 주변을 보고, 소리를 듣고, 냄새를 맡고, 맛을 보고, 피부에 닿는 것을 느끼는 데 사용되는 기관을 감각기관이라고 해요. 이렇게 다양한 정보를 모아 몸속에 있는 신경계(뇌)에 전달해요. 그러면 신경계(뇌)가 어떻게 반응할지 결정해 운동기관에 지시하죠. 감각기관에는 눈, 귀, 코, 혀, 피부가 있어요.

	눈	물체에 반사된 빛이 눈을 통해 들어오면 물체가 어떻게 생겼는지, 무슨 색인지 인지해요.
	귀	귀는 소리를 듣기도 하고 우리 몸이 잘 서 있는지 감지해요(평형감각).
	코	코는 다양한 냄새를 맡아요.
	혀	혀는 쓴맛, 신맛, 짠맛, 단맛을 느껴요.
	피부	피부는 따뜻하고 차가운 것(온도)을 느끼고 눌리는 것도 인지해요. 피부는 아픈 것을 가장 먼저 알아차려요.

오개념 앗, 헷갈리네!

① 혀는 매운맛을 느낄 수 있다?

매운맛은 혀가 느끼는 미각이 아니라 피부가 느끼는 통각(통증감각)이에요. 사람이 맵다고 느끼는 것은 사실 피부가 뜨겁다고 고통스러워하는 거예요. 매운 물질이 피부에 닿으면 뜨거운 불에 화상을 입었을 때처럼 뜨겁다고 느껴요. 매운 고추를 만진 손으로 눈을 비비면 아픈 이유가 바로 이것 때문이에요.

실생활 개념어 활용 문장

감각기관에 이상이 생기면 이 세상을 보고, 듣고, 냄새 맡고, 느끼고, 맛보는 즐거움이 사라져.

나만의 말로 표현해 보기

관련 단원 3-2. 감염병과 건강한 생활

감염병

하위어 전염병

감염병은 사람이나 동물 몸속에 세균이나 바이러스가 많아져 걸리는 병이에요.

감염병은 세균과 바이러스가 원인으로, 사람 몸속에 침입한 세균이나 바이러스의 수가 많아지면서 걸리는 병이에요. 감기가 옮는다는 것은 감기 바이러스가 다른 사람에게 전파된다는 뜻이에요. 감염병 중에 다른 생물에게 세균과 바이러스가 전파돼 아프게 하는 병을 '전염병'이라고 불러요.

의학 기술의 발전으로 세균을 물리칠 수 있는 항생제가 많이 개발되어 있지만, 바이러스는 세균과 달리 세포가 없어서 항생제를 사용할 수 없어요. 또, 바이러스는 자손을 만들며 조금씩 유전정보가 달라지는 변이가 일어나 기존의 치료제로 치료하기가 힘들어요. 코로나바이러스도 계속 변이가 일어나 과학자들은 계속 새로운 치료제와 백신을 만들기 위해 연구해야 했어요.

세균에 의한 감염병		바이러스에 의한 감염병	
흑사병 탄저병	결핵 콜레라	감기 독감(인플루엔자) 천연두	소아마비 수두 사스, 메르스, 에볼라, 코로나

감염병은 걸리지 않게 미리 예방하는 것이 제일 중요해요. 세균과 바이러스가 몸속에 들어오지 못하게 위생에 신경을 써야 해요. 비누로 손 씻기, 기침할 때 휴지나 옷소매로 입과 코 가리기, 음식물 익혀 먹기, 예방접종 맞기를 실천해 감염병을 예방할 수 있어요.

오개념 앗, 헷갈리네!

① 독감 예방주사를 맞으면 감기에 안 걸린다?

감기와 독감 모두 바이러스에 의한 감염병이지만 원인이 되는 바이러스가 달라요. 독감 예방주사는 3가지 혹은 4가지 독감 바이러스만 예방할 수 있고(3가 백신, 4가 백신) 감기 바이러스는 예방할 수 없어요. 감기 바이러스는 그 종류가 200가지가 넘기 때문에 독감 예방주사를 맞아도 감기에 걸릴 수 있어요.

② 사람만 독감에 걸린다?

동물도 독감에 걸려요. 새들이 걸리는 조류인플루엔자, 돼지가 걸리는 돼지 독감, 낙타가 걸리는 낙타 독감(메르스) 등이 있어요.

실생활 개념어 활용 문장 매년 유행하는 감염병이 달라지니 항상 30초 이상 손 씻기를 실천하는 것이 좋아.

나만의 말로 표현해보기

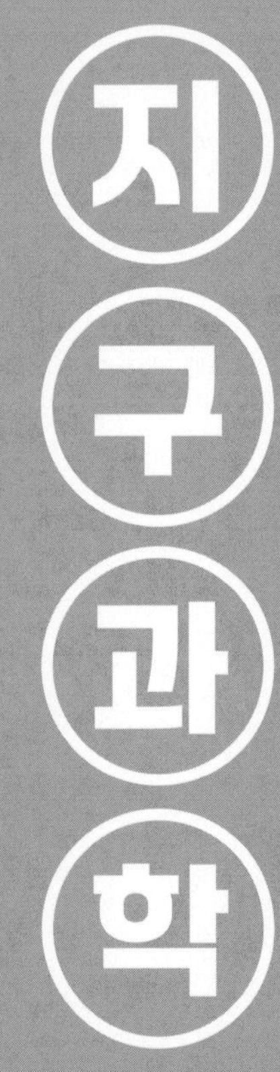
지구과학

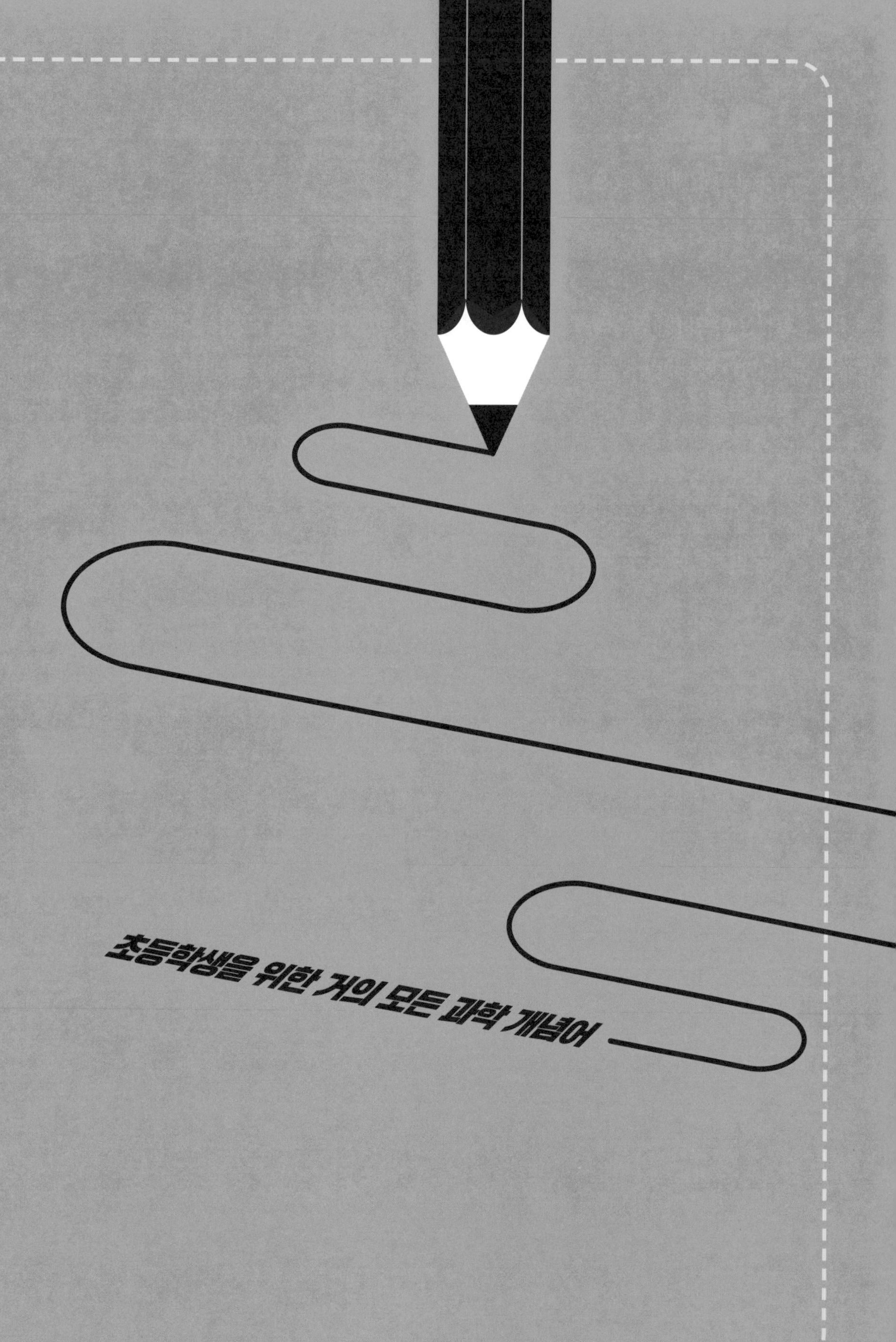
초등학생을 위한 거의 모든 과학 개념어

① 화산

火 불 화 山 뫼 산 불의 산

교과서에서는? 세계 여러 지역의 화산을 관찰합시다.

화산은 마그마가 땅속의 틈을 뚫고 나와 쌓여서 만들어진 땅의 모양을 말해요.

마그마가 땅의 약한 틈을 뚫고 밖으로 빠져나오면서 여러 가지 물질을 내뿜는 것을 화산 활동이라고 하고, 화산 활동으로 만들어진 땅의 모양을 화산이라고 해요. 화산의 모양은 분출되는 마그마의 종류, 용암, 여러 가지 알갱이(화산암괴, 화산력, 화산재 등)들의 크기와 상대적 비율 등에 따라 다양해요. 화산암괴는 이미 굳어져 있던 암석이 화산의 폭발로 깨어진 조각을, 화산력은 화산이 분출할 때 터져 나오는 용암의 조각을 말해요. 화산재는 화산에서 분출된 용암의 부스러기로 크기는 화산암괴, 화산력, 화산재 순으로 커요.

성층 화산	순상 화산	종상 화산
화산 쇄설물(화산 활동으로 나오는 고체 물질들)과 용암이 번갈아 분출하면서 층을 이루어 쌓인 원뿔 모양의 화산으로 아랫부분은 경사가 완만하지만 윗부분은 경사가 급해요.	분출한 용암의 점성(끈적이는 정도)이 작아 멀리까지 흘러가 경사가 완만해지는데 그 모양이 엎어 놓은 방패와 같은 모양이라서 순상(楯 방패 순 狀 모양 상) 화산이라고 해요.	분출한 용암이 점성이 커서 멀리 흘러가지 못해 경사가 급한 화산이 만들어지는데 그 모양이 종 모양을 닮아 종상(鐘 쇠 종 狀 모양 상) 화산이라고 해요.
예 일본 후지산	예 제주도 한라산	예 제주도 산방산

오개념 앗, 헷갈리네!

① 화산이 폭발하면 피해만 본다?

화산이 폭발하면 산불이 발생하거나 공기 중의 화산재 때문에 호흡기 질병이 생기고 비행기 운항이 취소되기도 해요. 하지만 우리에게 이로운 점도 있어요. 예를 들어 일본에서는 화산 주변의 온천을 개발해서 관광지로 이용해요. 또, 인도네시아에서는 화산재가 땅을 비옥하게 해서 1년에 3번의 농사를 짓기도 하죠.

실생활 개념어 활용 문장
제주도는 화산 활동으로 만들어진 섬이라 다른 섬에서는 볼 수 없는 독특한 모습이 아름다운 곳이야.

나만의 말로 표현해보기

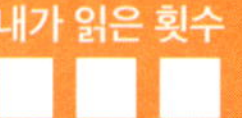

지구과학 **2**

관련 단원 4-1. 땅의 변화

마그마

상위어 화산 **비교 단어** 용암

교과서에서는? 지표 가까이에서 마그마는 빠르게 식으면서 굳어져 암석이 됩니다.

땅속 깊은 곳에 있는 돌이나 돌멩이들이 녹은 것이 마그마예요.

지구 안은 땅속 깊이 내려갈수록 주위 암석을 녹일 만큼 뜨거워지고 땅이 누르는 힘이 세져요. 땅이 누르는 힘에 의해 땅속 돌이나 돌멩이들이 녹아서 액체 상태가 되죠. 이렇게 지구 내부에서 여러 물질이 녹아 만들어진 것을 마그마라고 해요. 이 마그마가 지하에 모여 있다가 땅의 약한 부분에 작은 틈이 생기면 위쪽으로 뚫고 나오게 되는데 이것이 화산 폭발이에요.

오개념 앗, 헷갈리네!

[1] **마그마와 용암은 같다?**

마그마와 용암은 달라요. 마그마는 돌이나 돌멩이가 지구 내부에 녹아 있는 것이고, 땅 밖으로 나와 가스가 빠진 것은 용암이에요.

실생활 개념어 활용 문장	지구 안에는 마그마가 흐르고 있어.
나만의 말로 표현해보기	

관련 단원 4-1. 땅의 변화

3 용암

상위어 화산   **비교 단어** 마그마

교과서에서는? 용암은 지표를 흐르면서 주변을 뒤덮거나 산불을 발생시킵니다.

마그마가 땅을 뚫고 밖으로 나와 흘러내리는 것이 용암이에요.

용암은 마그마가 땅을 뚫고 나와 땅 위를 흐르는 것으로, 화산 폭발 때 나오는 물질 중 돌이 녹아서 만들어진 붉게 빛나는 뜨거운 액체예요. 용암의 끈적이는 정도(점성)와 뿜어내는 양에 따라 용암이 흐르는 모양이 달라지죠.

오개념 앗, 헷갈리네!

1 용암은 무엇이든 녹이는 공포의 물질이다?

용암이 매우 위험한 것은 사실이지만, 닿자마자 순식간에 녹고 맞닿는 모든 것을 흔적도 없이 녹이는 무시무시한 공포의 물질은 아니에요. 실제 용암의 온도는 700~1,300℃ 정도로 쇠도 못 녹여요.

2 화산은 용암이 분출되는 산이다?

화산은 용암이 아니라 마그마가 분출되어 만들어진 땅의 모양을 말해요.

실생활 개념어 활용 문장   하와이에 여행을 가서 용암이 흐르다 굳은 흔적들을 보았어.

나만의 말로 표현해보기

지구과학 **4**

관련 단원 4-1. 땅의 변화

화산 분출물

噴 뿜을 분 出 날 출 物 물건 물 뿜어져 나오는 물질   **상위어** 화산

교과서에서는? 화산 분출물에는 화산 가스, 용암, 화산재, 화산 암석 조각 등이 있습니다.

화산 분출물은 화산이 폭발할 때 나오는 여러 가지 물질을 말해요.

화산이 분출할 때는 화산 가스, 용암, 화산재, 화산 암석 조각 등 다양한 물질이 함께 뿜어져 나와요. 이 화산 분출물이 마을을 뒤덮거나 산불을 발생시켜 피해를 주기도 하지만, 화산 활동으로 인해 물이 따뜻한 온천을 개발하거나 땅의 열을 이용해 전기를 생산하는 등 이로운 점도 있어요.

❶ **화산 가스** 화산이 분출할 때 나오는 기체를 말하며, 대부분 수증기예요.

❷ **용암** 마그마가 지표를 뚫고 나와 흘러내리는 것이 용암이에요.

❸ **화산재** 화산이 분출할 때 나오는 뿌연 돌가루를 말해요.

❹ **화산 암석 조각** 화산이 분출할 때 나오는 크고 작은 돌덩이를 말해요.

❺ **화산 쇄설물** 위에 말한 화산 분출물 중 기체 상태인 화산 가스와 액체 상태인 용암 이외에 화산 활동으로 분출되는 크고 작은 고체 물질을 말하며, 알갱이의 크기에 따라 화산암괴, 화산력, 화산재 등으로 나뉘어요.

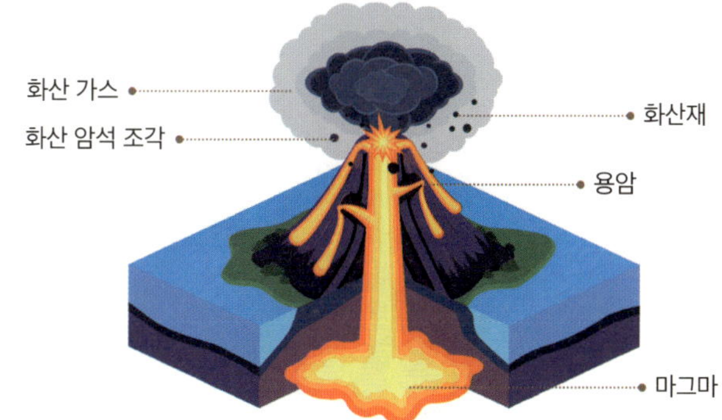

오개념 앗, 헷갈리네!

① **화산 분출물은 모두 피해만 준다?**
화산재가 쌓여 오랜 시간이 지나면 땅이 비옥해져 농사를 짓는데 도움이 되기도 해요.

② **화산재가 쌓이면 바로 논과 밭이 비옥해진다?**
화산재가 토양과 섞이면서 배수(물이 빠짐)가 이루어지고 토양이 비옥해지려면 오랜 시간이 걸려요. 따라서 화산재가 덮인 지역이 농사 짓기에 알맞게 되려면 시간이 필요해요.

실생활 개념어 활용 문장	화산이 폭발한 후 인근 마을이 **화산 분출물**들로 인해 피해를 보았어.
나만의 말로 표현해보기	

지진

地 땅 지 震 우레(천둥) 진 땅의 흔들림

교과서에서는? 지진의 발생 원인을 알아보고, 지진의 피해 사례를 조사해 봅시다.

땅이 흔들리는 것이 지진이에요.

지구를 이루는 부분 중 지각과 맨틀의 윗부분, 즉 표면을 포함하는 단단한 암석층을 판이라고 해요. 지구 표면은 여러 개의 크고 작은 판으로 이루어져 있는데, 이 판들은 고정되지 않고 움직여요. 판들이 움직이며 서로 충돌하거나 멀어지거나 어긋나게 되면 땅이 흔들리게 돼요. 이것을 지진이라고 하죠. 대부분 지진은 판의 경계에서 발생하지만 더 깊숙한 내부에서 발생하기도 해요.

✓ 지진의 세기

❶ **규모** 지진이 발생했을 때 나오는 실제 에너지의 양을 '규모'라고 해요. 예를 들어 규모 4.0의 지진은 규모 2.0의 지진보다 약 1,024배 에너지가 더 발생하는데, 규모 1씩 커질 때마다 에너지는 약 32배씩 커져요.

❷ **진도** 지진이 발생했을 경우 사람이 느끼는 정도나 물체나 건물이 흔들리는 정도 등을 등급으로 나눈 거예요. 같은 규모의 지진이 발생해도 지진이 발생한 지점까지의 거리, 지진 피해를 본 지역의 건물이 튼튼한지, 그 지역이 지진에 어느 정도 대비할 수 있는지 등에 따라 진도가 다를 수 있어요.

✓ 지진대

세계 여러 곳에서 지진이 발생하고 있지만 특히 자주 발생하는 지역이 있는데, 이 지역들을 연결하면 띠 모양을 이루기 때문에 '지진대(地 땅 지, 震 우레 진, 帶 띠 대)'라고 불러요.

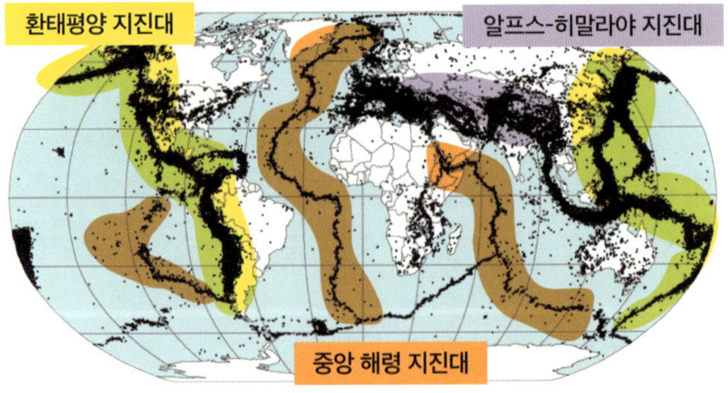

바다 밑에 있는 산맥인 해령을 따라 지진이 발생함. 대서양과 인도양, 남극해의 중앙 부분 및 태평양 지역이 해당됨.

오개념 앗, 헷갈리네!

① **지진이 발생하면 항상 큰 피해가 생긴다?**

큰 피해만 생기는 것은 아니에요. 지구 안에서는 매일 수천 번의 지진이 일어나지만 많은 사람이 진동을 느끼지 못하기도 하고, 피해가 없거나 작은 피해만 발생할 때도 있어요.

실생활 개념어 활용 문장　파푸아뉴기니로부터 227km 떨어진 해역에서 규모 6.1의 지진이 발생했다는 뉴스를 들었어.

나만의 말로 표현해보기

화성암

상위어 마그마

교과서에서는? 화성암으로는 화강암과 현무암이 있습니다.

마그마가 식으면서 굳어져 만들어진 돌이 화성암이에요.

화성암은 만들어지는 장소에 따라 화산암, 심성암, 반심성암으로 나눌 수 있어요.

❶ **화산암** 마그마가 지표 가까이에서 빠르게 식으면서 굳어져 만들어진 암석으로 알갱이의 크기가 작아요.
　　⑩ 현무암, 안산암, 유문암 등

❷ **심성암** 마그마가 땅속 깊은 곳에서 천천히 식으면서 굳어져 만들어진 암석으로 알갱이의 크기가 커요.
　　⑩ 화강암, 반려암, 섬록암 등

❸ **반심성암** 화산암과 심성암의 중간 정도 깊이에서 마그마가 식으면서 굳어져 만들어진 암석으로, 알갱이의
　　크기도 화산암과 심성암의 중간 정도예요.
　　⑩ 휘록암, 섬록반암, 석영반암 등

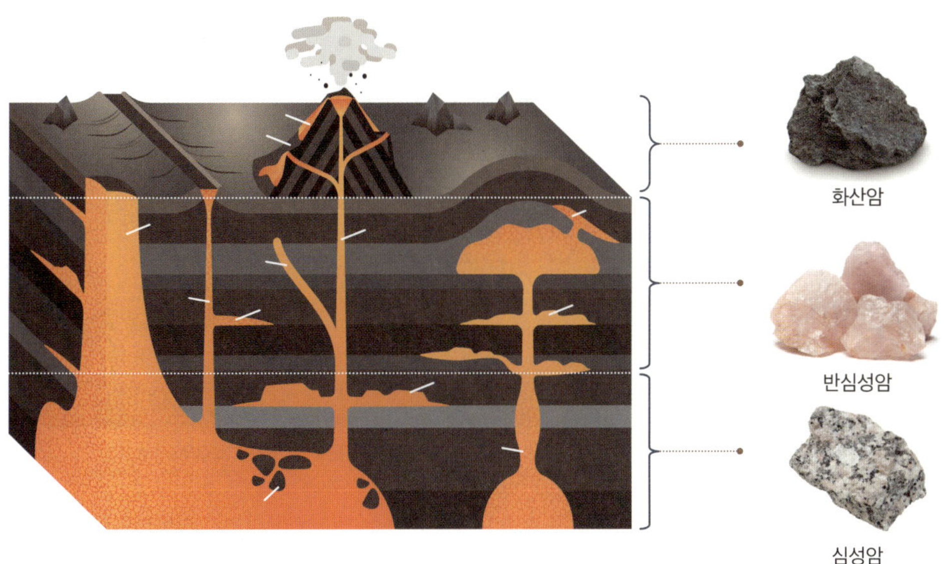

실생활 개념어
활용 문장
제주도에서 쉽게 볼 수 있는 현무암도 화성암의 한 종류야.

나만의 말로
표현해 보기

7 화강암

상위어 화성암 **비교 단어** 현무암

교과서에서는? 화강암과 현무암의 특징을 관찰합시다.

화강암은 땅속 깊은 곳에서 마그마가 천천히 식으면서 굳어진 암석 중 색깔이 밝고 여러 가지 색깔의 알갱이가 있는 암석이에요.

땅속 깊은 곳에 녹아 있는 마그마가 천천히 식으면 주로 화강암이 돼요. 천천히 식었기 때문에 화강암은 맨눈으로 구별할 수 있을 정도로 알갱이의 크기가 크죠. 색은 회색이고 밝은 바탕에 반짝거리는 검은 알갱이가 있는 것이 특징이며, 표면이 거칠거칠하고 여러 가지 색깔의 알갱이가 있어요.

또한, 화강암은 단단하고 표면을 갈면 윤이 나요. 그래서, 예로부터 건물의 축대나 기둥을 만들 때 쓰이거나 비석 등에 많이 사용되었어요. 원시 시대 돌무덤인 고인돌이나 이집트 왕의 무덤인 피라미드, 우리나라 역사 유물인 다보탑, 석가탑, 석굴암, 첨성대 등도 화강암으로 만들어졌어요.

화강암의 특징
땅 속 깊은 곳에서 만들어진다.
색이 밝다.
알갱이가 크다.
구멍이 없다.

화강암으로 만들어진 석굴암

실생활 개념어 활용 문장 서울 성북구의 돈암동, 안암동, 종암동은 그 동네에 화강암이 매우 많아 이름에 '암'이 붙었다고 해.

나만의 말로 표현해 보기

관련 단원 4-1. 땅의 변화

현무암

상위어 화성암　**비교 단어** 화강암

교과서에서는? 화강암과 현무암의 특징을 관찰합시다.

현무암은 땅 표면 근처에서 마그마가 빠르게 식으면서 굳어진 암석 중에 색깔이 어둡고 구멍이 많이 나 있는 암석이에요.

현무암은 색깔이 검고 표면이 거칠거칠하며 크고 작은 구멍이 있어요. 표면의 구멍은 마그마가 식을 때 화산 가스가 빠져나가면서 생긴 거예요. 마그마가 빠르게 식었기 때문에 알갱이의 크기가 작아요.

현무암은 단단하고 열에 강하여 맷돌, 축대, 주춧돌 등을 만드는 데 주로 쓰여요. 특히 제주도에서는 현무암으로 된 돌담과 돌하르방을 흔히 볼 수 있지요.

현무암의 특징
땅 표면에서 만들어진다.
색이 어둡다.
알갱이가 작다.
구멍이 많다.

현무암으로 만들어진 돌하르방

오개념 앗, 헷갈리네!

① **모든 현무암에는 구멍이 있다?**
　구멍이 있는 현무암만 있다고 많이 알고 있는데, 구멍이 없는 현무암도 있어요.

② **현무암과 화강암은 한 마그마에서 동시에 만들어진다?**
　생성되는 깊이와 시기가 달라서 한 마그마에서 동시에 만들어지는 것은 아니에요.

실생활 개념어 활용 문장　제주도의 돌하르방은 현무암으로 만들어졌어.

나만의 말로 표현해보기

풍화

風 바람 풍 化 될 화 바람 등에 의해 점차 작게 부서짐　**비교 단어** 침식

교과서에서는? 풍화 작용은 어떻게 일어나는지 알아봅시다.

풍화는 돌이나 돌멩이가 여러 가지 이유로 잘게 부서져 흙으로 변해가는 현상을 말해요.

대부분 흙은 암석, 즉 돌의 풍화 작용을 통해 만들어져요. 커다란 바위나 돌이 제자리에서 점차 부서지는 데는 여러 가지 원인이 있어요.

✔ 풍화의 원인

❶ **물리적 풍화** 온도 차이로 돌이 늘어났다 줄어들었다를 반복하면서 깨지기도 하고, 흐르는 물이나 바람에 의해 깎이기도 하며, 지구 내부와 지표면의 압력 차이로 돌이 깨지거나 부서지게 돼요. 또, 바위틈에서 식물의 씨앗이나 뿌리가 자라나 바위가 깨지거나 부서지기도 하죠.

❷ **화학적 풍화** 산성비나 생물체의 분비물 등 외부 물질이 돌 속 성분에 영향을 끼쳐 부서지게 만들어요. 석회암과 같은 돌은 빗물에 녹아 구멍이 생기거나 잘게 부서져요. '정장석'이라는 돌은 산성비에 녹아 부서지면 도자기를 만들 때 쓰이는 고령토가 돼요.

물리적 풍화

화학적 풍화

실생활 개념어 활용 문장　여기 흙은 화강암이 풍화되어 만들어졌다고 해.

나만의 말로 표현해보기

지구과학 **10**

침식

浸 담글 침 蝕 좀먹을 식 물 등에 의해 좀먹어 들어감 **비슷한 말** 풍화

교과서에서는? 흐르는 물이 흙, 모래, 자갈 등을 깎아내는 것을 침식 작용이라고 합니다.

침식은 바위나 돌, 흙 등이 자연 현상에 의해 깎이는 것을 말해요.

흐르는 물은 지표면을 깎고, 깎인 자갈·모래·진흙 등을 날라 낮은 곳에 쌓아 두기도 해요. 이러한 과정이 오랜 시간에 걸쳐 이루어지면 땅의 모습이 많이 달라져요. 이 과정 중 흐르는 물이 지표면을 깎는 것이 침식이에요. 흐르는 물이 경사진 흙 위쪽의 흙을 깎고 운반해 아래쪽에 쌓이게 하면서 땅의 모습이 변하죠. 땅의 경사가 클수록 물의 흐름이 빨라지므로 경사가 급한 강의 위쪽에서 침식 작용이 활발하게 일어나 흙이 가장 많이 깎이고, 아래쪽은 흐르는 물의 퇴적(덮쳐져 쌓임) 작용이 활발해 흙이 가장 많이 쌓이게 돼요. 흐르는 물은 침식 작용, 운반 작용, 퇴적 작용으로 주변에 있는 땅의 모습을 서서히 바꿔요.

침식은 흐르는 물에 의해 가장 많이 일어나지만 지역에 따라서는 파도나 빙하, 바람에 의해서 일어나기도 해요. 바다 쪽으로 돌출된 땅인 '곶'은 바닷물, 즉 파도의 침식 작용이 활발해 생긴 것이고, 해식 절벽이나 해식 동굴도 파도에 의해 만들어진 땅의 모습 중 하나예요.

침식 작용으로 생긴 해식 절벽

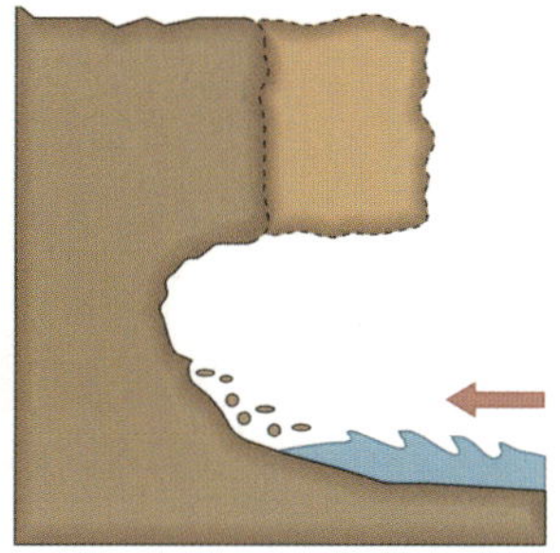

침식 작용으로 생긴 해식 동굴

오개념 앗, 헷갈리네!

① 강의 안쪽과 바깥쪽의 수심(물의 깊이)은 어디에서나 같다?

구불구불한 강에서는 강 안쪽과 바깥쪽의 수심이 달라요. 경사가 급한 강의 상류(위쪽)를 지나 조금 완만해지는 강의 중류(중간)에 다다르면 물의 흐름이 느려져 상대적으로 강 안쪽보다 바깥쪽인 옆면을 깎아내는 침식 작용이 활발해져요. 이렇게 강 바깥쪽 물의 흐름이 빨라 침식 작용이 주로 일어나면서 수심이 깊어지고, 강의 안쪽은 물의 흐름이 느려 흙이나 모래가 쌓이면서 수심이 얕아지게 돼요.

실생활 개념어 활용 문장

바닷가에서 바다 쪽으로 튀어나온 부분은 바닷물에 의한 **침식** 작용이 활발히 일어나 동굴이 만들어지기도 해.

나만의 말로 표현해보기

11 운반

運 옮길 운 **搬** 옮길 반 흘려보내 옮김   **비교 단어** 침식, 퇴적

교과서에서는? 흐르는 물이 흙을 운반하여 땅의 모습을 어떻게 바꾸었는지 알아봅시다.

침식으로 생긴 흙, 모래, 자갈 등이 흐르는 물을 따라 이동하는 것이 운반이에요.

산과 같은 높은 곳에서 시작된 물이 바다까지 흘러가면서 바위나 돌, 흙 등을 깎아 내거나 운반해요. 이렇게 하면서 흐르는 물 주변의 땅 모습을 서서히 바꾸어요. 흐르는 물이 깎은 땅의 부산물을 옮기는 것을 물의 '운반 작용'이라고 불러요.

흐르는 물 뿐만 아니라 파도, 바람이 물질을 운반하기도 해요.

오개념 앗, 헷갈리네!

① 강의 상류에서는 침식 작용, 중류에서는 운반 작용, 하류에서는 퇴적 작용만 일어난다?

경사가 급한 강의 상류에서는 물살이 세 침식 작용만 일어나고, 하류(아랫쪽)에서는 쌓이기만 하는 퇴적 작용만 일어난다고 잘못 알고 있는 경우도 있는데 그렇지 않아요. 강의 상류나 하류, 물이 흐르는 모든 곳에서 침식, 운반, 퇴적 3가지 작용이 모두 일어나요. 상류와 하류를 비교할 때 상대적으로 상류에서 침식 작용이 더 일어나고, 하류에서 퇴적 작용이 더 강하게 일어날 뿐이에요.

실생활 개념어 활용 문장 센 물살이 바위를 깎고 운반하는데, 이 과정에서 모래가 만들어져서 강 하류에 쌓이게 돼.

나만의 말로 표현해보기

12 퇴적

堆 언덕 퇴 積 쌓을 적 언덕처럼 흙이 쌓임   **비교 단어** 침식, 운반

교과서에서는? 바닷물의 퇴적 작용이 활발한 곳에서는 모래사장이나 갯벌과 같은 지형을 만듭니다.

퇴적은 흙, 모래, 자갈 등이 물이나 바람에 의해 운반되어 어떤 곳에 쌓이게 되는 것을 말해요.

경사진 땅에 물이 흐르게 되면 경사가 완만해지는 아래쪽에서 물의 흐름이 약해지면서 흙이나 모래 등이 쌓이게 되는데 이를 '퇴적'이라고 하며, 이러한 물의 작용을 '퇴적 작용'이라고 해요.

경사진 곳에서 물이 흘러내릴 때 흐르는 물의 속도가 느려져서 더 이상 물질이 운반되지 못하는 곳, 산과 평지가 만나는 곳이나 경사가 완만한 강의 하류에서 퇴적 작용이 주로 일어나요. 강 하류에 생기는 삼각형 모양의 삼각주나 바닷가의 모래 해변이나 모래 언덕, 갯벌 등은 퇴적 작용으로 생긴 땅의 모습이에요.

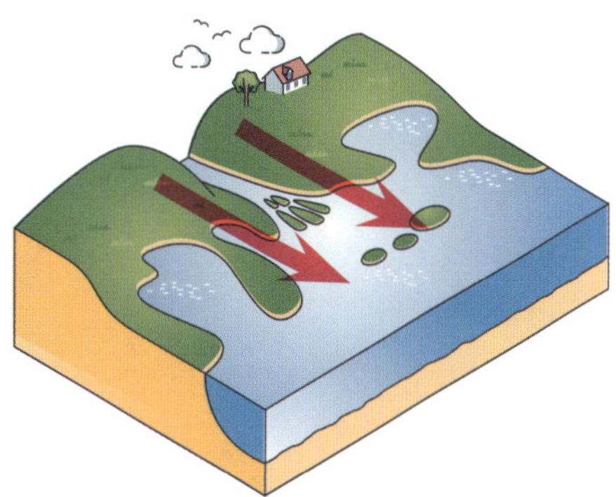

오개념 앗, 헷갈리네!

① **산에서 흘러 내려오는 강물만 침식, 운반, 퇴적 작용한다?**

흐르는 물의 작용이라고 해서 강물만 침식, 운반, 퇴적 작용을 하는 게 아니라 바닷물도 침식, 운반, 퇴적 작용으로 바다 주변 땅의 모습을 바꾸어요.

실생활 개념어 활용 문장	강의 하류로 갈수록 알갱이가 고운 모래들이 더 많이 퇴적되어 있어.
나만의 말로 표현해보기	

내가 읽은 횟수

13 퇴적암

하위어 이암, 사암, 역암

교과서에서는? 지층을 이루고 있는 퇴적암은 알갱이의 크기에 따라 이암, 사암, 역암 등으로 구분합니다.

퇴적암은 자갈, 모래, 진흙 등이 쌓여 단단하게 굳어져 만들어진 암석이에요.

우리가 사는 지구의 암석 대부분은 퇴적암으로 이루어져 있어요. 오랜 세월에 걸쳐 자갈이나 모래, 진흙 등이 쌓이면서 그 속에 다른 생물체가 함께 쌓여 굳기도 해요. 이것을 '화석'이라고 하는데, 퇴적암에서 나오는 화석들은 옛날 땅의 모습이나 기후, 주변 환경, 당시 생물들을 연구하는 데 매우 중요한 정보를 주지요. 퇴적암의 종류에는 쇄설성 퇴적암, 화학적 퇴적암, 유기적 퇴적암이 있어요.

쇄설성 퇴적암	화학적 퇴적암	유기적 퇴적암
암석의 풍화와 침식 작용으로 생긴 알갱이나 화산 분출물이 쌓여 만들어진 암석으로 이암, 사암, 역암, 응회암이 있어요.	규질, 석회질, 염분 등이 물속에 녹아 쌓였다가 물이 증발하며 만들어진 암석으로 암염, 석회암, 석고 등이 대표적이에요.	생물의 골격, 껍데기 등의 퇴적물이 쌓여 만들어진 암석으로 석탄, 처트 등이 대표적이에요.
사암	암염	석탄

오개념 앗, 헷갈리네!

1 퇴적물이 쌓여 오랜 시간이 지나면 저절로 퇴적암이 된다?

퇴적암은 물속에 녹아 있는 물질이 퇴적물을 풀처럼 서로 붙이는 작용(교결작용)을 하여 만들어지기도 하고, 퇴적물들이 쌓이면서 무거워져서 눌리는 힘으로 퇴적물 사이의 공간이 좁아지는 작용으로도 만들어져요.

실생활 개념어 활용 문장 퇴적암에서 발견되는 화석으로 옛날에 살던 생물의 모습을 알 수 있어.

나만의 말로 표현해보기

관련 단원 5-1. 지층과 화석

이암

泥 진흙 이 巖 바위 암 진흙이 굳은 돌 **상위어** 퇴적암 **비교 단어** 사암, 역암

교과서에서는? 지층을 이루고 있는 퇴적암은 알갱이의 크기에 따라 이암, 사암, 역암 등으로 구분합니다.

퇴적암 중 점토와 미세한 모래처럼 매우 작은 알갱이로 이루어진 퇴적암이 이암이에요.

이암은 주로 진흙이 쌓여 단단하게 굳어진 암석이에요. 알갱이의 지름이 1/16mm 이하인 진흙이 대부분을 이루고 있어서 알갱이의 크기가 매우 작고 촉감이 부드러워요. 이암은 잘 쪼개지지는 않지만 표면이 매끄럽고 손톱으로 잘 긁히는 성질이 있어요. 이암은 전체 퇴적암의 50% 정도를 차지하고 있지요.

이암

오개념 앗, 헷갈리네!

① **이암은 모두 진흙 색이다?**

이암의 색깔은 붉은색, 은색, 녹색 등 여러 가지가 있어요. 이암의 색깔이 여러 가지인 이유는 이암을 구성하는 물질과 이암이 만들어질 때의 특징에 따라 색이 달라지기 때문이에요.

실생활 개념어 활용 문장 이암은 바다나 호수 바닥, 강물이 고요하게 흐르는 곳에서 주로 만들어져.

나만의 말로 표현해 보기

사암

砂 모래 사 **巖** 바위 암 모래가 쌓인 돌　**상위어** 퇴적암　**비교 단어** 이암, 역암

교과서에서는? 지층을 이루고 있는 퇴적암은 알갱이의 크기에 따라 이암, 사암, 역암 등으로 구분합니다.

퇴적암 중 모래 크기의 광물이나 암석 알갱이로 이루어진 퇴적암이 사암이에요.

사암은 주로 모래가 쌓여 단단하게 굳어진 암석이에요. 사암은 알갱이의 지름이 1/16mm~2mm인 모래가 대부분을 이루고 있어서 '모래암'이라고도 불리며, 촉감이 약간 거칠어요. 사암의 색깔은 모래의 색에 따라 결정되며, 붉은색이나 회색, 황색, 갈색 등이 흔하게 나타나요.

사암은 석영, 장석, 암편이라고 하는 광물이 포함된 정도에 따라 종류를 나눌 수 있고, 건축물이나 도로를 만드는 재료, 장식용 돌 재료로 사용돼요. 사암은 전체 퇴적암의 약 25%를 차지해요.

사암

실생활 개념어 활용 문장　사막의 모래가 쌓여 굳어져도 사암이 되는데, 사막의 모래는 둥근 게 특징이야.

나만의 말로 표현해보기

16 역암

礫 조약돌 역 巖 바위 암 조약돌이 쌓인 돌　**상위어** 퇴적암　**비교 단어** 이암, 사암

교과서에서는? 지층을 이루고 있는 퇴적암은 알갱이의 크기에 따라 이암, 사암, 역암 등으로 구분합니다.

퇴적암 중 자갈과 모래가 쌓여 단단하게 굳어져 만들어진 암석이 역암이에요.

역암은 알갱이의 크기가 지름 2mm 이상인 자갈이 대부분을 차지하고, 자갈 사이에 모래나 진흙이 메워져 있어요. 둥근 자갈들 사이를 모래나 점토가 메워 알갱이들 사이를 서로 치밀하게 붙여 주면서 굳어진 거예요.

역암은 포함된 알갱이들의 색깔에 따라 진한 회색, 진한 황토색 등 다양한 색깔을 띠고 있어요. 손으로 만져 보면 거친 느낌이 들고 만지는 부분마다 촉감이 달라요.

역암

실생활 개념어 활용 문장　전라북도 진안에 있는 마이산은 역암으로 이루어진 산이라고 해. 두께가 2,000m가 넘는 역암층이 솟아올라 만들어졌는데 세계적으로도 보기 드문 산이야.

나만의 말로 표현해 보기

관련 단원 5-1. 지층과 화석

지층

地 땅 태 層 층 층 땅의 층

교과서에서는? 여러 가지 지층을 관찰합시다.

지층은 자갈, 모래, 진흙 등이 쌓여 층을 이루고 있는 것을 말해요.

지층은 대부분 아래에서 위쪽으로 자갈, 모래, 진흙과 같은 퇴적물이 계속 쌓이면서 층을 이루게 된 것이에요. 아래쪽에 있는 것들이 먼저 쌓인 후 그 위로 나중에 쌓인 것들의 무게로 눌려 오랜 시간이 지나면 단단한 지층이 만들어지죠. 따라서 지층은 대부분 퇴적암으로 이루어져 있어요.

지층은 주로 산기슭이나 바닷가 절벽처럼 땅이 깎여진 곳에서 볼 수 있는데, 줄무늬가 있고 층마다 두께와 색깔도 다르며 모양이 다양해요. 지층이 만들어질 때 다양한 크기와 색깔의 알갱이가 층층이 쌓이기 때문에 평행한 줄무늬가 생겨요. 이 줄무늬를 자세히 관찰해 보면 자갈, 모래, 진흙의 알갱이 크기와 색깔이 서로 다른 것을 알 수 있어요.

지층

오개념 앗, 헷갈리네!

① 휘어지거나 끊긴 지층은 갑자기 생겼다?

지층 중에서 휘어지거나 끊어져 생긴 지층을 볼 수 있는데, 이러한 지층도 갑자기 휘어지거나 끊어지는 것이 아니라 오랜 세월에 걸쳐 서서히 만들어진 거예요. 땅에 퇴적물이 겹겹이 쌓여 단단하게 굳어지기까지의 시간을 상상해 보세요.

실생활 개념어 활용 문장

제주도 수월봉에 가면 화산 폭발로 화산재가 겹겹이 쌓여 생긴 지층을 볼 수 있대.

나만의 말로 표현해 보기

화석

化 될 화 石 돌 석 돌처럼 굳은 것

교과서에서는? 여러 가지 화석을 관찰합시다.

화석은 옛날에 살았던 생물의 몸체나 흔적이 지층에 남아 있는 것을 말해요.

화석은 거대한 공룡 화석부터 현미경을 이용해야 볼 수 있는 아주 작은 생물 화석까지 다양해요. 화석을 분류할 때는 화석이 된 생물의 흔적에 따라 체화석, 흔적 화석, 몰드로 나눌 수 있어요. 또, 지층이 만들어진 시기를 알려주는 화석은 표준 화석, 기후나 자연환경을 알려 주는 화석은 시상화석이라고 불려요.

생물의 흔적에 따라	체화석		생물의 몸 전체나 일부가 그대로 퇴적물에 묻혀서 화석이 된 것으로, 공룡 뼈, 이빨, 껍데기와 같은 화석이 그 예에요. 뼈가 다른 물질로 변하거나 다른 광물이 섞여 화석이 되는 것도 체화석에 속해요.
	흔적 화석		생물이 걸어간 자국이나 기어간 자국, 땅을 판 흔적 등 생물의 활동에 의한 모든 흔적이 화석이 된 거예요. 흔적 화석을 통해 옛날에 살았던 생물의 생활 모습이나 환경을 알 수 있어 연구에 도움이 돼요.
	몰드		생물의 몸체가 퇴적층 사이에서 천천히 녹아 그 흔적만 남은 화석이에요. 이렇게 만들어진 몰드 속에 광물질이 채워져 만들어진 화석을 '캐스트'라고 해요.
지층이 만들어진 시기와 환경에 따라	표준 화석		지층이 만들어진 시기를 알려주는 화석으로 특정 지질 시대에 산 생물의 수가 많아야 하고 분포 지역이 넓어야 표준 화석이 될 수 있어요. 삼엽충 화석이나 공룡 화석, 매머드 화석 등이 그 예에요.
	시상 화석		화석이 발견된 지역의 당시 기후나 자연환경을 알려 주는 화석으로 특정 환경에서만 산 생존 기간이 길고 분포 지역이 좁은 특징이 있어요. 그 예로는 고사리 화석, 산호 화석이 있어요.

오개념 앗, 헷갈리네!

1 **화석은 생물이 묻히자마자 바로 만들어진다?**

화석이 만들어지려면 생물이 빠르게 퇴적물에 묻혀야 하지만, 만들어지는 데는 짧은 시간이 아닌 오랜 시간이 필요해요.

2 **화석은 모두 돌로 되어 있다?**

얼음에 갇힌 매머드, 호박에 갇힌 곤충 등 화석의 형태는 다양해요.

실생활 개념어 활용 문장	자연사박물관에서 매머드 화석을 보았어.
나만의 말로 표현해보기	

화석화 작용

상위어 화석

교과서에서는? 화석화 작용에 관해 알아봅시다.

생명체가 죽어서 땅속에 오래 묻혀 있는 동안에 여러 가지 작용으로 화석이 되는데, 이렇게 화석을 만드는 여러 가지 작용을 화석화 작용이라고 해요.

화석을 뜻하는 영어 fossil은 라틴어 fossils에서 왔는데, 그 뜻은 '땅에서 파낸 기묘한 물건'이란 뜻이에요. 처음에는 광물이나 골동품도 화석이라고 했으나 점차 생명체의 유해나 유적에 대해서만 화석이라고 부르게 되었어요. 생명체가 지층 속에 오래 묻혀 있는 동안에 변성 작용온도나 압력에 의해 돌의 성분이나 구조가 변하는 것이나 속성 작용퇴적물이 퇴적암이 되는 과정에서 생기는 변화을 받아 화석이 되는 경우가 많아 화석화 작용이란 말이 생겼어요.

오개념 앗, 헷갈리네!

① 화석은 모두 돌이 된 것이다?

'화석(化石)'이란 말은 '돌이 되었다'라는 뜻이지만 모든 화석이 반드시 돌로 변한 것은 아니에요. 오랫동안 얼음이 잘 보존된 시베리아 북부 지역 같은 추운 곳에서 발견된 매머드의 경우 딱딱한 돌이 아닌 생생한 몸체가 그대로 잘 보존되어 있어요. 중국에서는 화석이 아닌 '강석(殭 굳셀 강, 石 돌 석)'이란 말을 사용하기도 해요.

실생활 개념어 활용 문장 화석은 화석화 작용으로 생겨난 거야.

나만의 말로 표현해보기

관련 단원 4-2. 물의 여행

물의 순환

循 돌 순 環 고리 환 돌고 도는 것

교과서에서는? 물의 순환을 알아보는 모형실험을 통해 물이 순환하는 과정을 알아봅시다.

물의 순환은 물이 고체, 액체, 기체로 상태가 변화하면서 육지나 바다, 공기 중, 생명체 안 등 여러 곳을 끊임없이 도는 것을 말해요.

바다의 넓이는 지구의 약 71%를 차지하며, 지구의 물은 대부분 바다에 있는데 그 양은 97.47%나 돼요. 나머지는 육지의 물로 빙하 > 지하수 > 하천 > 호수 순으로 존재하지요. 우리가 흔히 보는 강이나 호수 등의 물은 지구 전체 물의 약 0.01%밖에 되지 않아 우리가 생활에 사용할 수 있는 물의 양은 그렇게 많지 않아요. 따라서 물을 아껴 써야 하는 것이지요. 물은 바다, 육지, 공기, 생명체 안 등 모든 곳에 존재하며, 모습을 바꾸면서 계속 순환해요.

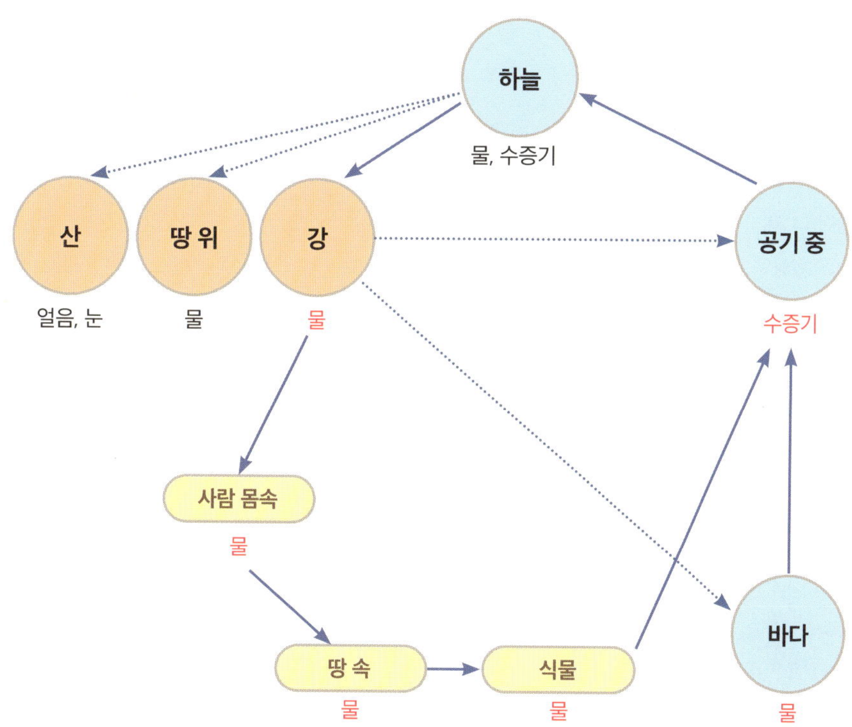

실생활 개념어 활용 문장
: **물의 순환**을 통해 물이 곳곳에 존재할 수 있는 거야.

나만의 말로 표현해보기

관련 단원 4-2. 기후변화와 우리 생활

습도

濕 축축할 습 度 정도 도 축축한 정도

교과서에서는? 건습구 습도계로 습도를 측정해 봅시다.

습도는 공기 중에 수증기가 포함된 정도를 말해요.

공기 중에는 산소와 이산화 탄소와 같은 기체뿐만 아니라 수증기도 포함되어 있어요. 공기 중에 수증기가 어느 정도 포함되어 있는지를 숫자로 나타낸 것이 습도예요. 습도의 단위는 %(퍼센트)예요. 공기가 건조하다는 것은 공기 중에 포함된 수증기의 양이 적다는 것으로 '습도가 낮다'고 말해요. 반대로 공기 중에 포함된 수증기의 양이 많을 때는 '습도가 높다'고 말해요.

✓ 습도계

습도를 측정하는 기구를 말해요. 습도에 따라 물체의 성질이 변하는 것을 이용하여 다양한 습도계를 만드는데, 그 예로는 전기 저항 습도계, 이슬점 습도계, 모발 습도계 등이 있어요.

✓ 습도가 우리 생활에 미치는 영향

습도가 너무 높거나 낮으면 생활에 불편함이 생기므로 상황에 따라 습도를 알맞게 조절해야 해요. 비 내리는 날 실내에 빨래를 널면 빨래가 잘 마르지 않고 빨래에서 냄새가 나는 경우가 있는데, 이렇게 습도가 높은 날에는 제습기를 틀거나 제습제를 사용하여 습도를 낮추게 되지요. 반대로 공기가 건조해 습도를 높여야 할 때는 주로 가습기를 사용하며, 그 외에도 젖은 빨래, 물에 적신 숯, 어항을 놓거나 식물을 키우는 것이 도움이 돼요.

✓ 습도와 관련한 기상 지수

기상청에서는 우리 국민의 생활 및 건강과 관련이 있는 여러 가지 기상 지수 정보를 제공해요. 그중 습도와 관련 있는 지수에는 체감 온도, 식중독 지수, 감기 가능 지수, 천식 폐 질환 가능 지수, 뇌졸중 가능 지수가 있어요. 습도가 높으면 식중독을 유발하는 세균이나 곰팡이가 생기기 쉬워 식중독 지수가 높아지며, 습도가 낮으면 감기에 걸리기 쉬워 감기 가능 지수가 올라가요.

오개념 앗, 헷갈리네!

① 사막은 모두 습도가 낮다?

모든 사막이 습도가 낮은 건 아니에요. 페루의 리마라는 곳은 사막이 있어 비가 내리는 양이 매우 적지만 바다의 영향으로 습도는 80%가 넘어 매우 높아요.

실생활 개념어 활용 문장

습도가 높아서 그런지 불쾌지수도 높은 것 같아.

나만의 말로 표현해 보기

이슬

비교 단어 안개, 구름

교과서에서는? 이슬과 안개가 어떻게 생기는지 알아봅시다.

이슬은 공기 중에 있던 기체 상태의 수증기가 온도가 내려간 물체와 만나서 액체 상태의 물방울로 변하여 표면에 맺힌 거예요.

공기 중의 수증기는 형태가 변해요. 눈에 보이지 않는 기체 상태의 수증기는 온도가 내려가면 액체 상태의 물방울로 바뀌고, 온도가 더 내려가면 고체 상태의 얼음 알갱이가 되지요. 온도가 내려가 수증기가 물로 바뀌는 것을 '응결'이라고 해요. 이것에 의해 이슬, 안개, 구름이 만들어져요.

✓ 이슬과 비슷한 안개

이슬이 공기 중의 수증기가 차가워진 물체 표면에서 물방울로 바뀐 것이라면, 안개는 공기 중의 수증기가 지표면 근처에서 물방울로 바뀌어 떠 있는 것이에요. 높은 산 중턱이나 깊은 숲속에서 자욱하고 뿌연 연기 같은 것을 본 적이 있나요? 이 뿌연 작은 물방울들이 안개예요.

✓ 이슬, 안개와 비슷한 구름

이슬과 안개 모두 공기 중의 수증기가 응결하여 생겼듯이, 구름 또한 공기 중의 수증기가 응결하여 물방울로 변한 것으로 높은 하늘 위에 떠 있는 것이에요. 이슬, 안개, 구름은 만들어지는 원리는 같으나 생기는 위치가 다른 자연 현상이지요.

실생활 개념어 활용 문장	아침 이슬이 풀잎에 맺혔다.
나만의 말로 표현해보기	

23

관련 단원 4-2. 기후변화와 우리 생활

안개

비교 단어 이슬, 구름

교과서에서는? 이슬, 안개, 구름을 비교해 봅시다.

공기 중의 수증기가 지표면 가까이에서 아주 작은 물방울로 변하여 뿌옇게 떠 있는 것이 안개예요.

공기 중의 수증기는 형태가 변해요. 눈에 보이지 않는 기체 상태의 수증기는 온도가 내려가면 액체 상태의 물방울로 바뀌고, 온도가 더 내려가면 고체 상태의 얼음 알갱이가 되지요. 이 응결^{한데 엉기어} ^{뭉침} 현상 중 지표면 부근에서 공기 중 수증기가 작은 물방울로 변해 떠 있는 것이 안개예요.

☑ 안개가 생기는 경우

❶ 낮 동안 햇빛에 의해 데워졌던 공기가 밤새 식어 차가워지면서 안개가 생겨요.

❷ 따뜻하고 습한 공기가 차가운 땅 위로 이동하여 공기가 차가워지면서 생겨요.

❸ 습한 공기가 산을 따라 올라가면서 공기가 차가워져 생겨요.

❹ 많은 비가 내린 후에 비가 증발하면서 수증기가 많이 발생해 생기기도 해요.

❺ 찬 공기가 따뜻한 물 위를 이동할 때 수면에서 수증기가 많이 발생해 생기기도 해요.

오개념 앗, 헷갈리네!

① 안개는 연기와 같은 입자로 되어 있다?

안개는 연기가 아니에요. 안개는 공기 속 수증기가 작은 물방울로 변해서 땅 위에 떠 있는 것이고, 연기는 어떤 물질이 불에 탈 때 생기는 아주 작은 입자로 고체예요.

② 안개는 액체로만 존재한다?

안개는 작은 물방울 형태로만 존재하는 게 아니고, 영하의 기온에서는 얼어서 얼음안개가 되기도 해요.

실생활 개념어 활용 문장	오늘 아침에 안개가 잔뜩 끼어서 교통사고가 날 우려가 있으니 유의하라는 일기예보를 들었어.
나만의 말로 표현해 보기	

관련 단원 5-2. 날씨와 우리 생활

구름

비교 단어 이슬, 안개

교과서에서는? 구름에서 비와 눈이 내리는 과정을 알아봅시다.

공기 중의 수증기가 응결한데 엉기어 뭉침**하여 하늘 위에 떠 있는 것이 구름이에요.**

구름은 작은 물방울로만 이루어지기도 하고, 물방울이 더 차가워져 변한 얼음 알갱이와 물방울로 이루어지기도 해요.

✅ 구름에서 비가 내리는 과정

구름 속 물방울의 크기가 점점 커지면서 무거워져 지표면으로 떨어지게 되는데 이것이 비예요.

✅ 구름에서 눈이 내리는 과정

구름 속에는 수증기, 물방울, 얼음 알갱이가 같이 들어있는데 그 중 얼음 알갱이가 커지면서 무거워져 떨어지게 돼요. 이때, 얼음 알갱이가 녹지 않고 그대로 떨어지면 눈이 되고, 떨어지는 과정에서 녹으면 비가 되지요.

🏷️ 오개념 앗, 헷갈리네!

① 날씨가 추울수록 큰 눈송이가 내린다?

날씨가 추울수록 구름 속의 얼음 알갱이가 뭉쳐서 큰 눈송이가 내릴 거로 생각하는 경우가 있는데 그렇지 않아요. 기온이 매우 낮은 날에는 구름 속에서 눈송이가 크게 자라지 못하기 때문에 가루처럼 흩어지는 눈이 만들어져요. 오히려 기온이 좀 더 높아 포근하고 습도가 높은 날에 눈송이 몇 개가 붙어 커진 함박눈이 되지요.

실생활 개념어 활용 문장	구름에서 얼음 알갱이가 떨어지는 형태는 기온과 습도에 따라 다양해.
나만의 말로 표현해보기	

지구과학 **25**

관련 단원 5-2. 날씨와 우리 생활

기압

氣 기운 기 壓 누를 압

교과서에서는? 기압에 따라 공기가 어떻게 이동하는지 알아봅시다.

기압은 공기가 누르는 힘을 말해요.

기압은 공기의 무게로 인해 생기는 누르는 힘으로 모든 방향으로 작용해요. 단위로는 hPa(헥토파스칼), cmHg, mmHg 등이 있으며, 약 1,000km 공기 기둥의 압력을 1 기압이라고 해요. 높이 올라갈수록 공기의 양이 줄어들기 때문에 기압은 낮아져요. 또한, 공기는 계속 이동하기 때문에 시간과 장소에 따라 기압도 변해요. 빈 음료수 팩 속의 공기를 빨대로 빨면 팩이 찌그러지는 것과 높은 곳에 올라가면 귀가 먹먹해지는 것은 기압에 의한 현상이에요.

우리 몸이 기압을 느끼지 못하는 이유는 공기의 무게와 같은 크기의 압력이 몸의 안쪽에서 바깥쪽으로 작용하기 때문이지요.

✅ 고기압과 저기압

기압이 주변보다 높으면 '고기압', 낮으면 '저기압'이라고 부르고 기압 차이를 없애기 위해 고기압에서 저기압으로 공기가 이동하는 것을 '바람'이라고 불러요.

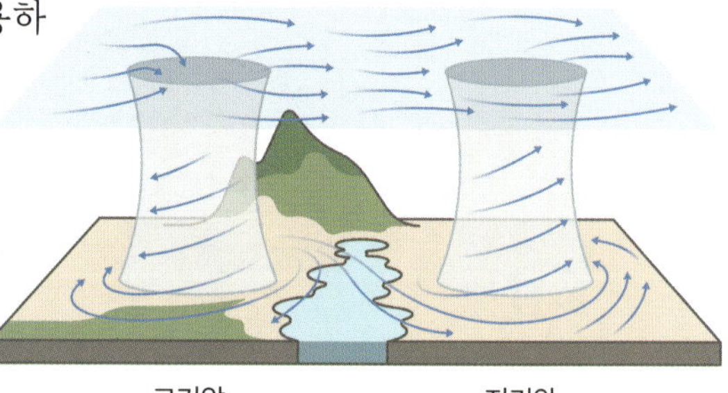

오개념 앗, 헷갈리네!

① 바람의 방향은 모두 같다?

지구에서 북반구와 남반구의 바람의 방향은 달라요. 우리나라가 속한 북반구에서는 바람이 시계 방향으로 불면서 이동하고, 호주가 속한 남반구에서는 반시계 방향으로 돌면서 바람이 고기압에서 불어 나오지요.

실생활 개념어 활용 문장	**기압**의 차이가 공기를 이동하게 해서 바람이 부는 것이구나!
나만의 말로 표현해보기	

관련 단원 5-2. 날씨와 우리 생활

해륙풍

海 바다 해 陸 육지 륙 風 바람 풍 바다와 육지의 온도 차이로 부는 바람

교과서에서는? 바닷가에서 부는 해풍과 육풍에 대해 알아봅시다.

바닷가에서 낮에 바다에서 육지로 부는 바람을 해풍(海風), 밤에 육지에서 바다로 부는 바람을 육풍(陸風)이라고 해요.

햇빛으로부터 똑같이 열을 받아도 지표면이 데워지거나 식는 정도가 달라서 온도 차이가 생겨요. 그리고 이 온도 차이 때문에 고기압과 저기압이 생기죠. 공기가 고기압에서 저기압으로 이동하면서 생기는 공기의 이동이 바람이에요. 바람은 불어오는 곳의 이름을 붙여 부르는데, '바람'은 한자로 '풍(風 바람 풍)'이라서 동쪽에서 불어오는 바람을 '동풍', 북서쪽에서 불어오는 바람을 '북서풍', 바닷가에서 부는 바람을 '해륙풍' 등의 이름으로 불러요.

✓ 해풍

바닷가에서 낮에 바다에서 육지로 부는 바람을 말해요. 흙이나 모래는 물보다 더 빨리 데워지고 식어요. 바닷가 근처의 육지에서는 낮 동안 햇빛에 의해 육지가 바다보다 빨리 데워져 육지 쪽의 공기가 위로 올라가요. 그러면 지표면에 있던 공기의 양이 적어져 육지는 저기압이 되고, 이 빈 자리를 메우기 위해 상대적으로 공기의 양이 많은 바다는 고기압이 되어 바다에서 육지로 바람이 불게 돼요.

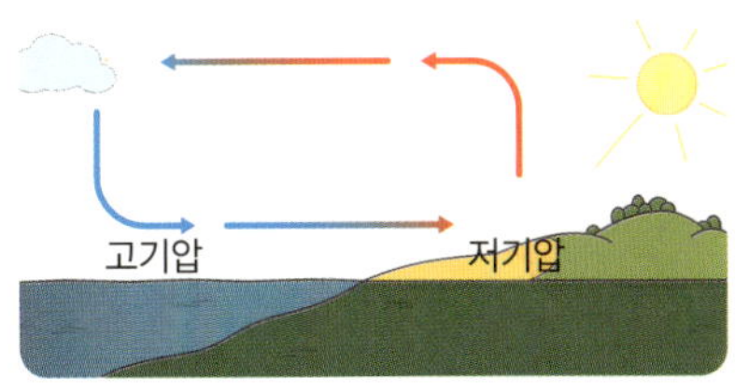

✓ 육풍

바닷가에서 밤에 육지에서 바다로 부는 바람을 말해요. 밤에 바닷가 육지는 바닷물보다 더 빨리 식어서 상대적으로 바다 쪽이 더 따뜻해요. 이 따뜻해진 바다 쪽의 공기가 위로 올라가 바다 위는 저기압이 되고, 상대적으로 육지는 고기압이 되어 육지에서 바다로 바람이 불게 되는데, 이를 육풍이라고 해요.

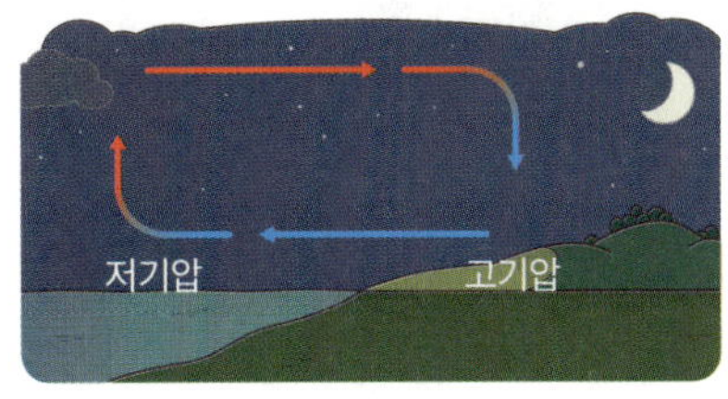

오개념 앗, 헷갈리네!

① 바람은 항상 시원하다?

바람은 모두 차가운 것이 아니에요. 일반적으로 바람이 시원하게 느껴지는 것은 바람 자체의 온도가 낮아서가 아니라 바람이 불어 몸에 있던 땀이나 물이 증발하면서 내 몸의 열을 가져가기 때문이에요.

실생활개념어 활용 문장	낮에 바닷가에 가면 **해풍**이 불어서인지 시원한 느낌이 들어.
나만의 말로 표현해 보기	

관련 단원 5-2. 날씨와 우리 생활

27 기후

氣 기운 기 候 기후 후

기후는 특정한 지역에서 나타나는 기온, 습도, 강수, 기압, 풍속, 풍향 등의 변화를 통틀어 말해요.

기후는 지구 안의 요인뿐만 아니라 태양과 같은 지구 바깥 요인까지 포함하는 넓은 범위이며, 기후를 나타낼 때는 기온이나 기압 등과 함께 그 수치가 나타나는 횟수, 최대 범위 등의 다양한 변화를 기록해야 해요.

✔ 기후의 종류

❶ **열대 기후** 1년 내내 매우 더운 기후(월 평균 기온이 18℃ 이상인 기후)

❷ **건조 기후** 사막처럼 1년 내내 매우 건조한 기후

❸ **온대 기후** 우리나라처럼 봄, 여름, 가을, 겨울의 사계절이 뚜렷하게 구별되는 기후

❹ **냉대 기후** 특정 시기에만 기온이 영하로 내려가는 길고 추운 겨울이 찾아오며 비교적 짧고 시원한 여름이 뚜렷하게 반복되는 기후

❺ **한대 기후** 1년 내내 매우 추운 기후(제일 따뜻한 달이 영상 10℃ 미만인 기후)

| 열대 기후 | 건조 기후 | 온대 기후 | 냉대 기후 | 한대 기후 |

오개념 앗, 헷갈리네!

① 날씨와 기후는 같은 말이다?

비가 오거나 맑거나 하는 그날그날의 상태가 '날씨'이고, '기후'는 한 지역에서 일정 기간 날씨 변화를 꾸준히 관찰하여 평균을 낸 것이에요. 매일의 날씨가 모여 기후가 된다고 할 수 있지요.

실생활 개념어 활용 문장 우리나라는 사계절이 있는 온대 **기후**에 속해. 지구온난화로 전 세계의 **기후**가 급격히 변하고 있어.

나만의 말로 표현해보기

관련 단원 4-2. 밤하늘 관찰 / 6-1. 지구의 운동

달의 위상

位 자리 위 **相** 서로 상 위치나 상태

교과서에서는? 달의 위상 변화를 관찰합시다.

달의 위상은 태양 빛을 받는 부분이 달라지면서 변화하는 달의 모양을 말해요.

달은 스스로 빛을 내지 못하지만 태양 빛을 반사하여 지구에서 보았을 때 빛나는 것처럼 보여요. 또한, 지구에서 볼 때 달의 모양이 매일 달라져 보이는데 이를 위상_{달의 모양}이 변화한다고 해요. 여러 날 동안 달을 관찰하게 되면 달의 주기적인 모양 변화를 알 수 있어요.

✅ 하루 동안 달의 위치 변화

하루 동안 달은 동쪽 하늘에서 남쪽 하늘을 지나 서쪽 하늘로 위치가 달라져요.

✅ 하루 동안 달의 위치를 관찰하기 좋은 시간

하늘에서 달의 위치와 달을 관찰할 수 있는 시간은 음력 날짜에 따라 달라져요. 보름달이 뜨는 음력 15일에는 저녁 7시 정도부터 가장 오랜 시간 보름달이 동→남→서로 이동하는 것을 볼 수 있고, 음력 15일 이전에는 저녁 7시부터 달이 점점 서쪽으로 이동하여 달을 볼 수 있는 시간이 짧아지죠.

✅ 여러 날 동안 달의 모양 변화

여러 날 동안 같은 시각에 달을 보게 되면 날마다 조금씩 모양이 바뀌는 것을 알 수 있어요. 🌙모양의 달은 '초승달', 🌓모양은 '상현달', ●모양은 '보름달', 🌗모양은 '하현달', 🌘모양은 '그믐달'이라고 해요. 지구에서 볼 때 약 30일을 주기로 하여 달의 모양이 바뀌지요.

오개념 앗, 헷갈리네!

① 태양과 달의 크기는 비슷하다?

태양과 달이 뜬 걸 보면 크기가 비슷하게 보여요. 실제 크기도 그럴까요? 아니에요. 우리가 인식하는 물체의 크기는 우리 눈에서 물체까지의 거리에도 영향을 받아요. 실제 태양 지름은 달의 지름보다 약 400배 큰데도 우리 눈에 비슷하게 보이는 까닭은 달과 지구 사이의 거리보다 태양과 지구 사이의 거리가 훨씬 멀기 때문이에요.

② 달의 모양 변화는 지구에 의해서 가려지기 때문이다?

달의 모양이 변화하는 것은 달이 태양 빛을 받는 부분이 달라지면서 지구에서 보이는 밝은 부분이 달라지기 때문이에요.

실생활 개념어 활용 문장

달의 위상 변화는 약 30일을 주기로 일어나고 있어.

나만의 말로 표현해보기

지구과학
29

주기

週 돌 주 期 기약할 기 같은 일이 되풀이되는 기간　**하위어** 자전 주기, 공전 주기

교과서에서는? 달의 모양과 위치가 주기적으로 바뀌는 것을 관찰합시다.

주기는 일정한 시간마다 같은 현상이 일어날 때, 같은 현상이 나타나기 시작한 때부터 다음에 다시 나타날 때까지의 기간을 말해요.

✓ 지구의 공전 주기

지구는 서쪽에서 동쪽으로 태양 주위를 돌고 있어요. 지구가 태양 한 바퀴를 도는 데 약 365일이 걸려요. 이렇게 지구가 태양 주위를 공전하는 데 걸리는 시간을 '지구의 공전 주기'라고 해요.

✓ 달의 공전 주기

❶ 달은 서쪽에서 동쪽으로 지구 주위를 돌고 있어요. 달이 지구 주위를 도는 동안 달의 모양이 바뀌며, 달이 지구 주위를 도는 데 약 29.5일이 걸려요. 이렇게 달이 지구 주위를 공전하는 데 걸리는 시간을 '달의 공전 주기'라고 해요.

❷ 달의 공전 주기에 따른 달의 모양 변화

음력 2~3일 무렵에는 '초승달', 음력 7~8일 무렵에는 '상현달', 음력 15일 무렵에는 '보름달', 음력 22~23일 무렵에는 '하현달', 음력 27~28일 무렵에는 '그믐달'이 떠요. 만약 오늘 보름달을 보았다면 달의 모양이 약 30일을 주기로 바뀌기 때문에 약 한 달 뒤에 보름달을 다시 볼 수 있어요.

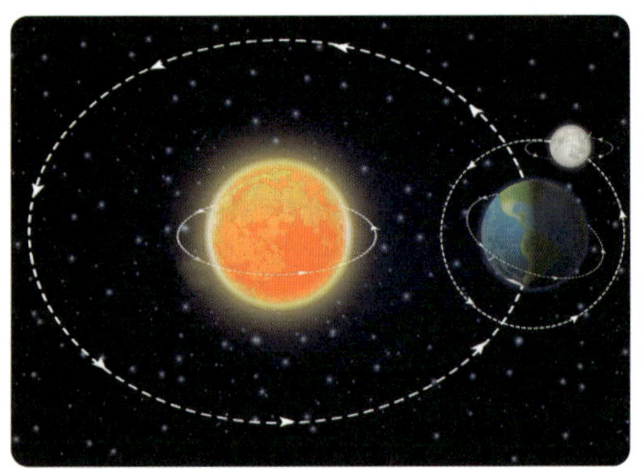

🔖 오개념 앗, 헷갈리네!

① 음력의 1년은 양력과 같다?

음력은 달의 위상이 변하는 주기를 기준으로 하여 만든 달력으로 음력의 한 달은 양력보다 짧아요. 달이 태양 쪽에 일직선으로 있어 달의 모양이 보이지 않는 날을 '초하루'라고 하고, 달이 태양 반대편에 있어서 밝게 보이는 날을 '보름'이라고 하죠. 다시 초하루까지 약 29.5일이 걸리기 때문에 정확히 30일은 아니어서 음력으로 1년은 태양력의 1년 365일보다 열흘 정도가 짧아 약 355일이 돼요.

실생활 개념어 활용 문장	달의 공전 주기는 약 30일이야.
나만의 말로 표현해보기	

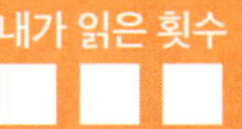

윤년

閏 윤달 윤 **年** 해 년 윤달이나 윤일이 든 해

교과서에서는? 4년에 한 번씩 2월에 하루를 더 두어 윤년을 만들었습니다.

지구의 운동에 따른 자연의 흐름에서 생길 수 있는 오차를 줄이기 위해 추가한 날이나 달이 들어가는 해를 윤년이라고 해요.

과학적으로 1년은 지구가 태양 주위를 한 바퀴 도는 데 걸리는 시간을 말해요. 대개 1년을 365일로 알고 있지만, 실제로는 약 365일 5시간 48분 45초예요. 달력에서 1년을 계속 365일로 사용하면 언젠가는 실제 1년의 세월이 더 길어서 날짜와 계절이 맞지 않게 되는 날이 올 거예요. 그래서, 사람들은 달력을 사용하면서 시간 차이가 나는 것을 줄이기 위해 4년에 한 번씩 2월에 하루를 더 넣어 윤년을 만들었어요.

2월 달력을 보면 보통은 28일까지 있는데 4년에 한 번씩 29일까지 있는 것을 볼 수 있어요. 2028년은 2월이 29일까지 있어요. 이 하루를 더 추가한 날이 포함된 2028년이 윤년이 되는 것이지요.

<table>
<tr><td colspan="7">2월 2028</td></tr>
<tr><td>월</td><td>화</td><td>수</td><td>목</td><td>금</td><td>토</td><td>일</td></tr>
<tr><td></td><td>1</td><td>2</td><td>3</td><td>4</td><td>5</td><td>6</td></tr>
<tr><td>7</td><td>8</td><td>9</td><td>10</td><td>11</td><td>12</td><td>13</td></tr>
<tr><td>14</td><td>15</td><td>16</td><td>17</td><td>18</td><td>19</td><td>20</td></tr>
<tr><td>21</td><td>22</td><td>23</td><td>24</td><td>25</td><td>26</td><td>27</td></tr>
<tr><td>28</td><td>29</td><td></td><td></td><td></td><td></td><td></td></tr>
</table>

오개념 앗, 헷갈리네!

① **1년은 365일로 매년 똑같다?**
윤년인 해에는 하루가 더 추가되기 때문에 366일이 되어 4년마다 366일인 해가 생겨요.

실생활 개념어 활용 문장
2월 29일에 태어난 사람은 윤년에 태어났기 때문에 생일도 4년마다 한번이야.

나만의 말로 표현해보기

31

관련 단원 4-2. 밤하늘 관찰

태양계

太 클 태 陽 볕 양 系 맬 계 태양과 그것을 중심으로 둘레를 도는 우주 모든 물체의 집합

교과서에서는? 태양계를 구성하는 태양과 행성을 알아볼까요?

태양계는 태양과 태양의 중력으로부터 영향을 받는 주변 천체_{우주에 존재하는 모든 물체}**들이 이루는 공간을 말해요.**

태양은 태양계의 중심에 있으며 태양계에서 유일하게 스스로 빛을 내는 천체예요. 태양은 지름이 약 139만 km로 태양계에서 가장 큰 천체이며, 지구의 약 109배나 돼요. 태양에서 나오는 에너지는 날씨 변화를 일으키고 다양한 생명 활동에 관여하는 등 태양계 전체에 영향을 미쳐요.

태양계를 구성하는 천체에는 행성·위성·소행성·운석·혜성 등이 있고, 우리 지구와 같은 태양계 행성에는 수성·금성·지구·화성·목성·토성·천왕성·해왕성이 있어요.

오개념 앗, 헷갈리네!

1 태양계에는 태양과 행성만 있다?
태양과 행성만 있는 것이 아니라 위성, 왜소행성(행성같이 보이지만 행성보다 작고 소행성보다는 큰 천체), 소행성, 혜성 등 다른 천체들도 태양계에 속해 있어요.

실생활 개념어
활용 문장 | 태양계와 별은 어린이들이 흥미와 호기심을 갖는 대상이야.

나만의 말로
표현해 보기 |

관련 단원 4-2. 밤하늘 관찰

행성

行 다닐 행 星 별 성 별 주위를 다니는 천체　**상위어** 태양계　**비교 단어** 위성

교과서에서는? 태양계 행성들은 크기가 어떻게 다를까요?

행성은 별 주위를 돌고 있는 공 모양의 천체를 말해요.

행성은 스스로 빛을 내지 못하지만 별로부터 빛과 열에너지를 공급받아요. 수성, 금성, 지구, 화성과 같은 태양계의 행성들은 태양으로부터 빛과 열에너지를 공급받지요.

☑ 태양계 행성

국제천문학연맹(IAU)은 2006년에 태양의 주위를 돌고 있고, 자신의 중력으로 공 모양을 유지할 수 있을 만큼 질량이 큰 수성, 금성, 지구, 화성, 목성, 토성, 천왕성, 해왕성을 행성으로 확정했어요.

태양에서 지구보다 가까이 있는 행성을 내행성, 지구보다 멀리 있는 행성을 외행성이라고 나누기도 하고, 특징에 따라 지구형 행성과 목성형 행성으로 나누기도 해요. 지구형 행성은 수성·금성·지구·화성을 말하고, 목성형 행성은 목성·토성·천왕성·해왕성을 가리키는데, 지구형 행성은 목성형 행성보다 크기가 작고 주로 표면이 단단한 암석으로 이루어져 있어요. 또한, 지구형 행성은 위성이 없거나 적고 고리가 없는 반면에 목성형 행성은 위성이 많고 주로 기체로 이루어져 있으며, 모두 고리를 갖고 있어요.

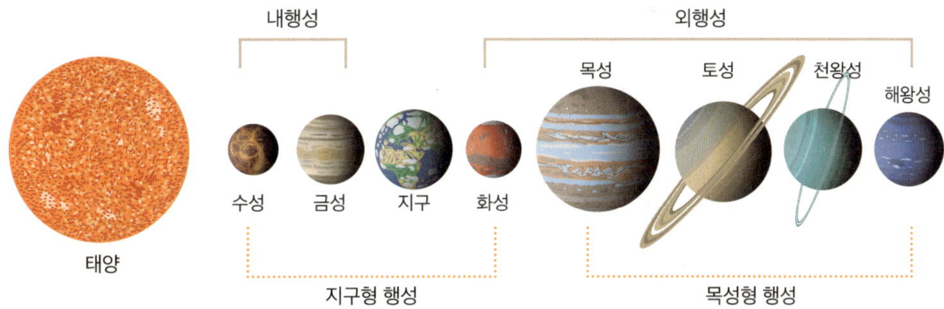

오개념 앗, 헷갈리네!

① 토성에만 고리가 있다?

대부분의 태양계 그림에서 주로 토성에만 크고 선명한 고리가 표현되어 있어서 토성에만 고리가 있다고 생각하기 쉬운데 그렇지 않아요. 목성, 천왕성, 해왕성에도 희미하지만 모두 고리가 있어요.

실생활 개념어 활용 문장	태양과 가장 가까운 행성은 수성이야.
나만의 말로 표현해보기	

관련 단원 4-2. 밤하늘 관찰

33 천체

天 하늘 천 體 몸 체 하늘에 있는 물체

교과서에서는? 천체 관측 프로그램을 이용하여 태양과 행성의 특징을 조사해 봅시다.

천체는 우주에 떠 있는 온갖 물체를 통틀어 말해요.

천체는 태양이나 행성, 위성과 같은 거대한 물체뿐만 아니라 크기와 상관없이 우주 먼지에서부터 혜성, 소행성, 항성, 성단, 성운, 운석, 행성 간 물질, 항성 간 물질 등도 포함해요. 지구에 속하는 것은 제외되며, 인공위성과 인공행성 등 사람이 만든 것은 인공천체라고 불러요.

실생활 개념어 활용 문장	우리 조상들은 천체의 위치와 모습 등을 관찰해 달력과 시계를 만들었어.
나만의 말로 표현해 보기	

위성

衛 지킬 위 **星** 별 성 행성을 도는 천체   **상위어** 태양계, 천체   **비교 단어** 행성

위성은 행성 주위를 도는 천체를 말해요.

위성은 달처럼 지구와 같은 행성 주변을 도는 천체를 말해요. 이 위성들이 생겨난 이유는 아직까지 밝혀지지 않았지만, 태양계의 8개 행성을 도는 위성의 총개수는 2023년까지 285개로 확인되었어요. 그중에서도 토성이 145개로 가장 많은 위성을 거느리고 있어요.

토성의 위성들

오개념 앗, 헷갈리네!

1 태양계의 모든 행성은 위성을 가지고 있다?

지구가 속한 태양계의 행성 중 수성과 금성은 위성이 없고 나머지 행성들은 모두 위성을 가지고 있어요.

실생활 개념어 활용 문장 달은 지구의 위성이야.

나만의 말로 표현해보기

관련 단원 6-2. 계절의 변화

태양의 고도

高 높을 고 度 정도 도 높은 정도

교과서에서는? 하루 동안 태양의 고도를 측정해 봅시다

태양의 고도는 태양이 떠 있는 높이를 말해요.

태양은 매일 뜨고 지는데, 이때 태양이 떠 있는 높이도 매일 달라져요. 태양이 얼마나 높이 떠 있는지 그 정도를 태양의 고도라고 말하고 태양이 지표면땅의 겉면과 이루는 각으로 나타내요.

✓ 태양의 고도와 그림자 길이의 관계

태양이 높게 뜰수록 물체를 비추는 태양의 높이가 높아 그림자의 길이는 짧아져요. 반대로 태양이 낮게 뜰수록 비스듬하게 물체를 비춰 그림자의 길이는 길어지죠.

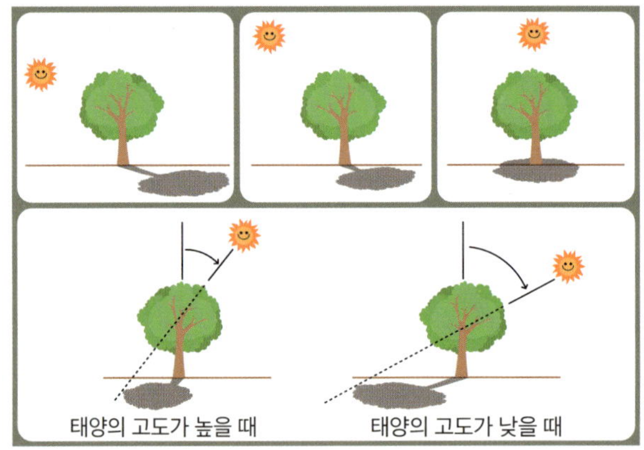

✓ 태양의 고도와 기온의 관계

태양의 고도가 높을수록 태양이 땅을 비추는 시간이 길어지고 오래 땅을 데울 수 있어 기온이 높아져요. 반대로 태양의 고도가 낮을수록 태양이 떠 있는 시간이 짧아져 땅을 데우는 시간도 짧아 상대적으로 기온이 낮아요.

오개념 앗, 헷갈리네!

① 태양의 고도는 낮 12시가 가장 높다?

실제 우리나라 태양의 고도는 낮 12시 정각이 아니라 낮 12시 30분 무렵에 가장 높아요. 우리나라의 위치가 시각을 정하는 기준선인 표준 자오선(동경 135°)보다 서쪽에 있어서 태양이 가장 높게 뜨는 시간이 30분 정도 늦기 때문이에요.

실생활 개념어 활용 문장
하루 중 태양의 고도가 가장 높을 때 태양은 남쪽 하늘에 있어.

나만의 말로 표현해보기

관련 단원 6-2. 계절의 변화

남중 고도

南 남녘 남 **中** 가운데 중 **高** 높을 고 **度** 정도 도

교과서에서는? 태양의 남중 고도 그래프를 보고, 계절에 따라 어떻게 달라지는지 살펴봅시다.

남중 고도는 태양이 정남쪽에 위치했을 때의 태양의 고도(높이)를 말해요.

태양이 정남쪽에 위치할 때 태양이 남중했다고 하고 태양이 남중했을 때의 고도를 남중 고도라고 불러요. 우리나라 태양의 남중 고도는 낮 12시 30분쯤에 확인할 수 있어요. 하루 동안 태양의 고도가 변화하듯이 일 년 동안 태양의 남중 고도도 매일 조금씩 변화해요.

✅ 태양의 남중 고도와 낮 길이의 관계

태양의 고도가 높다는 것은 그만큼 태양이 떠 있는 시간이 길다는 것이므로 낮의 길이도 길어요. 태양의 고도가 낮다는 것은 낮의 길이가 짧다는 것이고요. 태양의 남중 고도도 겨울에서 여름으로 갈수록 높아지며, 여름에서 겨울로 갈수록 낮아져요. 이는 곧 겨울에서 여름으로 갈수록 낮의 길이가 길어지며, 여름에서 겨울로 갈수록 낮의 길이가 짧아진다는 거예요. 일 년 중 낮의 길이는 태양의 남중 고도가 가장 높은 6월에 가장 길어요.

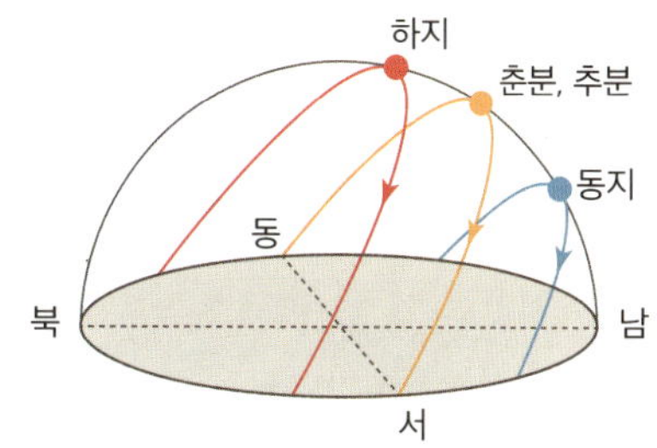

✅ 태양의 남중 고도와 기온의 관계

겨울에서 여름으로 갈 때 태양의 남중 고도가 높아지고 기온도 높아져요. 여름에서 겨울로 갈수록 태양의 남중 고도가 낮아지고 기온도 낮아지죠.

오개념 앗, 헷갈리네!

① **같은 날에는 우리나라 어디에서나 태양의 남중 고도가 모두 같다?**

우리나라 안에서도 위치에 따라 태양의 남중 고도는 다를 수 있어요. 예를 들어 서울의 위도는 약 37.5°이고, 부산의 위도는 약 35°예요. 따라서 태양의 남중 고도도 약 2.5° 차이가 나지요.

실생활 개념어 활용 문장

여름과 겨울에는 태양의 남중 고도가 달라서 낮과 밤의 길이가 다르게 나타나는 거야.

나만의 말로 표현해보기

태양 고도의 일변화

日 날 일 變 변할 변 化 될 화 하루 동안의 변화

교과서에서는? 하루 동안 태양의 고도를 측정하여 그래프로 나타내 봅시다.

하루 동안 태양의 고도가 변화하는 것을 태양 고도의 일(日)변화라고 해요.

하루 동안 태양이 움직이며 지표면(땅의 겉면)과 이루는 각이 커졌다가 작아지는 변화를 겪어요. 하루 동안 태양의 고도는 점점 높아졌다가 다시 낮아져요.

✓ 태양의 고도와 그림자 길이의 관계

태양이 높게 뜰수록 물체를 비추는 태양의 높이가 높아 그림자의 길이는 짧아져요. 반대로 태양이 낮게 뜰수록 비스듬하게 물체를 비춰 그림자의 길이는 길어지죠.

✓ 태양의 고도와 기온의 관계

태양의 고도가 높아질수록 기온도 높아지고 태양의 고도가 낮아질수록 기온도 대체로 낮아져요.

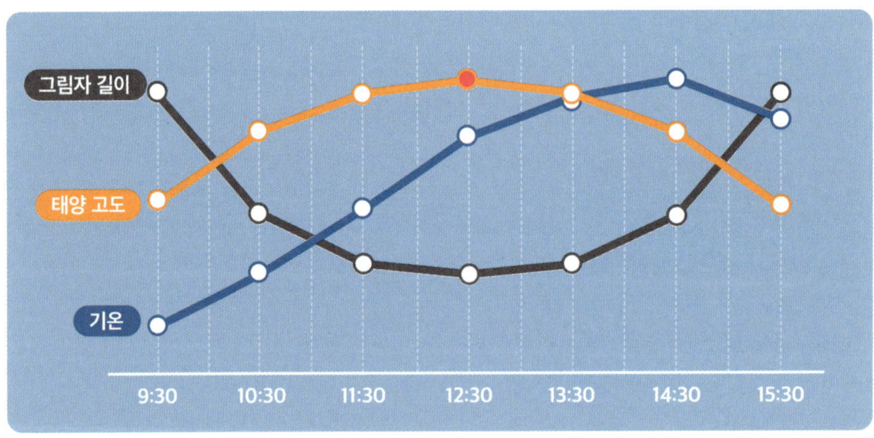

<하루 동안의 태양 고도, 그림자 길이, 기온 변화>

오개념 앗, 헷갈리네!

① 매일 같은 시각의 태양 고도는 같다?

매일 같은 시각에 태양의 고도를 측정해 보면 태양의 고도가 조금씩 변하는 것을 알 수 있어요. 해가 뜨고 지는 시각이 매일 조금씩 변하므로 태양의 고도도 매일 조금씩 달라져요.

실생활 개념어 활용 문장
기온에 영향을 주는 요인은 다양해서 태양 고도의 일변화와 기온의 일변화가 정확히 일치하지는 않아.

나만의 말로 표현해보기

관련 단원 6-2. 계절의 변화

기온의 일변화

교과서에서는? 하루 동안 나타나는 기온의 변화를 측정해 봅시다.

해가 떠서 땅이 데워지면 따뜻해지고 해가 지면 기온이 내려가는 하루 동안의 기온 변화를 기온의 일(日)변화라고 해요.

하루 동안 기온의 변화는 태양의 고도와 관련이 깊어요. 태양의 고도가 높아질 때는 일정 넓이의 땅이 받는 태양 에너지양이 늘어나 땅이 가열되고 기온이 높아져요. 반대로, 태양의 고도가 낮아질 때는 일정 넓이의 땅이 받는 태양 에너지양이 줄어들고 기온도 낮아지죠.

하루 중 오후 2~4시 사이에는 땅이 받는 태양 에너지의 양이 지구에서 지구 밖으로 나가는 에너지의 양보다 많아 기온이 높아져요. 그러나 그 이후에는 땅이 태양에서 받는 태양 에너지의 양보다 지구 밖으로 내보내는 에너지의 양이 많아지면서 기온이 내려가게 되지요. 따라서 하루 동안 태양의 고도는 낮 12시 30분 무렵에 가장 높지만, 기온은 그 이후인 오후 2~4시 사이에 가장 높아요.

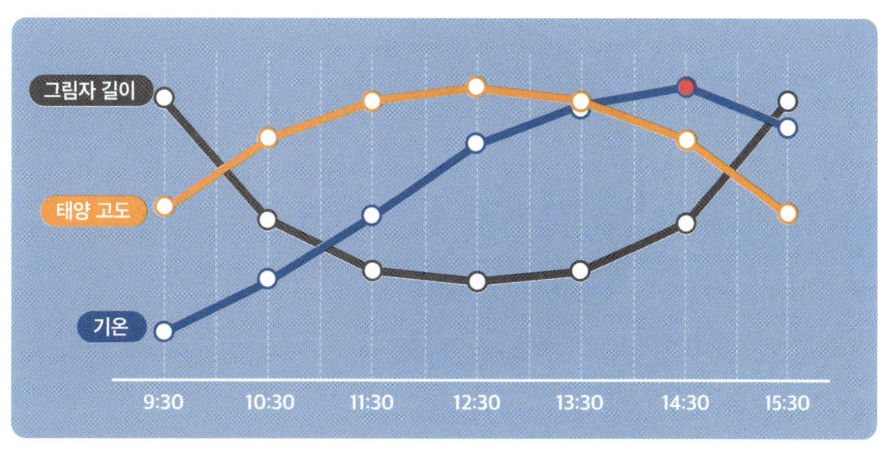

<하루 동안의 태양 고도, 그림자 길이, 기온 변화>

오개념 앗, 헷갈리네!

① **기온이 가장 높은 때와 태양의 고도가 가장 높을 때는 같다?**
라면을 끓이기 위해 조리기구의 불을 켰을 때 바로 물이 끓지 않고 시간이 지나서 물이 데워지는 것처럼, 우리 시구도 태양이 가장 높게 떴다고 곧바로 기온이 가장 높아지는 게 아니라 땅이 서서히 데워지기 때문에 태양의 고도와 기온이 가장 높은 시각은 시간 차이가 생겨요.

실생활 개념어 활용 문장	태양의 고도 변화는 지구가 받는 태양 에너지의 양 변화를 가져오고, 그로 인해 기온의 일변화도 생기게 해.

나만의 말로 표현해보기	

지구과학
39

관련 단원 6-1. 지구의 운동

지구의 자전

自 스스로 자 轉 구를 전 스스로 돔　**비교 단어** 공전

교과서에서는? 하루 동안 낮과 밤이 일어나는 까닭은 지구가 자전하기 때문입니다.

지구의 자전은 지구가 남극과 북극을 지나는 자전축을 중심으로 하루에 한 바퀴씩 서쪽에서 동쪽으로 회전하는 현상을 말해요.

지구의 자전은 지구가 생겨난 이후로 한 번도 거르지 않고 매일 일어나고 있으며 이로 인해 낮과 밤이 생겨요. 지구가 자전축을 중심으로 한 바퀴 회전하는 데 걸리는 시간, 즉 자전 주기는 24시간 이며 이것으로 하루를 구분해요.

지구가 자전하는 속도는 매우 빠른데, 위도에 따라 조금씩 차이가 있어요. 지구는 1시간에 약 15°를 서쪽에서 동쪽으로 회전하는데, 이 속도는 적도를 기준으로 할 때 1초에 약 465m를 가는 빠르기랍 니다.

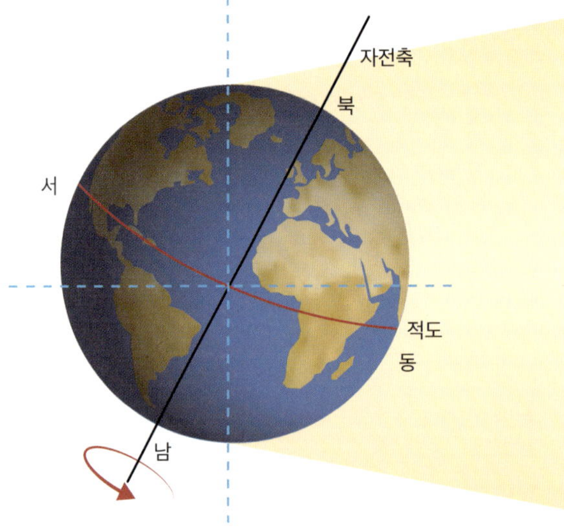

오개념 앗, 헷갈리네!

1. **'좌우'와 '동서'는 같은 방향을 말한다?**

   좌우(왼쪽과 오른쪽)는 달라지지만, 동서(동쪽과 서쪽)는 바뀌지 않아요. 왼쪽이나 오른쪽은 바라보는 사람의 방 향에 따라 바뀔 수 있지만, 동쪽·서쪽·남쪽·북쪽과 같은 방위는 바뀌지 않기 때문에 지구의 자전 방향이나 공전 방향을 왼쪽에서 오른쪽이라고 하기보다는 서쪽에서 동쪽이라고 표현해야 맞아요.

실생활 개념어 활용 문장	하루 동안 태양과 달의 위치가 동쪽에서 서쪽으로 달라지는 까닭은 지구가 서쪽에서 동쪽으로 자전하기 때문이야.
나만의 말로 표현해 보기	

낮과 밤

교과서에서는? 계절에 따라 낮과 밤의 길이가 어떻게 달라지는지 알아봅시다.

낮은 태양이 지표면 위로 떠서 지표면 아래로 사라질 때까지이고, 밤은 태양이 지표면 아래로 사라진 후부터 지표면 위로 다시 뜰 때까지예요.

태양은 지표면 위로 떴다가 지표면 아래로 사라지는 과정을 매일 반복해요. 이렇게 하루에 한 번씩 태양이 동쪽 하늘에서 떠서 서쪽 하늘로 사라지면서 낮과 밤이 번갈아 나타나는데, 실제로는 지구가 하루에 한 바퀴씩 서쪽에서 동쪽으로 자전하면서 낮과 밤이 생기는 거예요. 즉, 지구가 자전축을 중심으로 하루에 한 바퀴씩 스스로 돌면서 태양을 바라보는 지역은 밝은 낮이 되고, 태양을 등지고 있는 지역은 어두운 밤이 돼요.

☑ 낮

지구가 자전하면서 태양 빛을 받기 시작할 때 낮이 시작돼요. 우리가 태양 빛을 받는 위치에 있어 밝을 때가 낮이지요.

☑ 밤

우리가 태양 빛을 받지 않는 위치에 있어 어두운 때가 밤이에요. 태양과 정반대 방향을 향할 때는 밤 12시무렵이에요.

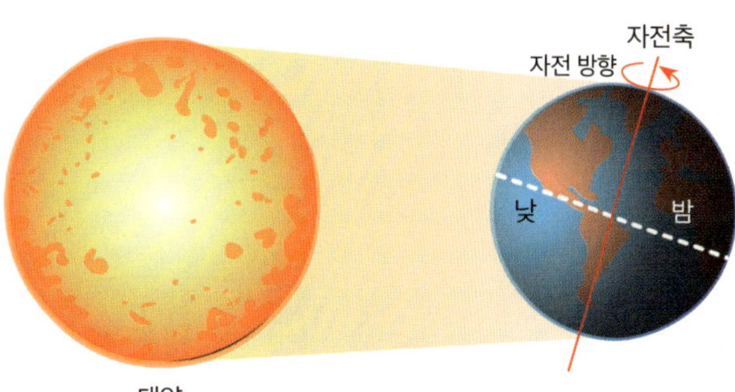

오개념 앗, 헷갈리네!

1 하루 24시간 중 낮과 밤의 길이는 12시간씩 똑같다?
낮과 밤의 길이는 똑같지 않고 매일 조금씩 달라져요. 겨울에서 여름으로 갈수록 낮의 길이는 길어지고 밤의 길이는 짧아지며, 여름에서 겨울로 갈수록 낮의 길이는 짧아지고 반대로 밤의 길이는 길어지지요.

실생활 개념어 활용 문장　하루 동안 낮과 밤이 한 번씩 번갈아 나타나고, 태양과 달의 위치가 달라지는 이유는 지구가 자전하기 때문이야.

나만의 말로 표현해보기

41 자전축

自 스스로 자 **轉** 구를 전 **軸** 굴대 축 스스로 회전하는 중심

교과서에서는? 지구의 자전축이 기울어진 채 공전하기 때문에 태양 에너지의 차이로 계절의 변화가 생깁니다.

자전축은 북극과 남극을 연결하는 가상의 선으로, 북극에서 남극까지 이어지는 회전의 중심이에요.

지구가 스스로 회전할 때 중심이 되는 자전축은 지구 공전 궤도의 수직인 면에서 약 23.5° 기울어져 있으며, 지구는 이렇게 기울어진 자전축을 중심으로 자전과 공전을 동시에 하고 있어요. 만약 자전축의 기울기가 달라지면 지구에 들어오는 태양 에너지의 양도 달라져서 기후변화에도 큰 영향을 미치게 될 거예요.

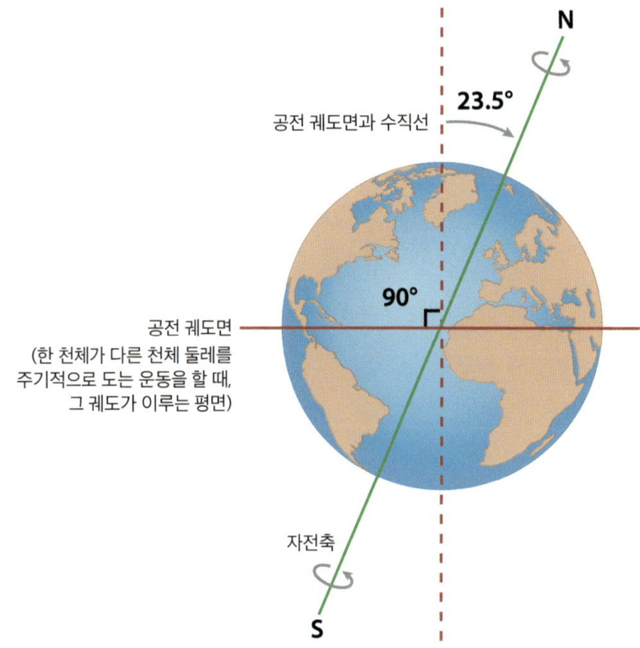

오개념 앗, 헷갈리네!

① 자전축은 항상 고정되어 있다?

지구의 자전축은 22.1°~24.5° 사이에서 약 4만 1천 년을 주기로 기울기가 변하고 있어요.

**실생활 개념어
활용 문장**

지하수 사용이 해수면 상승에 영향을 주었고 이에 따라 지구를 이루는 물질들의 분포가 바뀌어 **자전축**이 이동했다는 기사를 보았어.

**나만의 말로
표현해보기**

지구의 공전

公 공평할 공 轉 구를 전 한 천체가 다른 천체 주위를 도는 것   비교 단어 자전

교과서에서는? 지구는 자전하면서 동시에 태양 주위를 공전합니다.

지구의 공전은 지구가 태양을 중심으로 일 년에 한 바퀴씩 서쪽에서 동쪽으로 도는 것을 말해요.

지구는 태양을 중심에 두고 공전 궤도라고 하는 일정한 길을 따라 1년에 한 바퀴씩 서쪽에서 동쪽으로 회전하고 있어요. 지구는 태양으로부터 약 1억 5천만 km 떨어져서 공전하는데 지구의 공전 주기는 약 365.25일로, 1초에 약 29.8km를 가는 빠르기에요. 우리는 이를 1년으로 나타내요. 공전은 지구가 태양 주위를 원 모양으로 도는데 태양이 잡아당기는 힘, 즉 태양의 중력에 의해 유지돼요. 지구에서 볼 때는 태양이 이동하여 1년 후에 처음 위치로 되돌아오는 것처럼 보이는지만 실제로는 지구가 태양 주위를 돌고 있는 거예요.

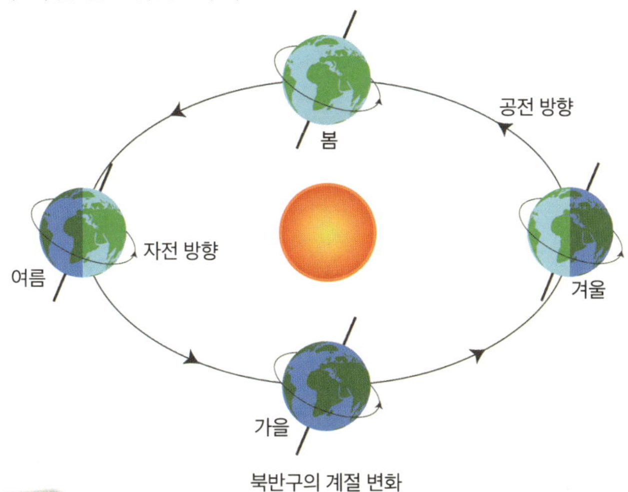

북반구의 계절 변화

오개념 앗, 헷갈리네!

① **지구는 태양 주위를 동그란 원 모양으로 돌고 있다?**
지구가 태양 주위를 돌 때는 살짝 찌그러진 타원 모양으로 공전하기 때문에 지구로부터 태양까지의 거리가 항상 일정한 것은 아니에요.

② **태양과 지구와의 거리가 겨울보다 여름에 더 가까워서 여름에 더 덥다?**
여름에 기온이 높은 것은 지구가 자전축이 기울어진 채로 공전하고, 우리나라가 북위에 있어서 여름에 태양의 고도가 더 높기 때문이에요.

실생활 개념어 활용 문장	계절에 따라 볼 수 있는 별자리가 달라지는 까닭은 지구가 공전하기 때문이야.
나만의 말로 표현해보기	

별

교과서에서는? 별과 별자리의 의미를 알아봅시다.

밤하늘에 반짝이는 수많은 천체를 통틀어 별이라고 불러요.

별은 넓게는 항성·행성·위성·혜성·유성 등을 가리키고, 좁게는 별자리를 만드는 항성을 말해요.
별은 대부분 태양과 거의 같은 크기이며 스스로 빛을 내요. 너무 멀어서 아주 작게 보일 뿐만 아니
라 움직이지 않는 것처럼 보이지만, 실제 모든 별은 움직이고 있어요.

✓ 별의 종류

❶ **항성** 스스로 빛을 내는 천체

❷ **행성** 별 주위를 돌고 있는 공 모양의 천체

❸ **위성** 행성 주위를 도는 천체

❹ **혜성** 태양 주위를 공전하는 긴 꼬리를 가진 밝게
빛나는 천체

❺ **유성(별똥별)** 태양계 내의 작은 알갱이가 지구 대
기에 들어올 때 공기와 마찰하여 빛이 나는 천체

오개념 앗, 헷갈리네!

1 별은 밤에만 빛난다?
별은 낮이나 밤이나 계속 빛나고 있지만 낮에는 태양 빛이 밝아 별을 볼 수 없고, 해가 지고 밤이 되어 어두워지면
별을 볼 수 있어요. 별은 태양처럼 스스로 빛을 내지만 매우 먼 거리에 있어서 반짝이는 작은 점으로만 보여요.

2 별이 반짝거리는 것은 실제로도 밝기가 변하여 반짝거리기 때문이다?
별빛이 진공 상태의 우주를 지나 우리 눈에 도착하기 전에 대기를 통과하면서 대기의 움직임을 따라 흔들리면 별
이 반짝이는 것처럼 보이게 돼요.

실생활 개념어 활용 문장	우리 눈에 보이는 **별**은 약 6천 개라고 해.
나만의 말로 표현해보기	

관련 단원 4-2. 밤하늘 관찰

별자리

상위어 별

교과서에서는? 밤하늘의 별자리를 살펴볼까요?

별자리는 하늘에 떠 있는 별들을 무리를 지어 동물이나 물건 등에 빗대어 상상하여 이름을 붙여 놓은 것을 말해요.

날씨가 좋은 날, 깜깜한 밤에 남쪽을 바라보며 별이 보이는 대로 연결하면 별자리를 만들 수 있어요. 세페우스자리, 오리온자리, 물병자리, 카시오페이아자리 등 옛날부터 알려진 별이나 별자리에는 종교나 신화와 관련된 이름이 붙여진 경우가 많아요. 특히 이름이나 전설이 그리스에서 유래되었다고 생각하는 경우가 많은데, 실제 많은 별이나 별자리가 유프라테스 그리스 신화에 등장하는 유프라테스 강의 신에서 유래되었다고 해요. 오늘날 널리 알려진 별자리는 88개로 약 100여 년 전 국제천문연맹 위원회에서 별자리의 경계를 정확하게 정했다고 해요.

오리온자리

물병자리

북반구에서 볼 수 있는 별자리

오개념 앗, 헷갈리네!

① 하나의 별자리를 이루는 별들은 서로 가까이에 위치해 있다?

밤하늘에 있는 별은 점처럼 작게 보이고, 또 별들이 서로 가깝게 위치해 있는 것처럼 느껴져요. 하지만 실제로 지구에서 별까지의 거리는 매우 멀어서 우리는 원근감(멀고 가까운 거리에 대한 느낌)을 잘 느낄 수 없어요. 따라서 별자리의 별들은 우리가 볼 때 우연히 비슷한 위치에 있는 것처럼 보일 뿐 실제 별들의 거리와는 상관이 없어요.

실생활 개념어 활용 문장

별자리를 이용하면 별의 위치를 쉽게 기억할 수 있어.

나만의 말로 표현해보기

관련 단원 6-2. 계절의 변화

계절별 별자리

교과서에서는? 계절에 따라 볼 수 있는 별자리는 왜 다를까요?

봄, 여름, 가을, 겨울의 계절별로 오랜 시간 볼 수 있는 별자리가 그 계절의 대표 별자리, 계절별 별자리예요.

날씨가 좋은 날, 깜깜한 밤에 남쪽을 찾아 바라보고 별이 보이는 대로 연결하면 별자리를 만들 수 있어요. 별자리들은 1시간에 약 15°씩 동쪽에서 서쪽으로 이동하며, 하루에는 약 1°씩 동쪽에서 서쪽으로 이동해요. 별들이 이렇게 매일 조금씩 이동하기 때문에 계절에 따라 볼 수 있는 별자리가 달라지는데, 저녁 9시 무렵에 남쪽 하늘에서 잘 보이는 별자리를 그 계절의 대표 별자리라고 해요.

✅ **봄철의 대표적인 별자리**

　목동자리, 처녀자리, 사자자리

✅ **여름철의 대표적인 별자리**

　독수리자리, 백조자리, 거문고자리

✅ **가을철의 대표적인 별자리**

　물고기자리, 안드로메다자리, 페가수스자리

✅ **겨울철의 대표적인 별자리**

　오리온자리, 쌍둥이자리, 큰개자리

목동자리

처녀자리

사자자리

독수리자리

백조자리

거문고자리

물고기자리

안드로메다자리

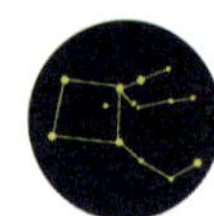

페가수스자리

오리온자리

쌍둥이자리

큰개자리

오개념 앗, 헷갈리네!

① 계절별 별자리는 한 계절에만 보인다?

계절별 별자리들은 한 계절에만 보이는 것이 아니라 두 계절이나 세 계절에 걸쳐 볼 수 있어요. 예를 들어 봄철 대표 별자리인 백조자리의 경우 겨울, 봄, 여름에 걸쳐서 볼 수 있지요. 우리나라에서는 큰곰자리, 작은곰자리, 카시오페이아자리와 같이 북쪽 하늘에 있는 별자리는 계절에 상관없이 일 년 내내 볼 수 있어요.

② 가장 밝은 별은 북극성이다?

가장 밝은 별은 겨울철 남쪽 하늘에서 볼 수 있는 시리우스예요. 하지만 북극성은 날짜와 시간에 관계없이 항상 정북쪽에서 보이기 때문에 우리에게 중요한 별이에요. 북극성은 2등성으로 밝은 별에 속해요.

실생활 개념어 활용 문장　내가 좋아하는 여름철의 계절별 별자리를 조사해서 카드로 만들었어.

나만의 말로 표현해 보기

탐
구

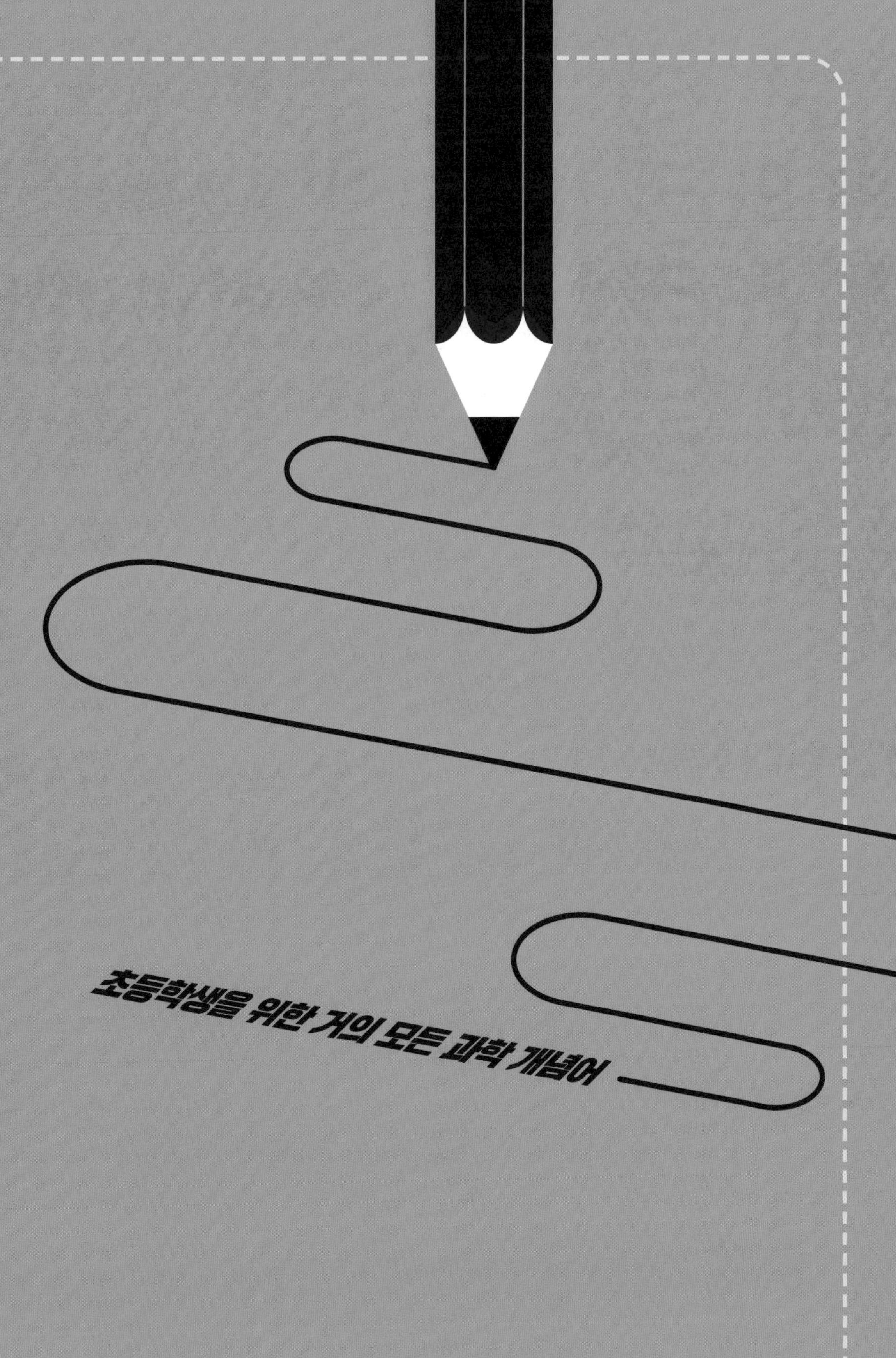
초등학생을 위한 거의 모든 과학 개념어

관련 단원 단원 통합

탐구

探 찾을 탐 究 연구할 구 깊이 연구함   **비슷한 말** 연구

교과서에서는? 과학자들은 자신의 궁금증을 해결하려고 탐구합니다.

탐구란 어떤 것을 알기 위해서 깊이 연구하는 것을 말해요.

과학자들은 궁금증이 생기면 그것을 알아보고 해결하기 위해서 탐구해요. 탐구는 과학 지식을 만들어 나가는 과정으로 여러 가지 방법을 사용해요.

☑ 탐구 방법

탐구의 첫 번째 방법은 관찰이에요. 그다음에 측정, 예상, 분류, 추리, 의사소통 등의 방법을 사용해요.

오개념 앗, 헷갈리네!

1 탐구는 과학자만 하는 것이다?

탐구는 과학자뿐만 아니라 누구든지 할 수 있어요. 어린이들도 과학자들이 쓰는 탐구 방법을 사용해서 꼬마 과학자가 될 수 있답니다.

실생활 개념어 활용 문장	장영실은 과학을 탐구하고 많은 발명품을 만들어 낸 조선 시대 과학자야.
나만의 말로 표현해 보기	

탐구 2

관련 단원 단원 통합

관찰

觀 볼 관 **察** 살필 찰 자세히 살펴봄 　**비슷한 말** 관측

교과서에서는? 우리도 과학자처럼 땅콩을 주의 깊게 관찰해 봅시다.

관찰은 어떤 것을 자세히 살펴보는 것을 말해요.

탐구를 할 때 가장 먼저 관찰을 해요. 탐구하려고 하는 물체나 행동, 일의 특징을 자세하게 살펴봐야 해요.

✓ 감각기관 이용하기

관찰할 때는 우리 몸의 다섯 가지 감각기관을 사용할 수 있어요.

❶ **눈** 살펴보기　　　　　❷ **코** 냄새 맡기

❸ **입** 맛보기　　　　　　❹ **귀** 소리 듣기

❺ **피부** 만져 보기

✓ 관찰 도구

❶ 관찰 도구를 사용하면 더 자세하게 관찰할 수 있어요.

❷ 돋보기나 현미경을 사용하면 맨눈으로 볼 때보다 더 자세하게 관찰할 수 있어요.

❸ 청진기를 사용하면 소리를 더 잘 들을 수 있어요.

❹ 자, 저울, 온도계 등도 사용할 수 있어요.

오개념 앗, 헷갈리네!

① **이미 알고 있는 물건은 관찰할 수 없다?**

우리 주변의 사물은 자세히 관찰하면 잘 몰랐던 사실도 알 수 있어요. 이미 알고 있는 물건도 처음 보는 것처럼 자세히 관찰하면 새로운 사실을 발견할 수 있어요.

② **관찰 내용은 무조건 많은 것이 좋다?**

관찰할 때는 가능한 한 많은 내용을 관찰하는 것이 좋아요. 하지만 관찰 내용에는 내 생각이나 느낌은 포함되지 않는다는 점을 꼭 기억해요.

실생활 개념어 활용 문장	잘 모르는 액체의 냄새를 관찰할 때는 코를 바로 갖다 대지 않고 손으로 바람을 일으켜서 냄새를 맡아야 해.
나만의 말로 표현해 보기	

측정

測 헤아릴 측 定 정할 정 헤아려서(재어서) 정함

교과서에서는? 측정할 때는 여러 가지 도구를 사용합니다.

측정은 어떤 것의 길이, 무게, 온도 등을 재는 것을 말해요.

과학자는 탐구 대상의 길이, 무게, 온도 등을 정확하게 알아야 해요. 이렇게 길이, 무게, 온도 등 어떤 양의 크기를 재어서 정하는 것을 측정이라고 하죠.

✓ 측정 도구

측정할 때는 여러 가지 도구를 사용해요. 예를 들어 길이는 자, 무게는 저울, 온도는 온도계, 시간은 시계, 액체의 부피는 눈금실린더 등을 사용해요.

길이와 각도를 측정하는 도구

무게를 측정하는 도구

온도를 측정하는 도구

오개념 앗, 헷갈리네!

① **측정할 때는 한 번만 하면 된다?**

측정 도구의 종류, 측정 방법, 측정하는 사람, 측정하는 상황 등에 따라 측정 결과가 조금씩 다를 수 있어요. 측정을 한 번만 하기보다는 여러 번 반복하여 측정하면 더 정확한 값을 얻을 수 있어요.

실생활 개념어 활용 문장	키가 얼마나 자랐는지 측정해 보자.
나만의 말로 표현해보기	

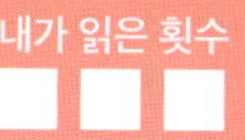

탐구 4

관련 단원 단원 통합

예상

豫 미리 예 想 생각 상 미리 생각함　**비슷한 말** 예측, 예견　**교과서에서는?** 내가 찾은 규칙을 바탕으로 검은콩과 아몬드기 담긴 플라스틱 통을 흔들었을 때 어떤 변화가 나타날지 예상해 볼까요?

예상은 앞으로 어떤 일이 일어날지 생각하는 것을 말해요.

과학자는 탐구 대상을 관찰한 결과나 탐구 대상에 대해서 경험한 내용으로 앞으로 어떤 일이 일어날지 예상하기도 해요.

✅ 예상 방법

예상을 할 때는 관찰하거나 경험해서 이미 알고 있는 것에서부터 규칙을 찾아내요. 또한, 타당한 까닭(이유, 근거)을 들어서 예상해야 해요.

예 식초에 포도 주스를 넣었더니 붉은색으로 변함(관찰하거나 경험해서 이미 알고 있는 것)

❶ 식초에 다른 과일 주스를 넣으면 색이 어떻게 변할지 예상하기

❷ 레몬즙이나 비눗물 등에 포도 주스를 넣으면 색이 어떻게 변할지 예상하기

오개념 앗, 헷갈리네!

① 예상은 상상하듯이 생각하면 된다?

예상은 막연히 어림해서 생각하는 것이 아니고, 과거의 값이나 자료를 토대로 규칙성을 찾는 활동이에요. 예상을 잘하기 위해서는 측정한 값이나 자료들 사이의 관계를 잘 파악해야 하며, 자료가 많으면 많을수록 정확한 예상이 가능해요.

실생활 개념어 활용 문장　이때까지 키를 측정한 기록을 살펴보니까 내년에는 어느 정도 더 클지 예상할 수 있겠어.

나만의 말로 표현해보기

관련 단원 단원 통합

분류

分 나눌 분 **類** 무리 류 무리로 나눔   **비슷한 말** 무리 짓기, 구분, 구별

교과서에서는? 내가 세운 분류 기준이 과학적인 분류 기준인지 생각해 볼까요?

분류는 탐구 대상을 공통점과 차이점을 바탕으로 무리(그룹) 짓는 것을 말해요.

과학자는 탐구 대상을 관찰해서 다양한 특징을 찾아요. 여러 가지 특징에는 탐구 대상들 사이의 공통점도 있고 차이점도 있어요. 이러한 공통점과 차이점을 바탕으로 무리를 나눌 수 있어요.

☑ 분류 기준

분류를 잘하기 위해서는 분류 기준을 분명하게 세워야 해요. 누가 분류하더라도 같은 분류 결과가 나와야 과학적인 분류 기준이라고 할 수 있어요. 또한, 모든 대상이 빠지지 않고 분류 결과에 포함되어야 하고, 분류한 대상이 서로 중복되어서도 안 돼요.

오개념 앗, 헷갈리네!

① '크기가 큰가?'는 과학적 분류 기준이다?

크기가 크고 작은 정도는 사람마다 다르게 판단할 수 있어요. 측정 단위를 사용해서 '한 변의 길이가 10cm 이상인가?'와 같이 정확한 기준을 정해야 해요.

② '예쁜가?'는 과학적 분류 기준이다?

'예쁘다', '아름답다', '보기에 좋다', '내가 좋아하는 것이다' 등은 사람마다 다르기 때문에 과학적 분류 기준이 아니에요.

실생활 개념어 활용 문장 '진달래, 사과나무, 다람쥐, 사자'는 식물과 동물로 분류할 수 있어.

나만의 말로 표현해보기

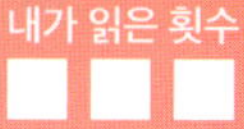

탐구 6

관련 단원 단원 통합

추리

推 밀 추 理 다스릴 리 (모르는 것에 대해서 아는 것을 바탕으로) 미루어서 생각함   **비슷한 말** 추측, 유추

교과서에서는? 나의 추리가 적절한지 생각해 보고 고쳐야 할 부분을 찾아 바꿔 볼까요?

추리는 무슨 일이 일어났는지 생각하는 것을 말해요.

과학자는 탐구 대상을 자세하게 관찰해서 여러 가지 정보를 얻을 수 있어요. 이러한 관찰 결과를 바탕으로 무슨 일이 일어났는지 생각하는 것이 추리예요.

☑ 추리를 잘하는 방법

탐구 대상에 대한 정보가 많을수록 더 과학적인 추리를 할 수 있어요. 또한, 추리를 할 때는 관찰 결과, 과거 경험, 이미 알고 있는 것을 바탕으로 생각해야 해요.

같은 대상을 관찰해도 사람마다 다르게 추리할 수 있어요. 이때 다른 사람이 생각한 추리가 타당한지(맞는지) 판단하는 것도 중요해요.

오개념 앗, 헷갈리네!

① 예상과 추리는 모두 관찰한 내용을 바탕으로 생각하는 것이므로 같다?

예상과 추리는 모두 관찰 결과를 바탕으로 생각한다는 공통점이 있어요. 하지만 예상은 앞으로 어떤 일이 일어날지 미리 생각하는 것이고, 추리는 이전에 일어난 일을 바탕으로 어떤 일에 판단을 내린다는 점에서 차이가 있어요.

실생활 개념어 활용 문장	동물의 발자국이 찍힌 방향을 보니까 이 동물은 동쪽으로 갔다고 **추리**할 수 있어.
나만의 말로 표현해보기	

탐구 7 의사소통

관련 단원 단원 통합

비슷한 말 정보 교환, 의견 교환 **교과서에서는?** 자신이 탐구한 내용으로 의사소통할 때 표, 그림, 몸짓 등을 사용하면 내용을 더 정확하게 전달할 수 있습니다.

의사소통은 다른 사람과 생각, 정보를 주고받는 것을 말해요.

과학자는 자신이 탐구한 내용을 다른 사람들에게 알림으로써 다른 사람들이 새로운 탐구 내용에 대해 알 수 있게 해요. 또한, 이러한 의사소통을 통해 과학자는 탐구 결과에 대한 다른 사람들의 생각이나 정보를 얻을 수 있어요.

✓ 의사소통을 잘하는 방법

말로만 의사소통하면 다른 사람의 생각을 잘못 이해하는 등 효과적인 의사소통을 하기 어려울 수 있어요. 따라서 의사소통을 할 때에는 말뿐만 아니라 몸짓, 숫자, 표, 글, 그림, 기호, 모형, 그래프 등을 다양하게 이용하는 것이 좋아요. 또한, 정확한 용어(단어)를 사용해야 나타내고자 하는 생각을 정확하게 전달할 수 있어요.

오개념 앗, 헷갈리네!

① 의사소통은 과학자만 하는 것이다?

의사소통은 과학자뿐만 아니라 누구든지 할 수 있어요. 과학 수업이 이루어지는 교실에서도 의사소통이 이루어져요. 의사소통은 선생님과 학생 사이뿐만 아니라 학생과 학생 사이에서도 이루어질 수 있죠.

실생활 개념어 활용 문장
탐구한 내용에 대해 의사소통하기 위해서 탐구 결과를 숫자와 그림으로 나타내 보았어.

나만의 말로 표현해 보기

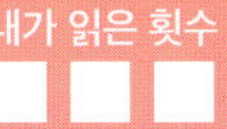

관련 단원 단원 통합

문제 인식

認 알 인 識 알 식 사물을 분별하고 판단하여 앎

교과서에서는? 탐구할 문제를 찾아 명확하게 나타내는 것을 문제 인식이라고 합니다.

문제 인식은 탐구할 문제를 정하는 것을 말해요.

과학자는 우리 주변의 여러 가지 일들을 과학적으로 설명해요. 과학적으로 설명할 수 없는 일이 있거나 궁금증이 생겼다면 이것을 해결하기 위해서 탐구하죠. 이렇게 탐구할 문제를 명확하게 나타내는 것을 문제 인식이라고 해요.

☑ 탐구할 문제를 잘 정하는 방법

무엇을 탐구하려는 것인지 분명하게 드러나야 좋은 탐구 문제예요. 또한, 관찰이나 실험을 통해서 스스로 해결할 수 있어야 해요.

좋은 탐구 문제의 예

예 포도 주스를 끓이면 보라색 김이 나올까?

예 딸기가 잘 자라는 조건은 무엇일까?

오개념 앗, 헷갈리네!

1 '무지개는 얼마나 예쁠까?'는 좋은 탐구 문제이다?

무엇을, 어떻게 탐구하려는 것인지 명확하게 나타나지 않아요. 따라서 좋은 탐구 문제가 아니에요.

2 '민들레는 씨를 어떻게 퍼뜨릴까?'는 좋은 탐구 문제이다?

책이나 인터넷 검색 등 간단한 조사를 통해서 쉽게 답을 찾을 수 있어서 좋은 탐구 문제가 아니에요.

실생활 개념어 활용 문장	어떤 자연 현상을 설명할 수 없다면 그게 바로 문제 인식의 시작이지.
나만의 말로 표현해 보기	

탐구 9

관련 단원 단원 통합

가설

假 거짓 가 **設** 말씀 설 아직은 맞는지 확인되지 않은 생각

교과서에서는? 가설을 만들기 위해서는 궁금한 현상을 잘 관찰해야 합니다.

가설은 궁금한 점에 대해서 자신이 예상한 답을 말해요.

과학자는 문제를 인식하고 탐구 문제를 정하면 그러한 문제나 상태가 나타나게 된 이유를 찾아요. 즉, 탐구 문제의 이유와 원인을 설명하기 위해 가설을 설정하죠.

가설은 잠정적으로(임시로) 정한 답이에요. 가설을 설정한 후에는 그 가설이 맞는지 실험을 통해서 확인을 해요. 따라서 가설은 과학적 탐구에서 핵심적인 역할을 해요.

✅ 가설을 만드는 방법

❶ 탐구 문제, 문제 상태, 탐구 대상의 특징 등을 자세히 관찰해요.

❷ 문제 상황이 무엇인지 파악하고 분석해요.

❸ 예전에 했던 실험 중에 비슷한 실험을 떠올려 봐요. 또는 내가 알고 있는 과학 지식 중에 탐구 문제와 관련된 지식이 있는지 떠올려 봐요.

❹ 탐구 문제, 문제 상황의 이유를 설명할 수 있는 것을 가설로 선택해요.

오개념 앗, 헷갈리네!

① **가설은 항상 맞다, 틀리다?**

가설은 최종적인 답이 아닌, 임시적인 답이에요. 따라서 실험 등 과학적으로 확인한 결과 가설은 맞을 수도, 틀릴 수도 있어요. 가설이 맞으면 그것이 그대로 과학적인 결론이 되는 것이고, 가설이 틀리면 다시 다른 가설을 세워서 맞는지 확인해 보아야 해요.

실생활 개념어 활용 문장 물 로켓을 멀리까지 날리기 위해서 내가 세운 가설은 '로켓에 물을 가득 채우면 물 로켓이 더 멀리까지 날아갈 것이다.'야.

나만의 말로 표현해 보기

탐구 10 조건

교과서에서는? 다르게 해야 할 조건과 같게 해야 할 조건 등 실험과 관련된 조건을 확인하고 조건을 통제하는 것을 변인 통제라고 합니다.

조건은 어떤 일이 이루어지려면 갖추어져야 할 상태나 요소를 말해요.

가설이 맞는지 확인하는 실험을 계획할 때는 먼저 실험과 관련된 여러 가지 조건을 생각해야 해요. 실험을 통해서 알아보고 싶은 것과 관련된 조건은 다르게 해야 해요. 그리고 다른 조건들은 모든 실험해서 같게 해야 하죠. 실험 결과에 영향을 줄 수 있는 여러 조건 중에서 실험을 통해 알아보고 싶은 것과 관련된 실험마다 다르게 변화를 줘야 하는 조건은 '다르게 해야 할 조건', 다르게 해야 할 조건 이외에 모든 실험에서 똑같은 상황으로 같게 만드는 조건은 '같게 해야 하는 조건'이라고 말해요.

예 여러 가지 물질을 페트병에 넣고 흔들면 물질의 온도는 어떻게 변할까?

❶ 이 주제를 알아보는 실험에서 다르게 해야 할 조건: 물질의 종류(설탕, 쌀, 모래 등)

❷ 이 주제를 알아보는 실험에서 같게 해야 할 조건: 페트병의 모양과 크기, 물질을 흔드는 시간, 물질을 흔드는 빠르기, 흔드는 실험을 하는 장소 등

이렇게 실험과 관련된 조건을 확인하고 같게 해야 할 조건, 다르게 해야 할 조건을 통제하는 것을 '변인 통제'라고 해요.

오개념 앗, 헷갈리네!

① 실험할 때는 다르게 해야 할 조건만 신경 쓰면 된다?

실험에서 같게 해야 할 조건을 신경쓰지 않는다면 그 조건들 때문에 실험 결과가 바뀔 수가 있어요. 따라서 실험에서 같게 해야 할 여러 가지 조건들도 모두 생각한 다음에 실험을 설계해야 해요.

실생활 개념어 활용 문장 '로켓에 물을 가득 채우면 로켓이 더 멀리까지 날아갈 것이다.'라는 가설을 확인하는 실험에서 같게 해야 할 조건은 로켓 모양과 크기, 실험 장소 등이고, 다르게 해야 할 조건은 로켓에 넣는 물의 양이야.

나만의 말로 표현해보기

탐구 11 자료 변환

變 변할 변 換 바꿀 환 다르게 하여 바꿈

교과서에서는? 실험 결과를 한눈에 비교하기 쉽게 여러 가지 형태로 바꾸는 것을 자료 변환이라고 합니다.

자료 변환은 실험한 결과를 보기 쉽게 나타내는 것을 말해요.

실험 후에는 여러 가지 결과를 얻게 되는데 실험 결과는 표, 그래프, 흐름도, 그림 등과 같이 다양하게 나타낼 수 있어요. 이렇게 자료를 변환하면 실험 결과를 한눈에 알 수 있고 쉽게 비교할 수도 있어요.

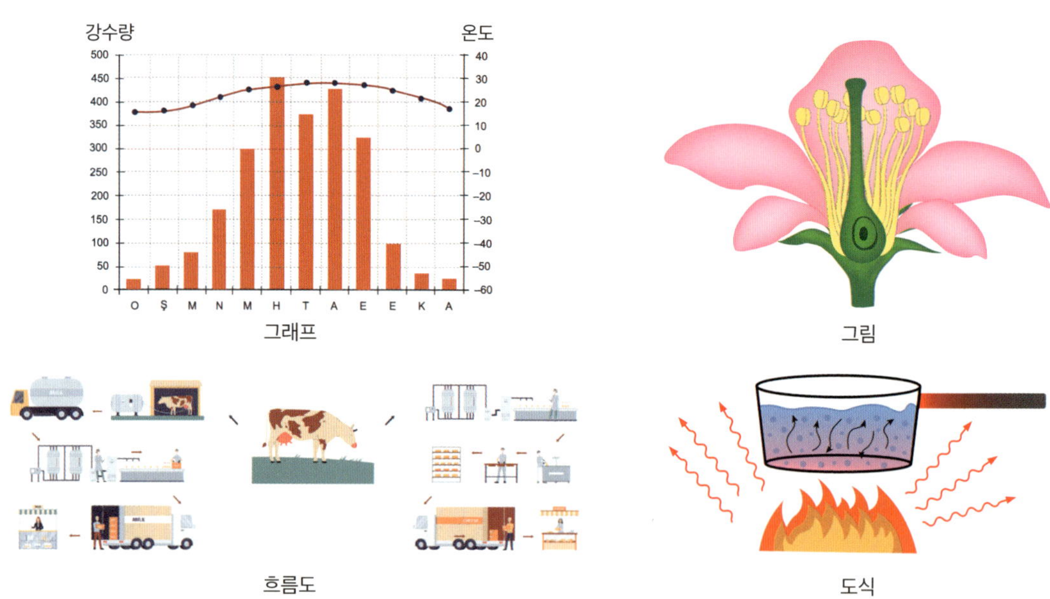

오개념 앗, 헷갈리네!

① 모든 실험 결과는 그림으로 나타내면 가장 이해하기 쉽다?

실험의 종류와 결과에 따라서 효과적인 변환 방법이 달라요. 표로 봤을 때 쉽게 이해되는 실험 결과도 있고, 그래프로 봤을 때 쉽게 이해되는 실험 결과도 있어요. 내가 한 실험의 결과를 가장 쉽고 효과적으로 나타내는 방법이 무엇인지 충분히 고민해야 해요.

실생활 개념어 활용 문장 내가 실험으로 얻은 자료는 표나 그림보다 그래프로 자료 변환을 하는 것이 가장 효과적일 것 같아.

나만의 말로 표현해보기

탐구 12 자료 해석

관련 단원 단원 통합

교과서에서는? 자료 해석을 할 때는 실험 과정을 되짚어 볼 필요가 있습니다.

자료 해석은 실험 결과가 어떤 의미가 있는지, 어떤 관계나 규칙이 있는지 알아보는 것을 말해요.

실험 결과를 표나 그래프 등으로 자료 변환하고 나면 이러한 자료가 어떤 의미가 있는지 확인해야 해요.

✓ 자료 해석을 할 때 주의점

실험 결과에서 해석하기 어려운 점이 있다면 무엇인지, 그 이유는 무엇인지 찾아야 해요. 즉, 실험 과정을 다시 한번 생각해 봐야 하죠. 실험 과정에서 더해야 할 것이 있는지, 고쳐야 할 것이 있는지 확인할 필요가 있어요. 예를 들어 실험 횟수가 부족하다면 실험을 몇 번 더 반복해야 해요. 실험 방법이 잘못되었다면 실험 방법을 고쳐서 다시 실험해야 하고요.

오개념 앗, 헷갈리네!

① 내 생각에 중요한 것을 중심으로 자료를 해석한다?

자료를 해석할 때는 내 생각이나 느낌이 들어가면 안 돼요. 오직 실험 결과만 가지고 해석해야 해요. 내 생각이나 느낌으로 자료를 해석하면 과학적이지 않고 틀린 결론을 낼 수 있어요.

실생활 개념어 활용 문장	자료 해석을 해 보니까 실험 횟수가 적은 것 같아. 실험 횟수를 늘려서 다시 평균을 내야겠어.
나만의 말로 표현해보기	

내가 읽은 횟수

결론 도출

導 이끌 도 出 날 출 판단이나 결론 따위를 이끌어 냄

교과서에서는? 실험 결과를 통하여 처음 생각이 맞는지 확인하고 결론을 이끌어 내는 과정을 결론 도출이라고 합니다.

결론 도출은 실험을 끝낸 후 실험에 대한 결론을 내는 것을 말해요.

과학자는 실험이 끝나면 실험 결과를 통해서 알게 된 점을 정리해요. 가설이 맞는지 확인하고 실험에 대한 결론을 내리죠. 만약 예상하지 못한 실험 결과가 나타났다면 그 가설은 틀렸다고 할 수 있어요. 그런 경우에는 다시 가설을 세워서 실험해야 해요.

물론 실험으로 가설이 맞는지 확인할 수 없는 때도 있어요. 그럴 때는 가설을 확인할 수 있는 다른 실험 방법을 계획해서 실험해야 해요.

오개념 앗, 헷갈리네!

1 실험 결과와 결론은 같은 뜻이다?

실험 결과는 실험하면서 직접 관찰하거나 측정한 값이에요. 결론은 실험 결과를 통해서 이끌어 낼 수 있는 생각이죠. 따라서 실험 결과와 결론은 같은 말이 아니에요.

실생활 개념어 활용 문장 실험 결과가 가설을 뒷받침하는지 생각하고 결론을 도출해 보자.

나만의 말로 표현해보기

탐구할 때
필요한 실험도구

탐구할 때 필요한 실험도구

이름	생김새	쓰임
비커		* **용도** 액체를 넣어 다양한 화학 반응을 시키는 데 널리 사용해요. * **사용 방법** 뾰족한 주둥이가 있는 쪽으로 액체를 따라요. * **교과서에서는?** 비커에 담긴 물에서의 열의 이동을 알아보기 위해 비커에 열변색 잉크와 물을 넣고 모서리를 가열해요.
페트리 접시		* **용도** 일반적으로 다양한 생물을 보관하거나 키우면서 관찰하기 위한 목적으로 사용해요. * **사용 방법** 실험 재료를 넣고 뚜껑을 덮어 보관하거나, 물에 적신 촉촉한 솜이나 탈지면을 깔고 그 위에 씨앗을 올려놓아 싹을 틔워요. * **교과서에서는?** 물이 씨앗이 싹트는데 미치는 영향 알아보기: 페트리 접시에 물을 적신 탈지면을 깔고, 강낭콩을 올려놓아요.
시험관		* **용도** 물질의 성질을 알아보거나 물질을 가열할 때, 물질의 반응을 알아볼 때 사용해요. * **사용 방법** 액체를 넣을 때는 액체가 튀지 않게 시험관 안쪽 벽면을 따라 흐르게 넣고, 시험관대에 꽂아서 관찰해요. * **교과서에서는?** 지시약으로 용액을 분류하여 비교하기: 여러 개의 시험관에 여러 종류의 용액을 넣고, 지시약을 넣어 용액의 성질을 알아봐요.
수조		* **용도** 주로 용량이 정확하지 않아도 되는 많은 양의 액체를 담을 때 사용해요. * **사용 방법** ① 운반할 때 → 두 손으로 아랫부분을 받쳐서 옮긴다. ② 물을 채울 때 → 수조는 그 자리에 두고 물을 다른 그릇에 운반해 붓는다. (수조에 직접 물을 받으면 옮길 때 위험하다.) * **교과서에서는?** 공기가 공간을 차지하는지 알아보기: 물을 2/3까지 받은 수조에 구멍을 뚫은 컵과 뚫지 않은 컵을 수조의 바닥까지 눌러요.
스포이트		* **용도** 적은 양의 액체를 다른 그릇에 넣거나 덜어낼 때 사용해요. * **사용 방법** 위쪽의 고무 주머니(또는 플라스틱 주머니)를 누른 상태에서 아래쪽 관 끝을 액체에 담고 누른 손을 놓으면 액체가 빨려 들어와요. 이를 반복하면서 양을 조절해요. * **교과서에서는?** 지시약으로 용액을 분류하여 비교하기: 여러 개의 시험관에 여러 종류의 용액을 넣고, 스포이트로 지시약을 넣어 용액의 성질을 알아봐요.

이름	생김새	쓰임
눈금실린더		* **용도** 액체의 부피를 측정하기 위해 사용해요. * **사용 방법** 재려고 하는 양보다 약간 큰 것을 고르고 눈금의 크기를 확인해요. 눈금실린더를 기울여서 안쪽 면을 따라 용액이 흘러내리도록 하고 재려는 양보다 조금 적게 따라요. 눈금실린더를 평평한 바닥에 놓고 스포이트로 용량을 정확히 맞춰요. 30cm 정도 떨어진 거리에서 액체의 기둥 높이와 같게 눈의 높이를 조절해서 눈금을 읽어요. * **교과서에서는?** 얼음이 녹을 때의 무게와 부피 변화 관찰하기: 눈금실린더에 물과 얼음을 넣고, 얼음이 녹기 전과 녹은 후 부피 변화를 측정해요.
뷰렛		* **용도** 일정한 부피의 액체를 다른 그릇에 떨어뜨리기 위해 사용해요. * **사용 방법** 아래쪽의 콕(마개)을 열거나 닫아 양을 조절해요.
거름종이		* **용도** 액체에 섞여 있는 작은 알갱이(후추, 모래 등)를 거르기 위해 사용해요. * **사용 방법** 거름종이를 고깔 모양으로 접어요. 물 또는 사용하려고 하는 액체를 묻혀 깔때기에 붙여서 사용해요. * **교과서에서는?** 운동장의 빗물과 하늘에서 내리는 빗물을 담아 거름 장치로 걸러보기: 운동장의 빗물과 하늘에서 내리는 빗물을 담아 거름종이에 걸러요.
깔때기		* **용도** 액체를 한 용기에서 다른 용기로 옮길 때, 거름 장치를 통해 물질을 걸러낼 때 사용해요. * **사용 방법** 아랫부분이 비스듬하게 잘려 있어 끝이 뾰족한 모양이에요. 이 부분을 비커 벽에 대고 액체 물질을 흘려보내면 주변으로 액체가 튀는 것을 막을 수 있고 자연스럽게 흘러내려 보낼 수 있어요. * **교과서에서는?** 물에 녹는 성질을 이용한 혼합물의 분리: 소금과 후추를 녹인 물을 거름종이가 있는 깔때기에 걸러요.
집기병		* **용도** 기체를 모으기 위해 사용해요. * **사용 방법** 공기보다 무거운 기체를 모을 때는 집기병을 똑바로 세워서 모으고, 공기보다 가벼운 기체를 모을 때는 집기병을 거꾸로 세워서 모아요. 또, 물에 녹지 않는 기체를 모을 때에는 물속에 집기병을 거꾸로 담가 기체를 모으는데, 이를 '수상치환'이라고 해요. * **교과서에서는?** 묽은 염산, 탄산칼슘, 물을 이용해 이산화 탄소를 발생시켜 집기병에 모아요.

이름	생김새	쓰임
삼각 플라스크		* **용도** 삼각형 모양으로 되어 있어 안정적이고 액체가 바깥으로 튀는 것을 막을 수 있어요. 뷰렛 등으로 액체를 넣을 때의 그릇으로 사용해요. * **교과서에서는?** 삼각 플라스크 입구에 고무풍선을 씌운 뒤 삼각 플라스크를 뜨거운 물이 든 비커에 넣고, 고무풍선의 변화를 관찰합시다.
알코올 램프		* **용도** 용액을 가열할 때, 금속을 가열할 때, 물질을 태울 때 사용해요. * **사용 방법** 먼저 뚜껑을 열어 알코올램프의 옆에 얹어 놓고, 심지에 스치듯이 불을 붙여요. 실험을 마친 후 알코올램프의 뚜껑을 위에서 아래로 살며시 덮어 꺼요. 불이 꺼진 후에는 다시 알코올램프의 뚜껑을 열어서 가스를 내보낸 후에 다시 덮는 것이 좋아요. * **교과서에서는?** 소금물을 분리하기 위해 소금물이 담긴 증발접시를 알코올램프로 가열해요.
삼발이		* **용도** 알코올램프로 실험기구를 가열할 때 사용해요. * **사용 방법** 아래쪽에 램프를 놓고 가열해요. 유리 기구 등을 가열할 때는 삼발이 위에 쇠그물을 놓고, 그 위에 유리 기구를 얹어요. * **교과서에서는?** 물에서의 열의 이동을 알아보기 위해 비커에 열변색 잉크와 물을 담아 삼발이에 올리고, 알코올램프를 이용해 끝을 가열해요.
쇠그물		* **용도** 삼발이 위에 다른 물체를 올려 놓고 가열할 때 사용해요. * **사용 방법** 면장갑을 끼고 삼발이 위에 쇠그물을 올려요. * **교과서에서는?** 고체에서 열의 이동 알아보기 실험의 준비물에 쇠그물이 포함돼요.
점적병		* **용도** 병에 담긴 액체를 한 방울씩 떨어뜨려야 할 때 사용해요. * **사용 방법** 스포이트로 용액을 덜어서 넣어요. 또는 용액을 넣어 보관해요. * **교과서에서는?** 붉은 양배추 지시약 만들기: 붉은 양배추를 우려낸 용액을 점적병에 담아 식초, 사이다, 비눗물, 석회수 등에 다섯 방울씩 떨어뜨려요.
마개가 있는 플라스틱 시험관		* **용도** 물질의 성질을 알아보거나 물질을 얼릴 때 사용해요. * **사용 방법** 용액을 넣어서 관찰해요. 또는 용액을 넣어 보관해요. * **교과서에서는?** 물이 얼었을 때 무게와 부피 변화 관찰하기: 마개가 있는 플라스틱 시험관에 물을 넣고 높이를 유성펜으로 표시한 후, 무게를 재요. 물을 얼렸을 때 부피 및 무게를 비교해요.

이름	생김새	쓰임
뷰렛 집게		* **용도** 뷰렛을 지탱하여 세우기 위해 사용해요. * **사용 방법** 스탠드에 장치한 후 온도계 또는 뷰렛을 수직으로 고정해요. * **교과서에서는?** 하루 동안의 지면과 수면의 온도변화 알아보기: 뷰렛 집게에 온도계 2개를 끼우고, 온도계를 같은 양의 모래와 물이 든 비커에 꽂아요. 일정 시간 간격으로 모래와 물의 온도변화를 측정해요.
유리 막대		* **용도** 용매에 용질을 골고루 용해시키기 위해 용액을 저을 때 사용해요. * **사용 방법** 주로 물질을 혼합할 때 유리 막대로 저어 줘요. * **교과서에서는?** 물의 양에 따라 백반이 녹는 양 알아보기: 2개의 비커에 같은 온도의 물 50mL, 100mL씩을 담고, 백반을 두 숟가락씩 넣은 후, 유리 막대로 저어요. 녹지 않고 남아 있는 양을 비교해요.
약숟가락		* **용도** 가루 물질을 덜어낼 때 사용해요. * **사용 방법** 가루 물질을 숟가락으로 떠서 덜어내요. * **교과서에서는?** 물의 온도에 따라 백반이 녹는 양 알아보기: 2개의 비커에 온도가 다른 물 50mL씩을 담고, 약숟가락을 이용해 같은 양의 백반을 덜어 녹여요.
루페		* **용도** 볼록렌즈를 사용한 확대경으로 작은 생물을 관찰할 때 사용해요. * **사용 방법** 관찰 대상 위에 루페를 올려놓고 확대경에 보이는 모습을 관찰해요. * **교과서에서는?** 생태 보물찾기: 학교 화단에서 찾은 생태 보물을 루페로 관찰해요.
돋보기		* **용도** 작은 것을 크게 보기 위해 사용해요. * **사용 방법** 관찰 대상에 가까이 두고 렌즈에 보이는 모습을 관찰해요. * **교과서에서는?** 현무암과 화강암의 특징 관찰하기: 현무암과 화강암을 이루고 있는 알갱이를 돋보기로 관찰해요.
보안경		* **용도** 해로운 물질로부터 눈을 보호하기 위해 사용해요. * **사용 방법** 양쪽 귀에 걸어서 안경으로 착용해요. * **교과서에서는?** 산성 용액과 염기성 용액에 물질을 넣어보기: 산성 용액과 염기성 용액에 달걀 껍데기, 대리석 조각, 달걀흰자 등을 넣어 변화를 관찰해요. 안전을 위해 보안경을 착용해요.
전자저울		* **용도** 정밀하게 무게를 측정할 때 사용해요. * **사용 방법** 전원을 켠 후 영점(숫자 0으로 표기) 조정 버튼을 눌러요. 영점이 맞춰지면 물건을 저울에 올린 후, 숫자 창에 표기된 숫자를 읽어요. * **교과서에서는?** 설탕이 물에 용해되기 전과 용해된 후의 무게 비교하기: 설탕이 담긴 약포지(약을 싸는 종이)와 비커에 담긴 물의 무게를 전자저울로 재요. 설탕을 물에 용해시킨 후, 비커에 담긴 설탕물과 약포지의 무게를 전자저울로 재요.

이름	생김새	쓰임
소리굽쇠		* **용도** 일정한 진동수의 소리를 낼 때 사용해요. * **사용 방법** 소리굽쇠의 끝을 고무망치 등으로 가볍게 두드리면 일정한 진동수의 맑은 소리가 나요. * **교과서에서는?** 소리가 나는 소리굽쇠를 물에 넣어보기: 소리굽쇠를 고무망치로 가볍게 두드린 후, 소리가 나는 소리굽쇠를 물에 넣어 변화를 관찰해요.
고무망치		* **용도** 소리굽쇠에 진동을 일으키기 위해 사용해요. * **사용 방법** 고무망치로 소리굽쇠를 쳐요. * **교과서에서는?** 소리굽쇠의 특징 알아보기: 소리굽쇠를 고무망치로 쳐서 소리가 날 때와 소리굽쇠를 손으로 잡아 소리가 멈추었을 때의 차이 알아보기
알코올 온도계		* **용도** 액체나 기체 물질의 온도를 잴 때 사용해요. * **사용 방법** 온도계의 큰 눈금 하나는 10℃를, 중간 눈금은 5℃를, 그리고 작은 눈금은 1℃를 나타내요. 온도를 읽기 위해서는 눈의 위치와 붉은색 기둥의 끝부분이 수평이 되도록 한 후 붉은색 기둥 가운데가 둥글게 내려간 부분을 읽어요. * **교과서에서는?** 시간에 따른 물질의 온도 변화 알아보기: 비커 두 개에 따뜻한 물 200mL와 400mL를 각각 담고 처음 온도를 측정한 다음, 알코올 온도계로 1분마다 온도를 측정해요.
실체 현미경		* **용도** 물체를 입체적으로 확대하여 관찰하기 위해 사용해요. * **원리** 광원 장치가 물체 위에 있어서 물체 표면에서 반사된 빛이 렌즈를 지나면서 굴절되는 것이에요. 두 세트의 렌즈로 구성되어 있어 입체감 있게 볼 수 있어요. * **사용 방법** ① 회전판을 돌려 대물렌즈의 배율을 가장 낮게 하고 관찰 대상을 재물대 위에 올려요. ② 전원을 켜고 조명 조절 나사로 조명의 밝기를 조절해요. ③ 현미경을 옆에서 보면서 초점 조절 나사로 대물렌즈를 관찰할 대상에 최대한 가깝게 내려요. ④ 접안렌즈로 관찰 대상을 보면서 초점 조절 나사로 대물렌즈를 천천히 올려 초점을 맞춰요. * **배율** 보통 10~100배 * **교과서에서는?** 다양한 생물과 우리 생활: 실체 현미경으로 곰팡이와 버섯을 관찰해요.

이름	생김새	쓰임
광학 현미경		* **용도** 실체 현미경과 달리 광학 현미경은 물체를 입체적으로 관찰할 수 없지만, 더 높은 배율로 확대하여 관찰하기 위해 사용해요. * **원리** 물체 아래에 광원이 있어 물체를 통과한 빛이 두 개의 렌즈를 지나면서 굴절되어 물체의 모습이 확대돼요. 빛이 투과되어야 해서 관찰하고자 하는 물질을 최대한 얇게 표본으로 만들어 관찰하는데, 이렇게 작은 크기로 자르고 슬라이드 글라스 위에 고정하여 만든 표본을 '영구 표본'이라고 해요. * **사용 방법** ① 회전판을 돌려 배율이 가장 낮은 대물렌즈가 중앙에 오도록 해요. ② 현미경의 전원을 켠 다음에 조리개를 이용하여 빛의 양을 조절해요. ③ 영구 표본을 재물대의 가운데에 고정해요. 조동 나사로 재물대를 올려 영구 표본과 대물렌즈의 거리를 가장 가깝게 해요. ④ 조동 나사로 재물대를 천천히 내리면서 접안렌즈로 상을 찾아요. ⑤ 미동 나사로 상이 뚜렷하게 보이도록 조절하고, 저배율에서 고배율로 바꾸어 가며 관찰해요. * **배율** 최대 1,500배까지 확대 가능 * **교과서에서는?** 다양한 생물과 우리 생활: 광학 현미경으로 짚신벌레와 해캄을 관찰해요.